U0154330

臺灣當前經濟與社會問題

洪泉湖———主編

五南圖書出版公司 印行

目　錄

第十章　大學的角色與責任：臺灣社會永續發展的一支箭
陳宜亨、莊旻達、黃馨慧
309

第十一章　臺灣兒童讀經運動的文化意涵與公民社會發展
張善楠
337

導　論

探討臺灣公共議題的衝突與解決（代序言）

洪泉湖[*]

[*]　元智大學社會暨政策科學學系教授、前院長，現已退休。

壹、前言

　　臺灣當前的社會，由於意識形態和民粹（populist）[1]的作祟，導致社會撕裂，許多公共議題和公共政策，只要一經提出，都變成了藍綠對決，而難以達成共識。這使得臺灣社會和經濟的發展限於原地踏步，甚至有向下沉的趨勢。

　　舉例來說，臺灣能源缺乏，卻又不斷強調經濟發展，於是在面臨此一困境下，就發生了核能政策的爭議。強調經濟發展的人，認為只有使用核能，才能避免國際石油漲價、天然氣供應不足等風險，而且可以避免煤燃料所產生的空氣汙染；而警告核能有危險的人，則強調核電廠有核輻射外洩，以及核廢料無法處理的問題。可是雙方講話都只講了一半，而且不願意認真回答對方的質疑，因此擁核派和反核派自是長期相互拉扯，相互詆毀，能源政策也就一再搖擺不定。

　　又如兩岸關係問題，早在 1970 年代以前，臺灣就有一部分人主張臺灣獨立，這些人一面反對中國大陸的「中華人民共和國」，一方面反對在臺灣的「中華民國」。反對「中華人民共和國」的原因是它不採取民主政治，而且在國際上一直圍堵我國的國際參與空間，甚至一再聲言要統一中國（臺海兩岸），因此這個主張頗能為臺灣民眾所接受。但它的另一個主張「反對中華民國」，則引起臺灣很多民眾的反對，甚至認為這一種幾近「叛國」的主張。[2]

　　由於臺灣民眾對兩岸關係的見解不同，而且主張「兩岸統一」的論調，對主張「臺灣獨立」者而言，會產生一種壓迫感，認為臺灣將被征服，臺灣人將過著不民主的生活；主張「臺灣獨立」的論調，也對主張「兩岸統一」者產生一種危急感？認為臺灣獨立將導致戰爭，而中華民國也將滅亡。因此，雙方在兩岸政策上，都會顯露出意識形態上的思考，而無法認清其實在統和獨之間，還有其他選項的可能性；而臺灣人

所面臨的是同一個對手，將來彼此也可能要面臨著同樣的命運，大家共同努力面對困局都來不及了，怎麼彼此還要反目成仇呢？

反服貿事件（太陽花學運）則是另一件影響重大的公共議題，這個爭議的起始點，是一群不滿意執政的國民黨立院召委在審查會時以迅雷不及掩耳的方式，未經充分討論即宣布通過服貿協議的審查。[3]因此，反對服貿協議的學生一開始是訴求「反黑箱」服貿的，後來由於在野黨等反對團體的加入，才變成「反對中國大陸人員、資金入臺」、「反對中國以強大資金掌控臺灣」，到最後甚至變成「反中」、「反賣臺」的政治性訴求。接著，又演出「進佔立法院」並破壞院內公務等失控的行為。立法院本是可以示威遊行的地方，但破壞公物則已違反集遊法的規定。更重要的是，我國如果因此而不能與中國大陸簽服貿協議，便無法再簽貨貿協議，更不可能與東南亞、東北亞國家簽訂此類協議。這樣的話，臺灣的廠商即無法同享關稅優惠，即又如何在國際貿易上與他國競爭？當然，反對服貿協議者則認為政府在與中國大陸簽協議時，對於開放項目太過寬鬆，將會衝擊到臺灣的中小企業尤其是服務業，因此雙方無法取得共識。

貳、撕裂的社會無法建立現代化的國家

臺灣社會的衝突與撕裂，從二、三十年前就已經開始了。反核四廠的興建，從1985年開始，到了2000年陳水扁總統停建核四，擁核派和反核派的衝突，達到高峰。但為期十五年的抗爭，擁核派沒法說清楚或證明「核電廠是否能被安全地管理？」「核廢料是否有辦法安全地存放？」而反核派同樣也沒說清楚或證明「如果不使用核能，臺灣的經濟發展光靠石油、天然氣和燃煤，夠用嗎？」「如果核能不安全，那為什麼不保留嶄新的核四廠，而逐年封閉核一廠、核二廠、核三廠？」是否反核人士和擁核人士都只是為了動員選票，只抓住對方的痛腳猛打，因

此沒有眞心要解決臺灣的能源問題呢？

　　有關兩岸關係的政策問題，也是一樣。主張臺灣化的本土派，從二二八事件（1947 年）以來，就把中華民國說成是「外來政權」，他們主張臺灣要獨立，以「臺灣共和國」取代「中華民國」，並認爲這樣就可以排除「中華人民共和國」的侵占。1991 年民進黨的「臺獨黨綱」就明白說出這個主張。可是就支持「中華民國」的人士而言，主張臺獨就是分裂國家，甚至形同叛國，叫人如何接受？爲了爭取中間選民的支持，民進黨於 1999 年通過「臺灣前途決議文」，改說「臺灣已經是一個獨立的國家，它目前的名稱爲中華民國」。可是陳水扁當選總統後，又推出「一邊一國」論，說臺灣海峽兩邊各有一國，一個是中國，一個是臺灣。這個「臺灣」，究竟是「臺灣共和國」呢？還是「中華民國在臺灣」呢？顯然陳水扁又使用了政治話術，一邊討好他的獨派深綠選民，同時又可以應付中間選民或淺藍色選民，但這並無益於統獨之爭的緩解。

　　再說服貿和反服貿問題。服貿是指當時（2014 年）國民黨政府想與中國大陸簽訂的「海峽兩岸服務貿易協議」雙方在會議中所承諾優惠或限制的項目，政府的基本想法是借重中國大陸的人力和資金，來發展臺灣經濟，另外是透過雙方良性的合作，進一步與中國大陸再簽訂貨貿協議，然後再與其他國家簽定相關的貿易協議，以爭取優惠關稅，有利於臺灣廠商之進出口貿易。但反對者卻認爲該項協議的簽訂將不利於臺灣，且臺灣從此易受大陸之控制，尤其執政黨立委竟用偷渡的方式，臨時宣布該協議已通過立法院之審查，是「黑箱作業」，因此發起群眾運動，予以抵制，導致該協議停擺。其實，如果是「抵制黑箱作業」，一般民眾應會完全支持的，但如改爲「反服貿、貨貿」，甚至於再變爲「反中國」、「護臺灣」的政治對抗，國人就會分裂成支持派和反對派了。因爲反對者固然可以指責該項服貿協議的缺點，例如把臺灣當成「已開發國家」，把中國大陸當成「開發中國家」，在雙方對等關係

上，我方顯然要犧牲比較多的利益[4]；又如哪些項目如開放進口，會對臺灣的產業產生衝擊？哪些項目又有可能導致我方將來受制於中國大陸等等，這些都是可以提出來要求修改的[5]，但總不能演變成「拒簽服貿協議」，事實上我們是不可能跳過中國大陸而跟其他國家簽約，那這樣臺灣的經濟要如何發展？這是支持服貿和反對服貿的雙方，都應冷靜思考，並坦言告訴國人的。但結果是反對服貿的一方獲得更多民眾的支持，與中國大陸的服貿協議也就停擺了，甚至國民黨也因施政無能而在2016年的大選中大敗，而社會的對立與撕裂則依然無解。

2016年對臺灣來說，是個很重要的一年。這一年，民進黨在總統和立法委員的大選中，大獲全勝，國民黨則因施政不力和被批為過度親中，在這次大選中再度失去政權。獲勝的民進黨，本有很大的機會來處來臺灣社會的重大爭議，例如轉型正義、課程改革、年金改革、南向政策、能源政策和勞資糾紛等等，可是卻操之過急，以致每一項改革都顯得粗糙，且導致更大的社會怨懟。因此，在2018年的地方選舉中，選民就提出臺灣最大黨是「討厭民進黨」之說，該次選舉結果果然是民進黨大敗。如果民進黨2016年再度執政之初，能改採溫和、包容、公正的態度，來進行各項改革，也許如今的局面就不是這樣了。

由於政治人物以意識形態和民粹主義來動員選民，屢屢生效，因此他們自是樂此不疲。但這樣做的結果，臺灣的選民就被撕裂成藍、綠兩大塊，彼此相爭相鬥，而任何一方獲得執政時，也只能得到一半民眾的支持，如果執政的表現再差些，則其支持度更會下滑，這樣的政府（不論藍綠）怎可能會有效能？怎麼可能建構一個現代化的國家？所謂「現代化國家」，殷克爾斯和史密斯（A. Inkeles & D. Smith）認為至少有下列幾個方面的指標：一是民主政體的建立，二是經濟的穩定成長，三是社會多元而開放，四是國民教育素質提升，五是科技的發展，六是醫療資源的充實等[6]。如果就以這六個方面的指標而言，臺灣的民主政體是建立了，但在運作上，效率、廉潔、理性、法治還有待加強；臺灣的經

濟本來是高成長率的，且顧及了均富的問題，可是近年來兩岸因素左右了臺灣經濟成長與穩定。臺灣的社會力經過各種社會運動及民間社團的發展，而呈現蓬勃的發展，各種意識形態、價值觀、族群意識、文化風貌等隨之多元化，只可惜某些意識形態也綑綁了國人，因此臺灣還需要培養理性、包容、尊重和妥協的態度和能力。

■ 參、對公共議題的學術研究是知識份子的責任

　　當前的臺灣既然存在著許多社會衝突，作為知識份子的學者們，就不應該只躲在學術的象牙塔裡面，而應該發揮「士大夫」的精神，關心並研究這些爭議不斷的社會議題，揭發其真相，研究其是非，並建議合理可行之解決方案，這樣才可能引導國人逐漸朝向理性思考、包容異見的層次去發展，也才有可能逐漸化解無謂的爭端，鬆綁臺灣社會的緊箍咒。

　　在這樣的思考之下，我們邀請了十多位國內各大學的經濟、社會學者，針對臺灣當前重大的經濟或社會議題，展開研究、發表論文，並集結成書。以下是本書所選出的十三篇論文，希望能提供比較理性客觀的論述，供國人參考。

　　一、劉孟俊等三人所撰寫的〈美中貿易戰對臺灣產業發展的影響〉一文中，指出美中貿易衝突對臺灣必然有害，且損失將極為巨大，因為美國將對中資（包括在中國大陸投資的臺資）企業進行審查、並加課關稅，因此，一些體質較差、欠缺資源之臺資企業，將被迫倒閉。當然，面對這一巨變，臺灣也有「化危機為轉機」的可能，例如創造良好條件，吸引臺商自中國大陸返回投資，或可再創臺灣的經濟新局，但仍要考慮到臺商的體質與應變能力。

　　二、李明軒和林祖嘉所撰寫的〈臺灣人民當前所面臨的經濟與就業機會〉一文，指出臺灣當前的經濟與就業現況不佳，且經濟發展有兩極

化的趨勢，專業化的高科技往上攀升，而批發零售、住宿餐飲和娛樂休閒產業則日漸蕭條。臺灣的資本家往往以壓低成本來維持利潤，但這就產生了勞資衝突。因此，該文建議政府應輔助低收入階層、獎助技術研發、合理提高薪資、吸引國外人才，及降低創業風險等。

三、龐建國的〈近年來臺灣「悶經濟」的形成與對策〉一文，則明白指出，臺灣產業的出路，其實在中國大陸，因為只有連結中國大陸，臺灣產業才能擁有更寬廣的生產網絡和社會網絡，進而創造全球價值。奈何臺灣的經濟發展，往往有政治考量，這就成了絆腳石，過去臺灣曾提出「亞太營運中心」，最近提出「兩岸服貿協議」，都礙於政治考量而出局，形成臺灣二十多年來的「悶經濟」。

四、李孔智的〈從反服貿議題看臺灣未來的外貿問題〉一文，認為站在經濟發展的觀點而言，反服貿其實導致了臺灣服務、貿易利益的重大損失，也使得臺灣進不了東亞的區域經濟圈，同時也阻礙了貿易協議的簽訂，可謂損失巨大。如果臺灣能重新思考經濟發展的未來，則應在明確、合理的條件下，重新啓動服貿協議的簽署，讓臺灣的業者進軍中國大陸，才能讓臺灣進入東亞經濟圈，取得進口的優惠待遇。

五、唐玉禮的〈從一例一休制度的拉扯看臺灣工時制度變革與產業發展〉一文，指出一例一休的法令修訂，顯示出政府產業政策和勞工政策的搖擺，政府既想討好勞工，又不願得罪資方，以致兩面不討好。例如休假日太多，就會導致資方的生產成本上升，競爭力下降；另一方面，政府卻又刪除國定假日，得罪了勞工。因此，政府應該精算勞工休假日，也應學習 OECD 及德國、荷蘭、韓國等國家的經驗，與勞資雙方多次商談，才能得到雙方比較可以接受的休假制度，從而緩解勞資雙方長期的爭端。

六、林大森和蕭瑞民〈政經主觀意向對臺灣社會衝突意識之影響：以宜蘭縣為例〉一文中指出，臺灣的社會衝突，林林總總，共有十二項之多，但以政治立場型的衝突最高，其次是貧富差距型的衝突，再次是

宗教國籍型，而族群地域型的衝突其實是最低的。本文作者的調查發現，政治立場之爭，其實是臺灣社會衝突的「罪魁禍首」。不過，民眾對社會整體衝突的判斷，還是能保持相當的理性。

七、姚蘊慧和林奕辰在〈「意識形態」對立的臺灣社會〉一文中，指出臺灣的意識形態衝突，起源於殖民與後殖民歷程的影響，以及國民政府來臺初期的差別身分等措施所致。當然，政治反對運動的撩撥也是重要的促因。這些對立，有兩岸和統獨之爭，有反服貿之爭，有課綱修訂之爭，有同志婚之爭，有能源安全之爭等，每一種意識型態之爭，都夾雜著價值和利益的糾葛，再加上政治的操弄，使得臺灣社會充滿著怨懟、焦慮和暴戾，如何化解，豈止是一道難題。

八、倪仲俊的〈轉型正義、集體記憶與歷史論述〉一文，則分析臺灣所謂的「轉型正義」。他指出，臺灣的促進轉型，其實是為了建立臺灣族國想像，因此當權者只重現「我群」的正義，而刻意忽視其他族群，尤其是邊緣族群的正義需求。所謂促轉，說白了就是要清洗部份族群的歷史記憶。因此，本文作者贊成陳芳明「建立共同受難者，才有共同的歷史記憶，才能和解」的主張。

九、陳芬苓的〈臺灣少子女化現象與政策討論〉一文，專門探討臺灣因為少子女化所帶來的困境，包括整個社會生產力的降低，年輕人的負擔沉重，世代間的衝突，乃至各級學校因招生不足，即將面臨關門或倒閉等等問題。少子女化現象目前在臺灣是個「問題」，但並沒有明顯的社會衝突現象，且政府已端出七大項鼓勵、補助、扶助措施，希望能減緩少子女化所帶來的問題。

十、陳宜亨等三人在〈大學的角色與責任：臺灣社會永續發展的一支箭〉一文中，也討論臺灣人口少子化與高齡化所帶來的教育問題，並提出必須加強人才培育、提倡地方創生，加強地方總體營造和地方觀光等，能吸引人口回流，至於大學教育則應不斷更新，例如重現社會責任，才能培養出學用合一的青年。

十一、張善楠在〈臺灣兒童讀經運動的文化涵意與公民社會發展〉一文中，指出臺灣的讀經運動，可以說是發自民間的一種社會運動，也是一種文化復興運動。此一運動呈現了臺灣社會的蓬勃朝氣，以顯示臺灣是一個充滿閱讀與公民責任的社會，也是一個具有文化教養、品格教養的社會。當然，讀經是只重記誦？還是能兼顧理解？讀經運動究竟能否開發潛能？或會弱化理解能力？則仍是見仁見智的問題。

十二、曾冠球和江明修〈臺灣公民社會的形塑：促進社會企業發展的政策議題〉一文，則說明社會企業是一種公私合力、公共治理的一環，是解決社會問題的一種有效方式。例如協助解決弱勢就業、社區發展、公益創投、環境保育等問題，因此值得民主國家採用，以共同解決社會問題。

十三、吳建忠的〈臺灣教育新南向的迷霧與曙光：以泰北教育的側身觀察為例〉一文，提出了另一項議題，指出臺灣近年來所提出「新南向政策」也是一向具爭議性的社會議題。該文指出，為因應臺灣少子化的需求，政府鼓勵民間、教育界應邁向東南亞求發展。但作者認為各級學校要面向東南亞招生並不容易，但泰國和馬來西亞應是很值得開發的市場，但政府似乎並未盡力做好相關措施，例如境外生來臺就讀，應給多少獎助學金？可否在臺打工？畢業後可否留臺工作？這些都不見政府有明確的政策，導致招生困難。它的爭議點在政府為什麼要捨近求遠，一方面阻擋陸生來臺，另一方面又猛收東南亞各國的學生而不可得？這如果是政治性考量，則我們未免對自己太沒有信心了！

肆、回到理性思考的正軌

有人說，民主社會本來就是一個意見多元和言論自由的社會，何必擔心民間各種意見的喧囂不止？可是民眾的意見如果儘是夾雜著情緒、夾雜著黨派私利，而且總是不願跟別人的意見相互妥協，那怎麼可能匯

成眞正的民意呢？

　　哈伯瑪斯（Jurgen Habermas）認爲，一個民主社會的形成，首先需要建構一個「公共領域」（public sphere），而這就要從個人做起。人們必須彼此之間有一種親密感，然後在意見上能相互對照、相互溝通，才能彼此傾聽而瞭解，最後才能聚成公共意見。[7]

　　因此，我們相信，臺灣社會眾多紛歧甚至對立的意見，也應從這樣的角度出發，卸下對立、互鬥的情緒，找回我們原先並不缺乏的「親密感」（同胞愛），對於公共議題的表達，要能回到理性的思考，以相互對照、相互溝通的態度，進行對話，不但要理性地思考與表達，傾聽對方的處境與訴求，同屬重要。以下再舉幾點作爲說明：

一、放下怨懟情緒，找回親密關係

　　海峽兩岸的人民，原本都是溫和親切的族群，但由於數十年來的內戰，以及政治經濟的治理毀壞，造成烽火連連，殺傷無數，人民在動亂之中，也被逼成相互對立、相互仇恨。可是歷史的恩怨，終究要放下，民主的未來才有曙光。

　　以兩岸關係而言，臺灣總是希望能擺脫被中國大陸所統一的命運，而中國大陸則一定要消滅臺灣獨立的可能性，如果這樣相互對抗下去，應該不會有好結局。就臺灣內部而言，綠營的人支持臺灣獨立，而藍營的人則反對臺獨，支持和平統一。但這兩方的支持者，是相互嘲笑甚至相互怒罵的，如果這樣僵持下去，臺灣仍舊受困於統獨意識形態之爭，政治、經濟、社會、文化各項公共議題勢必繼續吵個沒完，那臺灣會有未來嗎？

　　因此，從公民社會（civil society）的觀點來說，綠營似可用「臺灣主體性」、「臺灣優先」替代「臺灣獨立」？藍營也可以改倡「以兩岸民主發展爲基礎的漸進式統一」替代語焉不詳的「和平統一」？姜新立

也認為可以把習近平的「臺灣方案」，具體規畫為「民主方案」[8]。因為民主既是普世價值，臺灣應該期待或鼓勵中國大陸嘗試往這方向努力。再者，統獨問題牽涉到國家認同問題，也牽涉到文化認同，吾人也宜把文化認同與國家認同區隔開來，我們不必為了想建構一個新的國家，而拚命否定自己的文化根源，這不但是抹滅歷史，也在製造衝突，實屬不智。須知即便同屬一種文化，還是可以另建新國家的，美國和英國即是。因此，只有停止不必要撩撥，才能緩解國家認同之衝突。[9]

二、要相互講實話，才能進行有效對話

很多公共政策，贊成和反對者如果只說片面的意見，甚至不說實話，那對方也可以如法炮製，或專找對方之罩門，結果是公共政策的執行寸步難行，或造成政策的搖擺，乃至昨是今非，這樣雙方的支持者不但會再度對立，可能也徒然虛耗了國家資源。

以能源的政策來說，支持核能發電者說核電廠很安全，核能很乾淨，沒有核能臺灣永遠能源不足，怎能發展經濟？但他們卻沒說明過去核電廠為什麼會發生幾次的事故？也沒說明核廢料有沒有「最終儲存地」？同樣的，反對核能發電者，只說核電廠很危險，卻不說如果停止核電廠，那要如何補足這一塊的能源？又怎麼不擔心日本可能遭核汙染的食物進口？

關於這方面的爭議，其實學術界也提供了不少折衷方案，例如戴肇洋、馬毓駿等都認為如果關閉核電，那就要提高電費，以求節約用電，並應開發多元的新能源。[10]

三、相互傾聽、相互修正，才有折衷方案

人們在進行「溝通」的時候，往往會感嘆「溝而不通」，為甚麼會這樣？原因就在我們常常只會拚命地講出自己的意見，拚命地反駁對方

的處境與訴求，這樣怎能祈求對方放棄他自己的觀點？

　　就以服貿與反服貿議題來說，我國是一個靠外貿來發展經濟的國家，而現在世界各國大多簽訂各種的貿易協議，藉由關稅優惠、定額採購、資金流通、人才借用等來發展自己的經濟，我國何嘗沒有此種需求？但由於我國的國際地位受限，如要與其他國家簽訂各種貿易協議，是不可能不透過中國大陸的，這是國際政治經濟上的現實，所以跟中國簽訂服貿協議，是唯一的選擇。當然，就服貿協議的內容而言，當然是可以討論的，例如雙方是否對等？中國大陸的資金、人才是否會因此而大量流入臺灣，以致掌控了臺灣服務業的市場？甚至導致失業的攀升？這些都可以討論，並要求修改的。只有這樣的折衷方案，才能為臺灣經濟帶來活水，同時兼顧臺灣經濟上的安全。[11]

四、對公共議題的主張，要合法、合理且公平

　　臺灣當前有許多公共議題是屬於制度改革方面的，這牽涉到對既有現行制度的變更，而這些制度又是透過法律所界定的，同時也受到相當人數的支持，如果基於時代更替、社會變遷等因素而必須修改甚至廢棄，則必須考慮到修改的作為是否合法？修改的內容是否合理？修改的結果是否公平？否則必然會受到極大的反彈，甚至造成社會的紛亂與動盪不安。

　　以轉型正義為例，政府如果利用它在國會的多數，強行訂定〈政黨及其附隨組織條例〉，然後透過在行政機關中搭建一個「促進轉型正義委員會」來沒收某一敵對政黨的財產，這可能違反了憲法所保障的財產自由權，即使某一政黨的財產係屬「來源不明」，亦應以司法訴訟之方式，方能予以沒收，而且這還要考慮到針對個案而立法制裁，是否也違法？同時又牽涉到是否違反「法律不溯及既往」及「法律追溯時效」的問題？[12]

再以年金改革為例，年金改革是當代許多國家也在進行中的作為，例如美、日、韓等國從 1980 年代起，都開始啟動年金改革，所以我國若要實施年金改革，也符合時代需求。但我國的年金改革，其實從李登輝總統時代（1995 年）就已經開始了，到了馬英九時代，再調降儲金優惠利率。如果到了 2018 年還要年金再改革，那就要思考及向社會大眾清楚說明下列幾個問題：

　　（一）軍公教警消退休年金之所以要改革，要再次降低年金給付，是因為退休基金快倒閉了嗎？那為什麼會倒閉？是人謀不臧嗎？是收支比算錯了嗎？政府相關部門要不要負責？

　　（二）如果退休基金會倒閉，為什麼在削減給付退休金之同時，卻又能編列數千億預算去做那些所謂的前瞻計畫及新南向政策？如果說這是兩碼事，那政府難道不應優先考慮自己曾經立法施行的退休金制度，以符法治國的「信賴保護原則」嗎？

　　（三）如果刪減軍公教退休金，希望軍公教「共體時艱」，那總統及以下的所有政務官，以及民意代表們，難道不應共體時艱嗎？

　　（四）就算以上各項問題，都屬不得已的情形，那為什麼又說軍公教是米蟲？為什麼反嗆質疑者「你吵得越兇，我砍得越多」？

　　（五）削減軍公教退休金，使得許多已退休者來不及準備，一時之間收入減少了很多，正在付房貸者擔心繳不起房貸，準備到養老中心養老者擔心付不起費用，本來辛苦了一輩子退休後想到歐美走走的人，也擔心費用可能不足而不敢出國，更不用說想幫幫就業不易、薪資偏低的兒女度過難關了。

　　其實，各國政府如德國、英國、義大利等，都採取了「逐年削減年金給付」的政策[13]，我國政府為什麼不能也採取這種漸進式的年金改革，來減緩社會衝突呢？

伍、結語

　　臺灣的社會撕裂，有其歷史背景，也有人爲因素。歷史終究已經過去，吾人應記取教訓，卻不應永遠懷恨在心，否則我這個社會要如何健康地發展下去？兩次世界大戰，英、法、德、義各國之間，相互征戰，各方皆死傷無數，但現在卻組成了歐盟；美國和日本在第二次世界大戰中，也是敵對國家，雙方也都付出重大的代價，而今也成了最堅強的盟友。國家之間尚且如此，對於國內的同胞，又何苦冤冤相報呢？

　　當然，曾經做錯事的一方，要勇於認錯道歉，該究責的要究責，該賠償的要賠償，要傾聽受害者的心聲，才能取得原諒，然後邁向和解。只有願意和解，歷史恩怨才會成爲過去。

　　至於人爲因素，指的是有些人把歷史傷痛當作提款機，甚至用來召喚選票。這是犯了「傷口觸碰」的錯誤，不值得鼓勵。民主政治下的選舉，應以人選是否最佳，所提出之政策是否最符合人民需求爲主要考量，這才是民主政治的康莊大道。但重要的是，每一項重大公共政策的提出，一定要考量到是否爲當前民眾之所需？而政策的規劃，更要合理、公平，在付諸執行之前，一定要有「政策順服」（policy compliance）的作爲，這不只是制定法律要求人民服從，更重要的是要有「說服」的努力，並佐以獎勵或補償的方式，才能眞正奏效。平心而論，像年金改革、多元成家這些爭議比較高的公共政策，更應如此。至於像轉型正義的相關政策，政府爲了強渡關山，不惜以法律設置特殊機關，強迫民間團體繳出財產，卻枉顧了程序的不正當，違反了法律上不得針對個案立法、不得溯及既往、審判權歸司法等多項民主法治國家的基本原則，這更是不良的示範。難怪有很多人譏之爲「轉型不正義」。

　　因受限於篇幅，本書只收錄了十三篇論文，當然不可能論及臺灣當前所有的經濟或社會公共議題，但能把十幾項比較有爭議的公共議題之

研究，彙在一起，方便國人閱讀，作者們也算是盡了一份心力了，盼望爾後能有更多的學者，主動關心臺灣的公共議題，並提出更客觀、有用的建議，則甚幸焉。

註　釋

* 洪泉湖，元智大學社會暨政策科學學系教授、前院長，現已退休。

1 民粹是指一種強調完全聽從人民意見的作風，不管這些民意是否正確或恰當，甚至夾著一部分的民意即據以自稱為代表民意，且指責反對他的人為「反對民意」。

2 在1940～1980年代，主張臺獨一直被政府視為叛國罪，直到1990年代初，才被認定是一種言論自由，而予以除罪化。

3 其實關於服貿協議的簽署與否，朝野已進行過多次的說明會，但雙方均無共識，只是不斷地爭吵。

4 當時支持和反對簽服貿協議者（包括學者或業者）均很多，例如宏碁的施振榮、台達電的鄭崇華、經濟學者高希鈞等是支持的；總統府顧問郝明義、財經學者鄭秀玲是反對的。

5 林宛慧，2014〈從反服貿運動省思兩岸關係發展的瓶頸〉，國家政策研究基金會：https://www.npf.org.tw/

6 A. Inkeles & D. Smith (1974). *Becoming Modern: Individual Change in Six Developing Countries.Cambridge*, MA: Harvard University Press.

7 李丁讚等，2004，《公共領域在臺灣：困境與契機》。臺北：桂冠圖書公司。

8 姜新立，2019，《兩岸關係新態勢：和平統一與臺灣方案〉，《九鼎》，138期，40-46頁。

9 邱貴芬，1995，〈國家認同與文化認同不可混為一談〉，《中外文學》，24卷5期。

10 戴肇洋，2018，〈臺灣能源政策轉型的迷思與省思〉，國家政策研究基金會：https://www.npf.org.tw。

馬毓駿，2016，〈解決能源問題，臺灣還需加把勁〉，《經濟前

瞻》，163期，40-44頁。

11　陳書涵，2014，〈服貿的問題在於「自由貿易」嗎？〉，《人間思想》，第788期，268-273頁。

向前、伍逸豪，2014，〈不反服貿的反服貿運動〉，苦勞網：https://www.coolloud.org.tw

12　吳威志，2018，〈「政黨及其附隨組織條例」與「促進轉型正義條例」涉及的違憲與釋憲〉《人權會訊》，129期，23-32頁。

13　葉崇揚，2017，〈年金改革：笨蛋，問題在制度〉，載https://twstreet-corner.org.

Chapter *1*

美中貿易戰對臺灣產業發展的影響

劉孟俊[*]
吳佳勳[**]
王國臣[***]

[*] 中華經濟研究院第一研究所所長
[**] 中華經濟研究院第一研究所副研究員兼副所長
[***] 中華經濟研究院第一研究所助研究員

美中貿易戰對臺灣產業發展的影響

摘要

　　本文利用追蹤資料向量自我迴歸模型 (panel vector autoregression, PVAR)，檢證美中貿易戰對臺灣貿易與產業的影響。結果顯示，美國對中國大陸的關稅調整，不僅將造成美中臺三邊貿易的短期擾動，甚至衝擊臺灣的長期出口。惟值得注意的是，美中經貿關係，恐演變爲持久性敵對，這種結構性改變，係以超出計量經濟模型的推估範圍，此有賴更多質性研究的加入。

關鍵詞：美中貿易戰、追蹤資料向量自我迴歸模型、臺美中三角貿易、
　　　　全球產業鏈。

Abstract

　　The paper investigates the impact of US-China trade war on the Taiwanese trade and industries. The primary findings are that U.S. raises tariffs on mainland China, could cause short-term disturbances in the trilateral trade between the US, China and Taiwan, even impose on Taiwan's long-term exports. However, it is worth noting that, US-China economic relations would evolve into a lasting hostile situation; this structural change is beyond the estimation of econometric models. Thus, the issue depends on more qualitative research.

Keywords: US-China trade war, Panel vector autoregression, Taiwan-US-China triangular trade relationship, Global industrial chain.

壹、前言

　　本文旨在檢證美國與中國大陸的貿易糾紛,對臺灣貿易與產業的影響。準此,我們採用追蹤資料向量自我迴歸模型(panel vector autoregression, PVAR),檢定 1996～2017 年美國對中國大陸的關稅調整,對美中臺三角貿易的影響。研究對象含括國際商品統一分類代碼(harmonized commodity description and coding system, HS)兩位碼的貨品,共計 6,336 筆觀察值。本文盡可能蒐集相關資料,以期讓實證結果更貼近國際現勢。

　　在章節安排上,第二部分先行梳理,自美國總統川普(Donald Trump)就任以來,華府對中國大陸的相關經貿糾紛。第三部分轉而探討,美中臺三角貿易,及臺灣參與全球產業鏈(global industry chain)的程度。在此基礎上,我們進一步彙整,關於美中貿易糾紛對臺影響的相關評論。第四部分依序說明:研究方法、模型穩健性檢定(robustness test),以及 PVAR 的實證結果,最後則是結論。

貳、美中貿易糾紛的進展

　　自美國總統川普就任以來,美中經貿關係日趨緊張,進而可能牽動美中臺三角貿易與產業鏈。據此,本文先行梳理華府對中國大陸的相關經貿制裁,尤其是國際貿易與投資領域。以下詳細說明之。

一、美國對中國大陸貿易的施壓

　　2018 年 1 月 22 日,美國貿易代表辦公室(Office of the United States Trade Representative, USTR)依《1974 年貿易法》(*Trade Act of 1974*)第 201 條的規定,對太陽能電池及模組課徵 30% 的防衛性關稅;

其中，尤以中國大陸傷害最深。對此，2 月 28 日，前中國國家發展和改革委員會副主任劉鶴訪美磋商，但無功而返。

3 月 23 日，美國商務部（Department of Commerce）基於貿易擴張法（*Trade Expansion Act*）第 232 條（232 條款），認定中國大陸進口的鋼鐵與鋁產品，嚴重威脅美國的國家安全，故分別課徵 25% 與 10% 的懲罰性關稅。對此，中國大陸政府立即反擊，取消 120 項美國農產品與鋁製品的關稅優惠，減免幅度為 15～25%。

4 月 3 日，USTR 依據《1974 年貿易法》第 301 條（301 條款），計劃對價值 500 億美元的 1,333 項中國大陸進口產品，施以 25% 的懲罰性關稅。隔日（4 月 4 日）中國商務部亦擬定對來自美國進口的大豆、高梁、汽車以及飛機零組件課以 25% 的關稅，金額同樣為 500 億美元。

鑑於中國大陸的貿易報復，4 月 5 日，川普再指示，USTR 對價值 1,000 億美元的中國大陸商品加徵關稅。五日後，中國國家主席習近平允諾，大幅度放寬市場准入、加強智慧財產權保護、主動擴大進口，以及改善投資環境。習近平的宣示，為美中經貿談判開啟曙光。

5 月 3 日，美國財政部長 Steven Mnuchin 赴京，展開首輪磋商，惟雙方沒有共識。但到了 5 月下旬，出現戲劇性的轉折。20 日，第二輪美中貿易談判代表，發表聯合聲明——同意不打貿易戰、停止互徵關稅。惟三日後，情勢急轉直下。川普表示，不滿意談判結果。6 月 2 日，美國商務部長 Wilbur Ross 抵京，進行第三輪談判，可惜依舊分歧。

7 月 6 日，美國啟動第一波貿易制裁，對 340 億美元的 818 項中國大陸商品加徵 25% 關稅。六小時後，北京當局亦對美國農產品、汽車以及水產品等價值 340 億美元的商品加徵 25% 關稅。

基於中國大陸的貿易報復，7 月 10 日，USTR 研擬對中國大陸輸美 6,031 個關稅項目、價值 2,000 億美元商品，徵收 10% 的從價稅（ad valorem duty）。8 月 1 日，川普再指示，將原定的 10% 稅率，提高到 25%。兩日後，中國國務院關稅稅則委員會發布，第二批的 600 億美元

加徵計畫，稅率為 5%、10%、20% 與 25%。

8 月 23 日，美國將第一波制裁中剩餘的 279 項商品，加徵 25% 的關稅，涉及金額為 160 億美元。中國商務部隨即反擊，對 333 項美國能源、化工與醫療器材加徵 25% 的關稅，金額亦為 160 億美元。期間，中國商務部副部長王受文與美國財政部副部長 David Malpass，正在華府進行第四輪磋商。

9 月 18 日，美國對 2,000 億美元的中國大陸商品，加徵 10% 的關稅；2019 年稅率將調升到 25%。川普並強調，不排除全面加稅。惟北京當局不甘示弱，仍對 600 億美元的美國商品，加徵 5～10% 的關稅。原定第七輪的美中經貿磋商，因此延宕。茲將美中貿易糾紛的進展，彙整於表 1。

表 1　美中貿易糾紛與磋商（2018 年 1 月至 9 月）

時間	事件
1 月 22 日	美國對進口洗衣機（含零部件）、太陽能電池及模組，課徵 30% 的防衛性關稅。
2 月 28 日	前中國國家發展和改革委員會副主任劉鶴訪美。
3 月 23 日	美國對中國大陸進口的鋼鐵和鋁，加徵 25% 與 10% 的稅率。 中國商務部宣布，對美國進口中國大陸的 128 項商品，加徵 10～25% 的關稅。
4 月 3 日	美國調高價值 500 億美元的 1,333 項自中國大陸進口產品的關稅，調幅為 25%。
4 月 4 日	中國大陸調高價值 500 億美元的 106 項自美國進口產品的關稅，調幅為 25%。
4 月 5 日	USTR 擬對價值 1,000 億美元的中國大陸商品，加徵關稅。
4 月 10 日	習近平允諾，擴大市場准入與進口、加強智慧財產權保護，以及改善投資環境。
5 月 3 日	美國財政部長率團赴京，展開為期兩日的經貿磋商。
5 月 20 日	美中第二次經貿磋商，發表「聯合聲明」，同意加強經貿合作。

續表 1

時間	事件
5 月 23 日	川普表示，不滿意貿易談判的結果，且考慮重新談判。
6 月 2 日	第三輪美中貿易談判。
7 月 6 日	美國對價值 340 億美元的 818 項中國大陸商品，加徵 25% 關稅。 中國大陸對美國農產品、汽車與水產品等 340 億美元的商品，加徵 25% 關稅。
7 月 10 日	美國列出，價值 2,000 億美元自中國大陸進口 6,031 項商品的 10% 關稅加徵清單。
7 月 14 日	川普擬對中國大陸網路設備課稅。
8 月 1 日	將前述 6,031 個關稅項目、價值 2,000 億美元商品的原定稅率（10%），提高到 25%。
8 月 3 日	中國大陸發布，價值 600 億美元的第二批加徵計畫清單，並分為 5%、10%、20% 與 25% 等四種稅率實施。
8 月 23 日	美中第四輪經貿談判。 美國對價值 160 億美元的 279 項中國大陸商品，加徵 25% 關稅。 中國大陸對價值 160 億美元的美國 333 項商品，加徵 25% 關稅。
9 月 18 日	美國對價值 2,00.0 億美元的中國大陸商品，加徵 10% 關稅。 中國大陸對價值 600 億美元的美國商品，加徵 5～10% 關稅。

資料來源：本文自行整理。

　　同時，美國亦對中國大陸，發起 41 項反傾銷（anti-dumping）、反補貼（anti-subsidies），以及 337 調查。其中，337 調查是指美國國際貿易委員會（International Trade Commission, ITC）調查，進口到美國的外國產品，是否侵犯美國本土產業現有、或正在建立的專利權、註冊商標、著作權、外觀設計（mask work），以及專有技術。（見表 2）

表 2　美國對中國大陸的雙反調查（2017 年 1 月至 2018 年 9 月）

時間	事件
2017 年 1 月 3 日	特定弓形刀片箭頭產品及其部件的 337 調查。
2017 年 1 月 17 日	原鋁補貼措施案向 WTO 申請，啟動磋商程序。
2017 年 3 月 9 日	鋁箔的雙反調查。
2017 年 4 月 11 日	工具箱（櫃）的雙反調查。
2017 年 4 月 19 日	碳鋼與合金鋼冷拔機械管的雙反調查。
2017 年 4 月 21 日	封箱釘的反傾銷。
2017 年 5 月 1 日	高壓鋼瓶的雙反調查。
2017 年 5 月 10 日	冷拔機械管的雙反調查。
2017 年 6 月 5 日	金屬矽的反傾銷調查。
2017 年 6 月 21 日	細旦滌綸短纖的雙反調查。
2017 年 7 月 7 日	光學增白劑的反傾銷調查。
2017 年 7 月 13 日	鑄鐵汙水管配件的雙反調查。
2017 年 8 月 4 日	鑄造焦炭的反傾銷調查。
2017 年 9 月 6 日	工業自動化系統及元件的 337 調查。 不鏽鋼法蘭的反傾銷調查。
2017 年 9 月 14 日	可重複使用尿布的 337 調查。
2017 年 9 月 28 日	聚四氟乙烯樹脂的雙反調查。
2017 年 10 月 5 日	鍛鋼件的雙反調查。
2017 年 10 月 19 日	聚四氟乙烯樹脂的反傾銷調查。
2017 年 11 月 21 日	可攜式電子設備支架的 337 調查。
2017 年 11 月 28 日	鋁合金薄板的雙反調查。
2017 年 11 月 30 日	葡萄糖酸鈉、葡萄糖酸及衍生產品的雙反調查。
2017 年 12 月 21 日	固態存儲驅動器、堆疊式電子元器件和產品的 337 調查。
2017 年 12 月 27 日	塑膠裝飾絲帶的雙反調查。
2018 年 1 月 2 日	應用級風電塔的反傾銷調查。
2018 年 1 月 3 日	特定不倒杯的 337 調查。
2018 年 1 月 17 日	塑膠裝飾絲帶的雙反調查。
2018 年 1 月 17 日	大口徑焊管的雙反調查。
2018 年 1 月 26 日	鑄鐵汙水管的雙反調查。
2018 年 1 月 30 日	橡皮筋的雙反調查。
2018 年 3 月 5 日	鋁型材的反規避立案調查
2018 年 3 月 27 日	鋼制輪轂的雙反調查。

續表 2

時間	事件
2018 年 3 月 28 日	甘氨酸的雙反調查。
2018 年 4 月 17 日	石英檯面產品的雙反調查。
2018 年 5 月 4 日	特定迷彩箭臺及其組件的 337 調查。
2018 年 5 月 22 日	鋼製丙烷氣瓶的雙反調查。
2018 年 7 月 11 日	鋼貨架的雙反調查。
2018 年 8 月 29 日	直徑 12～16.5 英寸鋼輪的雙反調查。
2018 年 9 月 18 日	床墊的反傾銷調查。
2018 年 9 月 20 日	不鏽鋼啤酒桶的雙反調查。
2018 年 9 月 26 日	鋁製電線電纜的雙反調查。

資料來源：本文自行整理。

二、美國對中資企業的審查

自川普上任以來，華府對中國大陸企業併購（mergers and acquisitions）美國企業的審查越趨嚴格。如表 3 所示，2017 年 1 月迄今，美國外國投資委員會（Committee on Foreign Investment in the United States, CFIUS），共否決 16 起中資企業併購案。此外，2018 年 2 月，美國證券管理委員會（United States Securities and Exchange Commission）亦阻擋重慶財信集團併購芝加哥證券交易所一案；兩者合計，中資併購失敗的金額，高達 1,279 億美元。

特別是 2017 年 9 月 13 日，川普以總統令的方式，阻止具有中資背景的 Canyon Bridge Capital 併購 Lattice 半導體公司。類似案例，過去曾發生過三起：1990 年，老布希（George H.W. Bush）否決中國航空技術進出口公司收購 MAMCO。2012 年，Barack Obama 否決三一重工投資風力發電場。2016 年，Obama 再度否決福建宏芯投資基金併購 Aixtron 半導體公司。很顯然地，上述案件都涉及中資企業。

表 3　川普上任後對中資企業併購的否決案（2017 年 1 月至 2018 年 9 月）

單位：萬美元

0.3	收購方	目標公司	行業別	併購規模
2017 年 2 月	華潤集團與華創投資	Fairchild	科技	260,000
2017 年 6 月	TCL 集團	Novatel Wireless	通訊	5,000
2017 年 5 月	海航集團	Global Engle	娛樂	41,600
2017 年 9 月	四維圖新	HERE Technologies	出版	33,000
2017 年 9 月	Canyon Bridge Capital	Lattice	科技	130,000
2017 年 11 月	華信能源	Cowen Group	金融	27,500
2017 年 11 月	忠旺集團	Aleris	製造	233,000
2017 年 11 月	東方弘泰	Applovin	科技	140,000
2018 年 1 月	螞蟻金服	Money Gram	金融	120,000
2018 年 2 月	重慶財信集團	芝加哥證券交易所	金融	2,500
2018 年 2 月	湖北鑫炎	Xcerra	科技	58,000
2018 年 2 月	藍色光標	Cogint	科技	10,000
2018 年 3 月	大北農集團	Waldo Farms	農業	1,650
2018 年 3 月	博通	Qualcomm	科技	11,700,000
2018 年 4 月	海航集團	Sky Bridge Capital	金融	20,000
2018 年 5 月	中國重汽	UQM	能源	2,800
2018 年 5 月	深圳新綸科技	Akron	科技	9,900

資料來源：本文自行整理。

　　此外，在 Trump 的總統令發布不久，美國參眾兩院亦提交《外國投資風險審查現代化法案》（*Foreign Investment Risk Review Modernization Act*, FIRRMA），試圖擴大 CFIUS 的權限。具體而言，本次修正案的重點有三：一是透過風險投資基金進行股權投資，納入監管範圍。二是嚴密監管敏感設施附近的房地產交易。三是查察任何企圖規避 CFIUS 審查的行爲（如利用空殼公司掩蓋所有權交易）。

　　不僅如此，FIRRMA 還賦予，CFIUS 兩項特別權力：第一，將中國大陸列入危及國家安全的敵意國家名單（group of hostile nations），限制中方持股達 25% 以上的企業，不得併購「產業關鍵技術」的美國公司。[1] 第二，加強中資企業的出口管控流程，防止海外合資項目，不

當地向外國公司轉讓關鍵技術，藉此保障美國企業的智慧財產權。

8月1日，美國商務部工業和安全局（Bureau of Industry and Secu-rity）公告，44家「違反美國國家安全或外交政策利益」的中國大陸企業，主要包括：中國航天科技集團、中國航太科工股份有限公司、中國電子科技集團公司、中國高新技術產業進出口公司、中國華騰工業有限公司，以及河北遠東通信系統工程。這些中資企業，亦將列入美國的出口管制名單。

進一步而言，《美國出口管理條例》（*U.S. Export Administration Regulations*, EAR）規定，列管企業的所有物品出口、再出口或轉運，都需要授權核可。例如：4月17日，美國商務部宣布，對中興通訊施以出口管制，禁止美國企業向中興通訊出售零組件。[2] 值得關注的是，華府表示，9月還會新增221家企業，舉凡中國石化、中化國際，中國中鋼，以及清華紫光，恐將無法倖免於難。

綜合上述，美國對中國大陸的經貿制裁，日趨激烈。從雙反調查，升級到全面加稅。期間，華府亦頻於阻擋中資企業併購美國廠商。特別是，7月20日，川普指謫，北京當局刻意壓低人民幣匯率。一旦被列入「匯率操縱國」正式名單，中國大陸恐面臨新一波的懲罰性關稅。[3] 以下將進一步梳理美中臺三角貿易與產業分工。

參、美中臺三角貿易與產業分工

本文先行回顧，美中臺三角貿易的發展現況，其次再檢視，臺灣參與全球產業鏈的程度。最後，我們檢視先行研究，關於美中貿易糾紛對臺灣經貿的影響。以下依序說明之。

一、美中臺三角貿易

近 30 年來，美國、中國大陸與臺灣彼此間的雙邊貿易穩定成長。首先，臺灣與美國的雙邊貿易總額，從 1991 年的 364 億美元，倍增到 2017 年的 672 億美元。此外，兩岸貿易總額亦從 1991 年的 6 億美元，暴增到 2017 年的 1,390 億美元。在此期間，美中雙邊貿易總額也從 1991 年的 266 億美元，擴增到 2017 年的 6,565 億美元。這顯示美中臺三國的貿易日趨緊密。（見圖 1）

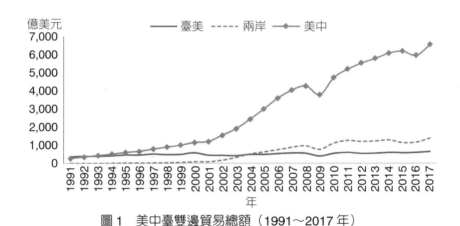

圖 1　美中臺雙邊貿易總額（1991～2017 年）

資料來源：本文自行繪製。

進一步來看，臺灣出口美國最大宗項目為機械及機械用具，以及電子電機設備，規模達 185 億美元。其次是基本金屬及其製品，金額為 58 億美元。第三是運輸設備，金額為 31 億美元。相對而言，美國出口臺灣最大宗項目，亦為機械及機械用具，以及電子電機設備，金額為 129 億美元。其次是化學產品，金額為 36 億美元。第三是運輸設備，金額為 24 億美元。

就兩岸而言，臺灣出口中國大陸最大宗項目為機械及機械用具，以及電子電機設備，金額為 501 億美元。其次是樂器、鐘錶，以及精密或

醫療儀器與器具,金額為 93 億美元。第三是化學產品,金額為 87 億美元。相對而言,中國大陸出口臺灣最大宗項目,亦為機械及機械用具,以及電子電機設備,金額為 299 億美元。其次是基本金屬及其製品,金額為 46 億美元。第三是化學產品,金額為 44 億美元。

　　就美中而言,美國出口中國大陸最大宗項目為運輸設備,金額為 295 億美元。其次是機械及機械用具,以及電子電機設備,金額為 229 億美元。第三是植物產品,金額為 149 億美元。相對而言,中國大陸出口美國最大宗項目為,機械及機械用具,以及電子電機設備,金額為 2,620 億美元。其次是家具、玩具、遊戲與運動必需品,以及雜項製品,金額為 648 億美元。第三是紡織原料及紡織製品,金額為 468 億美元。很顯然地,臺灣與中美兩國的產業內分工都非常密切,而美中之間則偏向產業間分工。(見表 4)

表 4　臺美中各項貿易額（2017 年）

單位:億美元

項目類別	A	B	C	D	E	F
活動物;動物產品	2	7	3	2	24	25
植物產品	1	19	2	3	149	16
動物或植物脂肪及油	0	0	0	0	1	1
經配製的食品	3	7	5	2	14	32
礦產	1	10	12	6	100	12
化學產品	12	36	87	44	112	158
塑橡膠及其製品	27	10	78	15	64	214
獸皮、皮革及毛皮	1	1	1	3	13	78
木及木製品	0	1	1	2	32	46
紙及其製品	2	4	4	5	43	60
紡織原料及紡織製品	9	6	24	19	61	468
鞋履及帽類	1	0	1	3	1	188
石、灰泥、水泥、石棉、雲母、陶瓷及玻璃製品	4	2	11	11	9	267
珍珠或養珠、寶石或半寶石、貴金屬	1	2	2	2	12	30
賤金屬及賤金屬製品	58	9	58	46	60	270

續表 4

項目類別	A	B	C	D	E	F
機械及機械用具；電子電機設備	185	129	501	299	229	2620
運輸設備	31	24	6	10	295	168
精密或醫療儀器及器具；鐘錶；樂器	12	23	93	16	109	140
武器及彈藥	0	0	0	0	0	2
家具；玩具、遊戲與運動必需品；雜項製品	19	1	4	11	5	648
藝術品、珍藏品及古董	0	0	0	0	1	3
末能按產品類型分類的貨物	3	15	3	10	12	62

說明：A= 臺灣出口美國。B= 美國出口臺灣。C= 臺灣出口中國大陸。D= 中國
　　　大陸出口臺灣。E= 美國出口中國大陸。F= 中國大陸出口美國。

資料來源：本文自行整理。

二、臺灣參與全球產業鏈的程度

產業鏈（industry chain）是指各個產業部門之間，基於一定的技術經濟關聯，並依據特定的邏輯關係與時空布局，客觀形成的鏈條式關聯關係形態。具體而言，產業鏈包含四個概念：一是價值鏈（value chain），即企業生產、銷售、進料後勤、發貨後勤、售後服務。同時，亦涉及人事、財務、計劃、研究與開發、採購。

二是企業鏈（enterprise chain），即企業通過物質、資金、技術等流動，相互作用形成的企業鏈條。三是供應鏈（supply chain），即產品生產與流通過程中，涉及的原材料供應商、生產商、分銷商、零售商，以及最終消費者等成員，通過與上游、下游成員的連接（linkage）組成的網路結構。最後是空間鏈，即同一種產業鏈條在不同地區間的分布（Gunasekaran & Ngai, 2004; Holweg & Pil, 2005; Humphrey, 2003）。

圖 2 為我國全球價值鏈參與指數變化趨勢。1995～2011 年間呈現上升趨勢，由 1995 年的 46.2%，提升至 2011 年的 67.6%，反映出我國融入全球價值鏈程度提高，我國產業與全球生產連結越趨緊密。其中，

在「向後參與」方面，1995～2011 年，我國出口中來自其他國家附加價值比重大致呈現上升趨勢，尤其在 2002 年臺灣加入 WTO 後，所占比重穩健提升。這表示我國與上游供給國的關聯，越趨緊密。

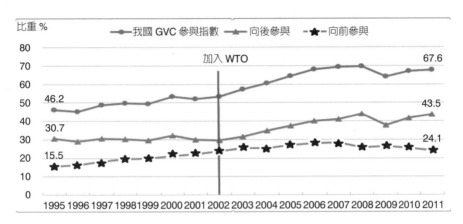

圖 2　臺灣全球價值鏈參與指數（1995～2011 年）

資料來源：本文自行繪製。

說明：GVC 參與指數，由「海外附加價值占我國出口比重」（向後參與指數）以及「我國附加價值占他國出口比重」（向前參與指數）相加而得。

　　此外，在「向前參與」方面，1995～2011 年，我國附加價值占他國出口比重呈現先升後降趨勢，在 2007 年達到最高 28.3% 後，隨後出現下降。在全球價值鏈中，上游（研發）與下游（銷售）部分所創造的附加價值最高，中游製造部分的附加價值最低。這顯示我國與下游生產國的關聯起伏較大。

　　由臺灣的 GVC 參與率結構變化可發現，臺灣向後參與指數遠高於向前參與指數，原因在於我國屬缺乏天然資源經濟體，故進口原物料與中間財比重高，我國出口貿易與上游進口來源國有密切的關聯性。摒除原物料不談，我國向後參與程度高，隱含一件事情值得留意，即向後參與程度高，可能表示我國對上游中間財供應國的依賴程度很高，也反映

美中貿易戰對臺灣產業發展的影響

出臺商處於低價代工的困境（如蘋果手機代工），倘若日後中間財供應國轉移給其他國家進行代工生產，對我國產業可能產生一定程度的衝擊，須謹慎看待。

三、美中貿易糾紛對臺灣經貿的影響

中國大陸與美國，分屬臺灣的前兩大貿易夥伴，且臺灣高度融入全球產業鏈。因此，中美貿易摩擦，將衝擊臺灣經濟。如經濟合作與發展組織（Organization for Economic Cooperation and Development, OECD 2017）預估，美中兩國各自提高 10% 的關稅，則全球的國內生產毛額（Gross Domestic Product, GDP）將下跌 1.4%。《經濟學人》（*Economist* 2018）亦預測，中美貿易戰將嚴重衝擊全球價值鏈，損失金額高達 4,000 億美元；其中，以臺灣的傷害最深。

此外，中央銀行（2018）亦指出，若美國啟動對中國大陸的貿易制裁，則臺灣 GDP 將相應下降 0.8%。若北京當局採取貿易報復，則臺灣 GDP 預估再減少 1.0%。兩者合計，臺灣將損失 3,140 億新臺幣。以產業看，尤以資訊與通信科技（information and communication technology, ICT）首當其衝，臺灣電子業產出占 GDP 的比例，將衰退 0.12%。

韓國貿易協會（Korea International Trade Association, KITA 2018）國際貿易研究所預估，在美中兩國相互對彼此 500 億美元進口產品、課徵 25% 關稅的前提上，兩者的 GDP 將分別減少 0.1% 與 0.2%。由於美中兩國經濟衰退，臺灣的 GDP 將減損 0.025%，受影響程度高居世界之冠，高於韓國的 0.018%。第三是加拿大，GDP 將減少 0.016%。第四是墨西哥，GDP 將減少 0.014%。第五是愛爾蘭，GDP 將 0.012%。換言之，KITA 的實證結果支持上述觀點。

但值得注意的是，中華經濟研究院強調，短期來看，中美貿易摩擦對臺衝擊有限。經濟部長沈榮津亦表示，目前美國對中國大陸的貿易

制裁，排除手機、筆電、電視、智慧手錶，以及藍牙設備，供應鏈應不會受影響。特別是部分產業更受惠轉單效應，包含手工具、螺絲螺帽、滑軌、馬達、鋼鐵、汽車零件、變壓器，以及蓄電池，有利臺製產品出口。

此外，若干在中臺商，意欲返臺設廠，規避美中貿易戰火的波擊。例如：經濟部次長龔明鑫表示，2018 年以來，共計 30 家在陸臺商，擬返臺投資，高達三分之二的比例，更屬上市（櫃）企業。產業遍及網通廠、工具機、電子材料、汽機車零組件，以及金屬製品業。同時，科技部長陳良基亦指出，已有 10 家臺資企業與科技園區接觸，計畫擴大在臺投資。

對此，國際貨幣基金（International Monetary Fund, IMF 2018）更上調臺灣的經濟成長率，由 4 月的 0.8% 提高到 2.7%，漲幅逼近三倍。2019 年的臺灣經濟成長率，亦從 0.4% 提升到 2.0%。臺灣是東亞四小龍中，唯一上調的國家。此外，亞洲開發銀行（Asian Development Bank, ADB 2018）亦提高，臺灣經濟成長率 1 個百分點至 3.0%。反觀韓國則下修 0.1%。這顯示美中貿易糾紛或可刺激臺灣經濟成長。

綜合上述，臺商在美中貿易糾紛中，部分或將受其上下游共同夾擊的衝擊，體質較差或是欠缺資源的中小企業，甚至可能被迫倒閉。然而，美中貿易糾紛也不失為臺灣中小企業轉型的契機，甚或成為我國產業升級的動力。可惜的是，先行研究關於美中貿易衝突對臺灣產業發展的影響，存在明顯分歧。為此，以下將進一步實證之。

肆、實證分析

本文利用追蹤資料向量自我迴歸模型（PVAR），分析 1996～2017 年，美中臺三角貿易的互動關係。以下先行說明資料分析方法、實證變數，以及資料來源。其次再闡述實證意涵。期間，我們亦將進行多個穩

健性檢定，確保分析結果的可信度。

一、資料分析方法

本文採取的資料分析方法爲PVAR。該模型是由追蹤資料模型（panel data model）及向量自我迴歸模型（vector autoregression, VAR）兩個部分構成。PVAR 非常適合用於實證美中臺三角貿易的互動關係。理由有三：第一，非常符合本研究資料的特性，即美中臺彼此間貿易，可能具有互爲因果的關係。例如：2011 年諾貝爾經濟學獎得主 Sims（1980）指出，VAR 的優點在於，不必根據先驗的理論基礎來決定變數間關係——界定內生變數與外生變數，從而避免過度認定（over identifying）的問題。換言之，採用 PVAR 可以改善，過去文獻使用追蹤資料模型的限制，即只能進行單向作用檢定——受援國政經條件對捐贈國外援施予的影響，或外援對受援國政經結構的衝擊。

第二，PVAR 還可以分析，變數間動態因果關係。Sims 根據 VAR 發展出兩種方法：一是衝擊反應函數（impulse response function），衡量某一特定內生變數發生震盪時，對其他內生變數的動態調整過程；二是誤差變異數分解（variance decomposition），分析每個內生變數的變動（innovation），究竟是來自於本身干擾，還是其他內生變數的影響。[4] 換言之，衝擊反應函數與誤差變異數分解，可視爲對 PVAR 的再一次檢證，藉此鞏固實證結果的穩健性。

第三，PVAR 大幅增加觀察值，因此資料期數即使較短，還是能得出有效的估計結果。例如：Holtz-Eakin 與 Newey and Rosen（1988）指出，VAR 存在一個應用上的限制：即當我們處理較短的時間序列資料時，VAR 會很快地耗盡自由度。對此，他們建議，研究學者可加入追蹤資料模型，進行修正。

本文的實證變數有四：美國關稅稅率（UD）、中國大陸對美國的

出口額（CU）、臺灣對中國大陸的出口額（TC），以及臺灣對美國的出口額（TU）。其中，UD 的替代變數，為美國對中國大陸各項進口貨品的從價關稅最惠國稅率（most-favored-nation rate of ad valorem duties），資料來源為世界貿易組織（World Trade Organization, WTO 2018）。此外，貿易額則取自聯合國統計司（United Nations Statistics Division, UNSD 2018）建構的商品貿易統計數據庫。

此外，追蹤資料模型包括橫斷面（cross section）資料（如本文的 97 項貨品），這可能存在個別特質，進而產生誤差。對此，研究者可加入固定效果（fixed effect）或隨機效果（random effect），予以修正。惟當橫斷面資料過多，且時間長度較短（如本文的樣本型態），逕行採用固定（隨機）效果模型，恐造成多重共線性（multicollinearity）的問題，致使迴歸估計效果不佳。對此，本文採取三個步驟：一是代入一組虛擬變數—— HS 的 21 大類，控制貨品間部分差異（Arvin, Cater & Choudhry, 2000; Munemo, 2011），此即 f_i。

最後，我們採取加總形式（Σ）呈現，這是因為解釋變項對被解釋變項的影響，可能超過 1 期以上；ε 表示誤差遺漏項，並符合無異質變異（heteroskedasticity）及自我相關（autocorrelation）的假設。同時，我們將實證變數，進行對數（logarithm）轉換，使之成為雙對數模型（log-log model），則迴歸係數相當於彈性係數（elasticity）（Hill, Griffiths & Lim, 2012）。以下將進一步說明實證結果。

二、實證結果分析

在進行 PVAR 實證分析前，必須確定研究資料為定態（stationary）序列。否則，很可能發生假性迴歸（spurious regression），即將彼此無關聯的變數，錯誤解讀為具有因果關係（Granger & Newbold, 1974）。對此，本文分別以 Levin、Lin 與 Chu（2002）以及 Choi（2001）提出的

單根檢定（unit root test）進行檢測。結果顯示，所有變數的水準值皆顯著拒絕虛無假設（$p < 10\%$），表示本文選取的實證變數，皆為定態序列。（見表 5）

表 5　單根檢定

水準值	LLC	In Choi
美國對中國大陸各項進口貨品的從價關稅最惠國稅率（LUD）	-13.528***	-18.552*
中國大陸對美國的出口額（LCU）	-10.104***	-3.653***
臺灣對中國大陸的出口額（LTC）	-24.086***	-14.032***
臺灣對美國的出口額（LTU）	-4.0123***	-1.448*

說明：

1. In Choi 檢定為 Z 統計量；LLC 檢定為 t 統計量。

2. LLC = Levin, Lin and Chu（2002）單根檢定。L = 取對數（log）。

3. ***、**、* 分別表示在 α = 1%、5%、10%，顯著水準下為顯著。

4. 檢定型態為包含常數項但無趨勢項，最適落後期數依據 Schwarz（1978）建構的貝氏訊息準則（Schwarz Bayesian information criterion, SBIC）。

資料來源：本文自行計算。

　　本文再進行 Granger 因果關係檢定（Granger causality test），瞭解各變數間是否存在單向、雙向，或不具任何「領先—落後」關係（Granger 1969）。由表 6 可知，LUD 與出口額，皆不具 Granger 因果關係。這顯示美國對中國大陸的關稅調整，係為華府自主操控。反之，LUD 則對 LTC 與 LTU，具有單向的 Granger 因果關係（$p < 1\%$）。換言之，美國對中國大陸的關稅變動，將明顯影響臺灣對中國大陸與美國的出口。

　　其次，LCU 與 LTU、LTC 與 LTU，兩兩呈現雙向的回饋關係，且達到 10% 的顯著水準，表示臺美貿易與兩岸貿易，相互皆具有 Granger

的因果關係。這約略反映美中臺三角貿易的高整合程度，以及彼此間產業鏈的緊密分工。此外，LCU 對 LTC 具有 Granger 因果關係（$p <$ 10%）；反之，LTC 對 LCU，則不具有 Granger 因果關係檢定（$p >$ 10%）。這顯示美中貿易將牽動兩岸貿易。

表6　Granger 因果關係檢定

單位：卡方統計量

項目類別	LUD	LCU	LTC	LTU
LUD	NIL	6.571	3.670	2.6738
LCU	3.092	NIL	2.200	7.098*
LTC	9.805***	4.959*	NIL	9.733***
LTU	36.158***	13.548***	32.292***	NIL

說明：

1. 首欄為解釋變數（因），首列為被解釋變數（果）。以 LUD 與 LCU 為例，其虛無假設為：美國對中國大陸各項進口貨品的從價關稅最惠國稅率，並非導致中國大陸對美國出口的原因（LUD → LCU），原文為 LUD does not Granger Cause LCU。

2. LUD = 美國對中國大陸各項進口貨品的從價關稅最惠國稅率；LCU = 中國大陸對美國的出口額；LTC = 臺灣對中國大陸的出口額；LTU = 臺灣對美國的出口額；L = 取對數（log）。

3. ***、**、* 分別表示在 α = 1%、5%、10%，顯著水準下為顯著。

資料來源：本文自行計算。

此外，我們還須確認，PVAR 的最適落後期數，Holtz-Eakin、Newey 與 Rosen（1988）建議，落後期數應少於總期數的三分之一，否則將產生過度配適（over-fitting）問題。以本文而言，觀察時間為 22 年，落後期數最多為 7 期。結果顯示，連續修正的概似比檢定法（sequential modified likelihood ratio test statistic）、赤池訊息準則（Akaike information criterion），以及最終預報誤差（final prediction error），皆顯示第 7 期，為最適落後期數（Akaike, 1969, 1974; Siegmund & Venka-traman, 1995）。[5]

最後，美中臺三角貿易 VAR 模型，也無法拒絕 Breusch and Pagan （1979）檢定的虛無假設，對應的 p 值為 0.908，表示兩個模型都不存在誤差序列自我相關。同時，Hausman（1978）的檢定顯示，以 LUD、LCU、LTC 與 LTU 為被解釋變數的迴歸式，都必須加入固定效果，以克服不同貨品間的個別差異。換言之，透過上述各項統計檢定，本文所建構的實證模型，並無發現重大的計量瑕疵。

表 7 為 PVAR 的實證結果。首先，LCU、LTC 與 LTU 的聯合顯著性檢定結果，分別為 1.528、1.233 與 1.215，皆未達統計上的顯著水準（$p > 10\%$）。同時。三者的係數和檢定，分別為 -0.001、0.001 與 -0.001，亦未顯著。這顯示美國對中國大陸各項進口貨品的從價關稅最惠國稅率（LUD）為華府自主決定，不受美中臺三角貿易的影響。

其次，LUD 對 LCU、LTC 與 LTU 皆具有暫時效果，即聯合顯著性檢定結果都顯著。惟 LUD 對 LCU 未具有恆久性效果，即係數和檢定結果未顯著。反之，LUD 對 LTU 的恆久性效果顯著為負，表示美國對中國大陸的貿易制裁，將衝擊臺灣對美國的出口。LUD 對 LTC 的恆久性效果，則顯著為正，顯示因美國關稅提升，部分臺灣企業，將出口轉移中國大陸內需市場。

第三，LCU、LTC 與 LTU 皆具有顯著的暫時性與恆久性關係。問題是，LCU 與 LTC 的恆久性關係為負，表示中國大陸出口美國增加，則臺灣對中國大陸的出口將相應減少。理由有二：一是臺灣企業轉移到中國大陸設廠，中間財不再繞道臺灣；二是紅色供應鏈的崛起，替代臺灣出口。反之，LTC 與 LTU 的恆久性關係為正。這凸顯美中臺三角貿易的特徵。

美中貿易戰對臺灣產業發展的影響

表7　PVAR 實證結果

項目類別	LUD	LCU	LTC	LTU
LUD				
暫時效果	390231.2***	2.849***	1.847***	1.962*
恆久效果	0.999***	-0.001	0.009**	-0.011***
	(0.001)	(0.004)	(0.004)	(0.003)
LCU				
暫時效果	1.528	8262.237	10.265***	1.722*
恆久效果	-0.001	0.962***	-0.044***	0.001
	(0.001)	(0.004)	(0.005)	(0.003)
LTC				
暫時效果	1.233	6.551***	2190.926***	4.156***
恆久效果	0.001	-0.016***	0.901***	0.020***
	(0.001)	(0.004)	(0.008)	(0.004)
LTU				
暫時效果	1.215	10.560***	13.846***	3845.160***
恆久效果	-0.001	0.039***	0.068***	0.977***
	(0.001)	(0.004)	(0.007)	(0.006)

說明：

1. LUD＝美國對中國大陸各項進口貨品的從價關稅最惠國稅率；LCU＝中國大陸對美國的出口額；LTC＝臺灣對中國大陸的出口額；LTU＝臺灣對美國的出口額；L＝取對數（log）。

2. 暫時效果為 F 統計量。

3. ***、**、* 分別表示在 $\alpha＝1\%$、5%、10% 的顯著水準下，以雙尾檢定。

4. 括弧內數字為迴歸標準誤。

資料來源：本文自行整理。

　　圖 3 描繪，美國對中國大陸關稅調整的衝擊反應分析。當 LUD 變動一個標準差，將對第 2 期的 LCU 產生正向影響，且持續到第 6 期，

這或許受到企業遷廠需要較長的時間所致。因此,至第 7 期開始,美國
貿易制裁的效果方逐步顯現。特別是,至 15 期仍為收斂於零,表示美
國關稅調整具有長期且深遠的影響。

其次,LUD 亦對第 2 期的 LCT 具有正向影響。但很快地,LCT 便
由正轉負,且受衝擊幅度大於 LCU。這顯示美國關稅調升,將嚴重削
減臺灣對中國大陸的出口。最後,LTU 從第 2 期開始,始終為負。這
意謂著,美國對中國大陸的關稅調升,亦將影響臺灣對美國的出口。特
別是,長期而言,臺灣對美國出口的受衝擊程度,逼近中國大陸對美國
的出口。

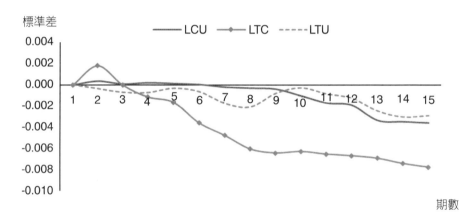

圖 3　美國對中國大陸關稅調整的衝擊反應分析

資料來源:本文自行繪製。

說明:LCU = 中國大陸對美國的出口額;LTC = 臺灣對中國大陸的出口額;

　　　LTU = 臺灣對美國的出口額;L = 取對數(log)。

圖 4 為中國大陸對美出口的衝擊反應分析。當 LCU 變動一個標準
差,將對 LTC 與 LTU 產生長期且深遠的影響。此外,除第 2 期的 LTU
為負向,其餘皆為正向衝擊。這顯示中國大陸對美國的出口,將帶動臺
灣對中國大陸與美國的出口。

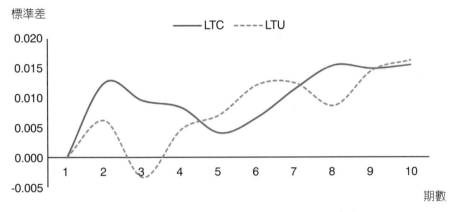

圖 4　中國大陸出口對美國出口的衝擊反應分析

資料來源：本文自行繪製。

說明：LTC＝臺灣對中國大陸的出口額；LTU＝臺灣對美國的出口額；L＝取
　　　對數（log）。

　　圖 5 為臺灣對中國大陸出口的衝擊反應分析。當 LTC 變動一個標
準差，將對 LCU 與 LTU 產生長期且深遠的影響。此外，除第 3 期的
LTU 為負向，其餘皆為正向衝擊。這顯示臺灣對中國大陸的出口，將
帶動臺灣與中國大陸對美國的出口。

　　圖 6 為臺灣對美國出口的衝擊反應分析。當 LTU 變動一個標準差，
將對 LCU 與 LTC 產生長期且深遠的影響。此外，除第 2 期的 LCU 為
負向，其餘皆為正向衝擊。這顯示臺灣對美國的出口，將帶動臺灣對中
國大陸的出口，及中國大陸對美國的出口。

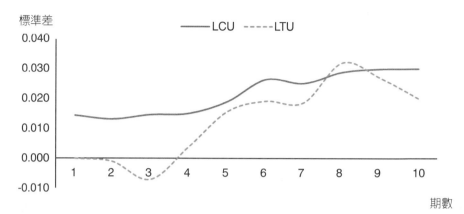

圖5　臺灣對中國大陸出口的衝擊反應分析

資料來源：本文自行繪製。

說明：LCU＝中國大陸對美國的出口額；LTU＝臺灣對美國的出口額；L＝取
　　　對數（log）。

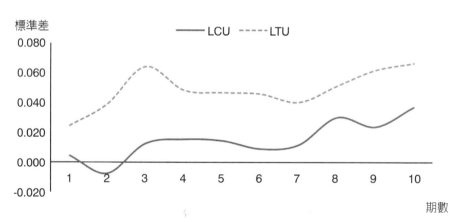

圖6　臺灣對美國出口的衝擊反應分析

資料來源：本文自行繪製。

說明：LCU＝中國大陸對美國的出口額；LTC＝臺灣對中國大陸的出口額；L
　　　＝取對數（log）。

如果我們以衝擊反應分析的第 15 期，再加上目前最嚴峻的情勢
——美國對全部中國大陸進口商品課徵 25% 的關稅，估算美中貿易戰
對臺灣經貿的影響。結果顯示，臺灣對中國大陸與美國出口，預期將衰
退 1.33% 與 4.69%。若依據 2017 年美國尚未加徵關稅時的貿易水準來
推算，則臺灣對中國大陸與美國的出口，合計減損 40 億美元，相當於
GDP 的 0.9%。（見圖 7）

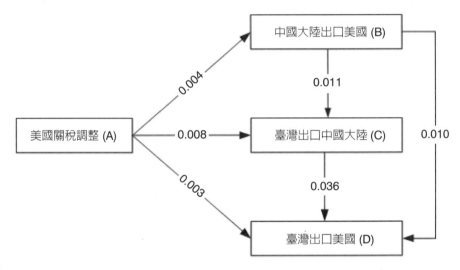

圖 7　美中貿易戰對臺灣經貿的影響

資料來源：本文自行繪製。

說明：美中貿易戰對臺經貿的影響，包括直接效果與間接效果的加總。以中國
　　　大陸出口美國 (B) 對臺灣出口中國大陸 (C) 為例，直接效果為 B 對 C 的
　　　衝擊反應函數（0.011）；間接效果為美國關稅調整 (A) 對 B 的衝擊反
　　　應函數（0.004），乘以 B 對 C 的衝擊反應函數（0.011）。

　　表 8 為誤差變異數分解，其中，我們以第 10 期作為觀察基準，
藉此探究變數間的長期關係。首先，93.625% 的 LUD 是由自身決定，
且達顯著水準，居各項變數之冠。其次是 LCU，自主決定的比例為

96.502%。第三是 LTC，自主決定的比例爲 91.245%。此外，LTC 亦明
顯受到 LCU 的影響，比例爲 4.718。最後是 LTU，自主決定的比例爲
87.953%。同時，LTU 亦顯著受到 LTC 的影響，比例爲 10.383%。

表 8　誤差變異數分解

單位：比例（%）

項目類別	LUD	LCU	LTC	LTU
LUD	93.625* (3.830)	0.057 (0.677)	5.959 (3.227)	0.357 (1.197)
LCU	0.252 (1.102)	96.502* (3.093)	1.798 (1.955)	1.445 (1.84)
LTC	1.132 (1.644)	4.718* (2.921)	91.245* (3.608)	2.902 (2.281)
LTU	0.134 (0.837)	1.528 (1.694)	10.383* (4.499)	87.953* (5.030)

說明：

1. 觀測期數爲第 10 期。

2. 首欄爲解釋變數（因），首列爲被解釋變數（果）。

3. 各列相加等於 100%。

4. LUD＝美國對中國大陸各項進口貨品的從價關稅最惠國稅率；LCU＝中國
　大陸對美國的出口額；LTC＝臺灣對中國大陸的出口額；LTU＝臺灣對美國
　的出口額；L＝取對數（log）。

5. * 表示顯著，即誤差變異數分解值大於 1.5 倍的標準差。

6. 括弧內數字爲標準誤差，以蒙地卡羅（Monte Carlo）整合試行 500 次誤差變
　異數分解而得。

資料來源：本文自行整理。

　　進一步而言，表 8 充分反映，美中臺三角貿易的特徵，即臺灣接單
—中國大陸生產—再經轉銷美國。例如：LTU 主要受自身影響；反之，

LTC 則受 LTU 的影響。故我們不難理解，隨美中貿易戰的加劇，臺灣出現明顯的轉單效應（中央社記者，2018）。若干在中臺商更撤出中國大陸，返臺投資（陳美玲，2019）。換言之，美中貿易戰對臺經貿的衝擊，或低於前述估算。

綜合上述，PVAR 的實證結果顯示，美國對中國大陸的關稅調整，將對美中臺三邊貿易造成短期波動。特別是臺灣對中國大陸與美國的出口，則會受到美國對中國大陸關稅改變的實質衝擊，約略減損臺灣GDP 的 0.9%。惟美中臺三角貿易，仍依循「兩頭在外、中間加工」的分工模式，故美中貿易戰的實際影響或許更低。

伍、結論

本文利用追蹤資料向量自我迴歸模型（PVAR），檢證美中貿易糾紛，對臺灣貿易與產業的影響。主要發現有三：第一，美國對中國大陸的關稅調整，將對美中臺三邊貿易造成短期擾動。第二，美國關稅調整，不會持續衝擊中國大陸對美出口，反而波擊臺灣的長期出口。第三，臺灣出口美國與中國大陸，呈互補關係；反之，臺灣與中國大陸出口美國，則爲競爭關係。

惟此次美中貿易糾紛，可能演變爲長期敵對關係。例如：前美國聯準會官員 Kevin Wars 表示，中美陷入冷戰的實質風險，可能會出現10～20 年的經濟冷戰。阿里巴巴創辦人馬雲、瑞信亞太區私人銀行大中華區副主席陶多，皆抱持相同看法。對此，若干在中外資已陸續遷廠至東南亞國家。易言之，美中貿易戰可能重構全球產業鏈，此爲結構性改變。

這種結構性的改變，將導致歷史數據，無法完全推估後續發展。例如：衝擊反應分析的結果顯示，美中貿易戰將約略減損臺灣 GDP 的0.9%。這符合若干智庫的預估（Economist, 2018; KITA, 2018; 中央銀

行，2018）。惟誤差變異數分解的結果則證實，臺灣出口貿易仍具有相對自主性，此與轉單效應與在中臺商返臺投資的趨勢相一致。此為計量經濟模型的不足之處，亦為本文的研究限制。

展望未來，美中貿易戰或將重整全球產業鏈。在此期間，華府也頻於頒布出口管制禁令，防止中資企業取得關鍵技術，這亦可能牽動美中臺三角分工。[6]特別值得一提的是，隨著貿易數據的累積，後續研究或可加入結構性改變的政策虛擬變數（dummy variable），檢證關稅驟升與出口管制的政策效果。這應該都是值得探討的問題。

附錄　衝擊反應函數的信賴區間

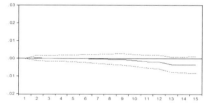

圖A　USA 關稅調整對 CHN 出口　圖B　USA 關稅調整對 TWN 出口
　　　USA 的衝擊　　　　　　　　　　CHN 的衝擊

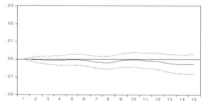
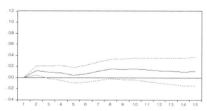

圖C　USA 關稅調整對 TWN 出口　圖D　CHN 出口 USA 對 TWN 出口
　　　USA 的衝擊　　　　　　　　　　CHN 的衝擊

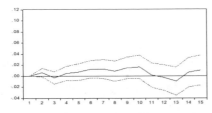

圖 E　CHN 出口 USA 對 TWN 出口 USA 的衝擊

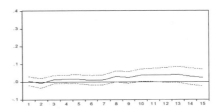

圖 F　TWN 出口 CHN 對 CHN 出口 USA 的衝擊

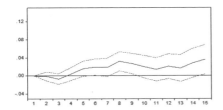

圖 G　TWN 出口 CHN 對 TWN 出口 USA 的衝擊

圖 H　TWN 出口 USA 對 CHN 出口 USA 的衝擊

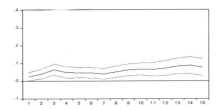

圖 I　TWN 出口 USA 對 TWN 出口 CHN 的衝擊

註：CHN = 中國大陸；TWN = 臺灣；USA = 美國。

註 釋

* 劉孟俊，中華經濟研究院第一研究所所長，研究專長為國際經濟、中國科研體制與高科技產業、國際貿易投資、產業經濟。

** 吳佳勳，中華經濟研究院第一研究所副研究員兼副所長，研究專長為國際貿易、農業經濟、一般均衡模型分析、醫療經濟。

*** 王國臣，中華經濟研究院第一研究所助研究員，研究專長為中國大陸與世界經濟、中國大陸貨幣政策與人民幣匯率、國際政治經濟學、量化研究方法。

1 惟持股比例尚待確定，非常可能低於25%。

2 2018年7月13日，美國商務部已解除中興通訊的出口管制禁令。惟中興通訊須同意，由美國商務部工業和安全局（BIS）選擇符合美國法令規範的團隊，負責後續協調，為期10年。此外，中興通訊須繳付10億美元的罰款（不包括2017年3月已繳納的8.9億美元罰款）。最後，中興通訊亦須成立4億美元的託管基金。

3 匯率操縱國的評估準則有三：一是「對美貿易順差超過200億美元」，二是「經常帳占GDP比率超過3%」，三是「匯率單筆干預金額超過GDP 2%」。符合三項指標，即為匯率操縱國；符合其中一項，則為匯率操縱的觀察國。據此，10月分發布的《主要貿易夥伴外匯政策報告》（Macroeconomic and Foreign Exchange Policies of Major Trading Partners of the United States），將是重要的觀察指標。

4 Sims利用向量自我迴歸模型(VAR)中的各實證變數之誤差項，模擬長期的互動關係。詳細的推導過程，請參見Sims（1980）。

5 礙於篇幅限制，本文只能詳加闡述最終的配適結果，而無法逐一說明，在模型檢定流程中的各項檢定結果，及相應的調整過程。

如果讀者需要更為完整的檢定資訊，煩請與本文作者聯絡。

6 美國《出口管理條例》（Export Administration Regulation, EAR），規範所有參與管制項目的交易者──包括轉出口。例如：自2018年4月，美國對中興通訊公司施行出口禁令；隨後，經濟部國際貿易局亦要求廠商須有許可申請，方可出貨給中興通訊，避免高科技業者違反國際規定，影響出口。2018年10月，美國再對福建晉華積體電路有限公司祭出禁令。特別是在福建晉華一案中，臺灣聯華電子亦遭牽連。

參考文獻

1. 中央社記者，2018，〈貿易戰轉單效益明顯明年營運樂觀〉，《中央社》。取自 https://money.udn.com/money/story/5612/3536619

2. 中央銀行，2018，《近期美國政府貿易保護措施對全球與臺灣經濟的可能影響》。臺北：中央銀行。

3. 陳美玲，2019，〈美中貿易戰升溫臺商去年返臺投資設廠創10年次高〉，《經濟日報》。取自 https://udn.com/news/story/7241/3579057

4. ADB (2018). *Asian Development Outlook 2018 Update* Manila: Asian Development Bank.

5. Akaike, Hirotugu (1969). Fitting Autoregressive Models for Prediction *Annals of the institute of Statistical Mathematics, 21*(1), 243-247.

6. --- (1974). A New Look at the Statistical Model Identification *IEEE transactions on automatic control, 19*(6), 716-723.

7. Arvin, Mak, Cater, Bruce, & Choudhry, Saud (2000). A Causality Analysis of Untied Foreign Assistance and Export Performance: The Case of Germany *Applied Economics Letters, 7*(5), 315-319.

8. Breusch, T. S., & Pagan, A. R. (1979). A Simple Test for Heteroscedasticity and Random Coefficient Variation *Econometrica, 47*(5), 1287-1294.

9. Choi, In (2001). Unit Root Tests for Panel Data *Journal of International Money and Finance, 20*(2), 249-272.

10. Economist (2018, January 28). America, China and the Risk of a Trade War. *Economist*.

11. Granger, Clive W. J. (1969). Investigating Causal Relations by Econometric Models and Cross-Spectral Methods *Econometrica: journal of the Econometric Society, 37*(3), 424-438.

12. Granger, Clive W. J., & Newbold, Paul (1974). Spurious Regressions in Econometrics *Journal of econometrics, 2*(2), 111-120.

13. Gunasekaran, Angappa, & Ngai, Eric WT (2004). Information Systems in Supply Chain Integration and Management *European Journal of Operational Research, 159*(2), 269-295.

14. Hausman, Jerry A. (1978). Specification Tests in Econometrics *Econometrica: journal of the Econometric Society, 46*(6), 1251-1271.

15. Hill, Carter R., Griffiths, William E., & Lim, Guay C. (2012). *Principles of Econometrics*. Hoboken, NJ: Wiley.

16. Holtz-Eakin, Douglas, Newey, Whitney, & Rosen, Harvey S. (1988). Estimating Vector Autoregressions with Panel Data *Econometrica: journal of the Econometric Society, 46*(6), 1371-1395.

17. Holweg, Matthias, & Pil, Frits K (2005). The Second Century: Reconnecting Customer and Value Chain through Build-to-Order Moving Beyond Mass and Lean in the Auto Industry *MIT Press Books, 1*.

18. Humphrey, John (2003). Globalization and Supply Chain Networks: The Auto Industry in Brazil and India *Global Networks, 3*(2), 121-141.

19. IMF (2018). *World Economic Outlook Update*. Washimgton, DC: International Monetary Fund.

20. KITA (2018). US-China Trade War Threatening S. Korea's Exports *Korea International Trade Association* Retrieved from http://www.businesskorea.co.kr/news/articleView.html?idxno=23612

21. Levin, Andrew, Lin, Chien-Fu, & Chu, Chia-Shang James (2002). Unit Root Tests in Panel Data: Asymptotic and Finite-Sample Properties *Journal of econometrics, 108*(1), 1-24.

22. Munemo, Jonathan (2011). Foreign Aid and Export Diversification in Developing Countries *The Journal of International Trade & Economic Devel-*

opment, 20(3), 339-355.

23. OECD (2017). *OECD Economic Outlook*. Paris: Organisation for Economic Co-operation and Development.

24. Schwarz, Gideon (1978). Estimating the Dimension of a Model *The annals of statistics, 6*(2), 461-464.

25. Siegmund, David, & Venkatraman, ES (1995). Using the Generalized Likelihood Ratio Statistic for Sequential Detection of a Change-Point *The annals of statistics*, 255-271.

26. Sims, Christopher (1980). Macroeconomics and Reality *Econometrica, 48*(1), 1-48.

27. UNSD (2018). *UN Comtrade Database*. New York: United Nations Statistics Division.

28. WTO (2018). *Tariff Analysis*. Geneva: World Trade Organization.

Chapter 2

臺灣人民當前所面臨的經濟與就業機會

李明軒[*]

林祖嘉[**]

壹、研究緣起

貳、我國人民所面臨的經濟機會

參、亟需克服的困境

肆、結論

* 國立中山大學政治經濟學系副教授

** 國立政治大學經濟學系特聘教授

摘要

過去我國經濟的活力充沛，欣欣向榮的氣氛充滿整個社會；但曾幾何時，我們身邊開始充滿了悲觀的氣氛。數據顯示國人悲觀的感受並不是無依據的。本文從政府所發布的各種經濟數據來檢視我國民眾所面臨的經濟機會在過去數十年間究竟經歷了何種程度的變化，我們檢視包括就業機會、創業機會、資產累積機會、與階層流動情形。接下來我們指出幾個我國迫切需要解決的問題，包括追求產業永續經營、刺激有效需求、解決高出低進的人才流動問題、以及輔助低所得階層的創業之路。

關鍵詞：就業機會、創業機會、資產累積、階層流動、臺灣。

The Economic and Employment Opportunities in Present Taiwan

Abstract

Taiwan's economy used to be full of prosperity with the thriving atmosphere filled the whole society. However, the country gradually began to be filled with a pessimistic atmosphere. The data shows that the pessimistic feelings are not unfounded. This article uses official data issued by the government and examines the changes in economic opportunities in Taiwan over the past few decades. Four dimensions of economic opportunities are analysed: employment opportunities, entrepreneurial opportunities, asset accumulation opportunities, and class mobility. Later, we point out several pressing issues that needs to solve, including pursuing continuous industrial growth, stimulating effective demand, solving the problem of brain-drain migration, and assisting venture creation of the low-income class.

Keywords: Employment opportunities,Entrepreneurial opportunities, Asset accumulation, Class mobility, Taiwan.

壹、研究緣起

「經濟機會」，根據國際發展研究中心（International Development Research Center）的定義，可以定義爲「能夠參與經濟活動、獲得穩定的就業、並進而追求更高報酬的工作、同時累積資產的機會」；[1] 各所得階層所擁有的經濟機會，將繼而影響階層流動的可能性。

過去我國的經濟活力充沛，寒窗苦讀可以帶來更好的未來、旺盛的中小企業創業潮、一卡皮箱到世界搶訂單、黑手變頭家、努力就可以成功、股市上萬點、臺灣錢淹腳目等欣欣向榮的氣氛充滿整個社會，年輕人迫不及待投入就業市場，人人都覺得未來充滿希望。但是曾幾何時，我們身邊充滿了悲觀的氣氛，外來投資日漸減少、本土投資不斷外流、可以在崑山東莞開同學會、窮忙族每日窮忙依舊買不起房、年輕人在本國只有 22K、必須遠走他鄉才能賺取第一桶金等消息每日都可聽聞。

中央研究院人社中心自 1984 年開始進行長期主題型調查「臺灣社會變遷基本調查」，每年每次調查約 2,000 至 2,500 名民眾對於經濟社會現象與國家前景的看法，表 1 擷取了民國 73、80、90、100、104 年調查中關於經濟機會、階層不平等、國家前景等的問題，將其結果做一統計比較。從表中各問題及其統計結果，可以發現我國民眾對於經濟機會以及國家發展的前途越來越沒有信心，例如：越來越少比例的民眾認

同吃苦就可以成功，越來越高比例的民眾認為家庭背景對於是否能夠出人頭地越來越重要，越來越高比例的民眾認為自己所獲得的收入不盡合理、永遠追趕不上有錢人，而民國 73 年與 80 年民眾對於未來五年國家前景感到會更進步，但 90 年之後的調查民眾對於國家前景感到樂觀的比例逐次降低。

表 1　民眾對於經濟機會與國家前景之看法

	73 年	80 年	90 年	100 年	104 年
一個人只要肯吃苦，就一定會成功，您是不是贊成這個說法？（回答贊成的百分比。）	90.9%	82.9%	70.8%	69.8%	62.9%
一個人要出人頭地，就需要有很好的家庭背景，您是不是贊成這個說法？（回答贊成的百分比。）		36.8%	43.1%	40.7%	
您認為就您的能力和工作情形而言，您目前的收入是不是合理？（回答合理的百分比。）	68.4%	63.6%	59.7%		
現在社會變得有錢人越來越有錢，像我這樣的人再怎麼努力也趕不上。（回答贊成的百分比。）				61.4%	68.7%
您認為目前我們的國家社會是幾分？您認為五年後我們的國家社會會是幾分？（1～10分，1代表最壞、10代表最好。）	目前：5.6　未來：6.4	目前：5.9　未來：6.5			
您對臺灣整個社會未來的發展感到樂觀還是悲觀？			樂觀：51.4%	樂觀：44.9%	樂觀：35.2%

資料來源：中央研究院人社中心「臺灣社會變遷基本調查」。

註：因為歷年調查之問卷問題有所變更，因此部分資料並不連貫。

　　然而，民眾悲觀的感受並不是無依據的，圖 1 繪製了我國自 1950 年至今國民生產總額（Gross Domestic Product, GDP）的年增率，從圖

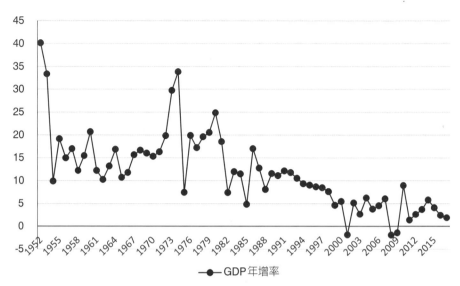

圖 1　我國歷年 GDP 年增率

資料來源：中華民國總體經濟資料庫。

中可以看出 1990 年（約民國 79 至 80 年）大致爲一個分野，其之前和之後 GDP 所展現出的成長活力相差甚鉅，在 1990 年之前，GDP 年增率介於 10% 至 25%，而 1990 年之後的年增率則下降至 10% 以下，有些年分甚至爲負值，顯見我國經濟活力的確顯著衰退。

　　經濟活力衰退，對人民最直接的衝擊就是經濟機會的減少。接下來本文從政府所發布的各種經濟數據，來檢視我國民眾所面臨的經濟機會在過去數十年間究竟經歷了何種程度的變化。在第貳節中，我們從四個面向來檢視民眾所面臨的經濟機會變化：就業機會、創業機會、資產累積機會與階層流動情形；在第參節中，我們指出幾個我國迫切需要解決的問題；第肆節爲結論。

貳、我國人民所面臨的經濟機會

一、就業機會

外商公司機會

就我國情況而言，一般年輕人畢業後，文社管科的學生大多嚮往能夠進入外商公司工作，薪水較高、福利較好、與國際接軌的機會也較多；例如根據 1111 人力銀行 2018 年 4 月月分的調查，外商上班族平均月薪爲臺幣 57,729 元，比本土企業平均月薪 38,095 元高出近 2 萬元。想進入外商工作的原因，乃著眼於「薪資高」（56.09%）、「優於勞基法的福利」（36.72%）、「開拓國際視野」（27.52%）、「有出國受訓機會」（24.54%）及「有外派機會」（24.16%）。[2] 而理工科的學生則多以科學園區爲第一就業選擇。另外，考公職、進入公營事業工作，也是許多追求穩定的學子的目標。

我們首先從外商公司的機會來觀察，表 2 列出各國所接收到外人直接投資金額占全世界總投資金額之百分比。我國在早年所接收到外人直

表 2　各國所接收外人直接投資金額占全世界總投資金額之百分比

單位：%

	2009	2010	2011	2012	2013	2014	2015	2016	2017
中國大陸	8.06	8.36	7.91	7.69	8.69	9.60	7.06	7.16	9.53
香港	4.71	5.14	6.16	4.46	5.21	8.44	9.07	6.29	7.30
澳門	0.07	0.21	0.05	0.25	0.32	0.26	0.06	0.08	0.14
臺灣	0.24	0.18	-0.12	0.20	0.25	0.21	0.12	0.49	0.23
日本	1.01	-0.09	-0.11	0.11	0.16	0.90	0.17	0.61	0.73
南韓	0.77	0.69	0.62	0.60	0.90	0.69	0.21	0.65	1.19
新加坡	1.57	4.19	2.55	3.80	4.03	5.49	3.27	4.15	4.34
美國	12.18	14.44	14.66	12.64	14.13	15.07	24.24	24.48	19.26

資料來源：聯合國貿易和發展會議（UNCTAD）資料庫。

接投資的金額占全世界總投資金額的百分比，約在 0.5% 至 0.8% 之間，尤其在民國 76 年至 89 年間，其比重曾來到 0.83% 的水準，然而近年來數字則略有下降，爲 0.1% 與 0.25% 之間，僅 2016 年相對較高，爲 0.49%。此比例相對變化雖然緩和，但比對亞洲其他地區所接收到的外來直接投資占比，例如中國所接收到的百分比介於 7% 至 10% 之間，與我國大小相當的新加坡、香港、南韓所接收到的占比亦明顯高於我國，顯示我國吸引外資的能力不進則退，的確落後於其他國家。

而根據經濟部商業司進一步資料顯示，在臺外商公司的產業分布以服務業爲主，包括批發及零售業、專業科學及技術服務業、金融保險業、傳播及資通訊服務業等；但近年來因臺灣在外商亞洲布局中重要性日減，目前外商多以支援服務業爲主，例如租賃、人力仲介及供應、旅行及相關服務等，顯示國人在專業服務業外商公司的工作機會，不若以往豐富。

工作產業分布

接下來我們從我國勞工的產業分布、平均薪資資料來分析我國就業市場趨勢。表 3 整理了我國歷年受僱員工的產業分布，從表中可以觀察到，製造業、營建業、以及服務業中的批發及零售業、住宿及餐飲業、教育服務業，皆爲我國就業大宗，其就業絕對人數均相當高。而從年增率來觀察的話，可以發現不動產業與藝術、娛樂及休閒服務業呈現最大的成長趨勢。

表 4 列出我國歷年各行業受僱員工每人每月總薪資。我們注意到上段中所觀察到民眾主要就業的產業，其薪資水準皆屬所有產業中的中下水準，例如民國 106 年的薪資水準，住宿及餐飲業的平均薪資爲 33,527 元、教育服務業的平均薪資爲所有產業中最低，爲 25,288 元，藝術、娛樂及休閒服務業的平均薪資爲 37,486 元；另外，薪資水準偏低的還包括支援服務業，平均薪資爲 36,375 元。比較其他產業，平均薪資水

準最高者爲電力及燃氣供應業，此主要爲公營事業，其平均薪資水準爲94,551元，再者爲金融保險業、資訊及通訊傳播業、醫療保健服務業

表3　我國歷年各行業受僱員工人數

單位：千人

	102年	103年	104年	105年	106年	年增率(%)
總計	10,967	11,079	11,198	11,267	11,352	0.75
工業部門	3,965	4,004	4,035	4,043	4,063	0.49
礦業及土石採取業	4	4	4	4	4	0.00
製造業	2,988	3,007	3,024	3,028	3,045	0.56
電力及燃氣供應業	29	29	30	30	30	0.00
用水供應及汙染整治業	84	82	82	82	82	0.00
營造業	861	881	895	899	901	0.22
服務業部門	6,458	6,526	6,609	6,667	6,732	0.97
批發及零售業	1,817	1,825	1,842	1,853	1,875	1.19
運輸及倉儲業	425	433	437	440	443	0.68
住宿及餐飲業	775	792	813	826	832	0.73
資訊及通訊傳播業	234	241	246	249	253	1.61
金融及保險業	422	416	420	424	429	1.18
不動產業	92	98	100	100	103	3.00
專業、科學及技術服務業	347	354	362	368	372	1.09
支援服務業	263	273	281	286	292	2.10
公共行政及國防	383	378	375	374	373	-0.27
教育服務業	634	645	650	652	652	0.00
醫療保健服務業	427	432	438	444	451	1.58
藝術、娛樂及休閒服務業	96	95	99	103	106	2.91
其他服務業	541	543	546	547	551	0.73

資料來源：主計總處總體經濟資料庫。

臺灣人民當前所面臨的經濟與就業機會

表 4 歷年各行業受僱員工每人每月總薪資

單位：新臺幣元

	102 年	103 年	104 年	105 年	106 年	年增率 (%)
總計	45,664	47,300	48,490	48,790	49,989	2.5
工業部門	44,076	45,378	46,735	47,035	48,187	2.5
礦業及土石採取業	54,871	54,579	53,886	52,398	56,302	2.3
製造業	43,829	45,207	46,781	47,258	48,660	3.0
其中：電子零組件製造	51,674	55,836	59,993	61,633	64,499	4.7
電子及光學製品	51,883	54,651	56,556	55,084	57,416	4.2
電力及燃氣供應業	88,873	94,022	96,444	94,292	94,551	0.3
用水供應及汙染整治業	44,118	44,814	44,183	42,843	43,744	2.1
營造業	42,540	43,251	43,346	42,839	42,506	-0.8
服務業部門	46,921	48,815	49,861	50,146	51,374	2.5
批發及零售業	42,274	44,422	45,488	45,429	47,368	4.3
運輸及倉儲業	49,808	50,028	51,219	52,132	52,867	1.4
住宿及餐飲業	30,504	31,747	32,596	32,622	33,527	2.8
資訊及通訊傳播業	65,545	66,316	66,453	67,709	69,022	1.9
金融及保險業	77,871	83,092	84,696	85,417	86,294	1.0
不動產業	40,298	42,914	42,351	41,339	43,342	4.9
專業、科學及技術服務業	55,507	57,414	58,252	58,708	59,926	2.1
支援服務業	33,850	34,909	35,671	36,023	36,375	1.0
教育服務業	22,922	24,224	24,302	24,873	25,288	1.7
醫療保健服務業	59,910	61,300	64,103	65,239	65,681	0.7
藝術、娛樂及休閒服務業	36,072	35,829	36,185	36,807	37,486	1.8
其他服務業	33,313	35,086	34,526	34,145	34,525	1.1

資料來源：主計總處總體經濟資料庫。

註：社會各界曾對此表數據提出質疑，認為這月分數據高估了薪資水準，對此，主計總處表示：「各產業都有極端高薪的 CEO 等，因此將平均薪資往上拉抬，有些民眾對於薪水增加無感，主要還是受限於本身職位、教育程度、工作年資等因素影響。」例如在住宿餐飲業，主管階層（監督及專技人員）之平均薪資為 46,060 元，而非主管階層之平均薪資僅為 24,468 元。

以及製造業中的電子零組件業，平均薪資水準分別為 86,294 元、69,022 元、65,681 元與 64,499 元，另外科學技術專業服務業緊接其後，平均薪資水準 59,926 元。觀察薪資成長率，成長率最高的產業為不動產業，其薪資年成長率為 4.9%，其後為包括電子產業，成長率為 4.2%～4.7%，再來為批發與零售業，成長率為 4.3%。

在各行業員工流動率方面，根據主計總處總體經濟資料庫顯示，流動率最高之產業為支援服務業、住宿及餐飲業、藝術娛樂休閒服務業，其民國 106 年之流動率分別為 4.93、4.66、3.78；教育服務業之流動率亦頗高，為 2.56。這些產業恰巧都是表 4 中平均薪資較低的行業。

綜合以上的數據，我們認為臺灣為漸趨兩極化的社會：專業化部門、公部門或是較高技術部門的平均薪資水準明顯較高，民眾若能在這些部門尋得一個職位，例如電子業、公營事業（例如電力及燃氣供應）、資訊傳播業、金融保險業、專業服務業、醫療保健產業方面，則可以享受相對比較寬裕的生活。但前一族群屬於相對少數，大部分的民眾專業程度不上不下，卡在中間，在批發零售業、住宿餐飲業、支援服務業、藝術娛樂休閒服務業等產業進進出出、來來去去，所獲得的薪水不高，工作前途感覺不到希望，因此感到終日惶惶、窮忙一場，心無所依。這一個族群，因此有人選擇出走，往國外尋求第一桶金，有人決定自行創業，做起零售餐飲等小本生意，尋求翻轉階層。

根據主計總處「106 年國人赴海外工作人數統計結果」，98 年至106 年我國赴海外工作者增加 7 萬 4 千人，平均年增率 1.3%，其中以東南亞增加 3 萬 2 千人最多，美國亦增加 1 萬 7 千人，赴中國大陸則減少 4 千人。綜合以上的資料，我們推測赴海外工作的國人主要有兩種，一種是在國內並沒有占到好位置，沒有公職、非師字輩、工作前景不明者，決意到國外尋求更好的機會，此類工作者目的多為鄰近的中國大陸與東南亞國家；二則可能為擁有專業技能者，國外能夠提供更好的薪資、工作環境或生活環境，因此決定出走，其包含被挖角至中國大陸及

鄰近亞洲國家廠商者，也包括憑專業技能落腳西方國家的國人們。

二、創業機會

創業情形

　　在我國經濟發展史上，中小企業曾為臺灣創造了經濟奇蹟，也為目前臺灣許多大企業的前身。學者分析我國早期的創業者多來自於貧困或中下家境的家庭，因為這些家庭無力投資於孩子的人力資本，使其缺乏其他更好的發展機會，因此有靠創業向上翻身的動機，其創業行為偏向「需求導向型」；相反的，中上所得階層因較有能力投資於孩子的教育、培養孩子進入專業領域，繼而取得地位高、收入穩定的職業，以至於創業動機不高。但如今隨著經濟快速發展，多數民眾的經濟狀況顯著改善，國家亦能夠提供較完善的社會保障機制，因此出現一批新型態的創業者，這些創業者並非為謀生而投入創業，而是眼見市場機會、取而抓之、順勢為之，此類創業被學者歸類為「機會導向型」的創業活動。[3]

　　但是我國創業的速度正在變慢，根據經濟部商業司的資料顯示，我國過去每年企業家數成長率有 5% 以上的水準，民國 60 年代附近甚至有 10% 的水準，但近年的企業家數成長率下降到 1% 至 3%，活力減退。推測這可能與市場機會越難被捕捉有關，我國各產業已經過了戰國時代百家爭鳴的階段，各產業龍頭已然形成、市場秩序成熟，新進企業難以與已獲得規模經濟的既有企業競爭，再加上全球化的浪潮，使得國際財團挾其雄厚資金至各國新增據點，因此國內創業者需要有更高核心價值的利基，才可能出現創業機會且站穩腳步，導致創業速度減緩。

　　接下來我們觀察近年國人創業的產業分布。就我國情況而言，當民眾創業時，可選擇登記為商業行號、或是公司，商業行號的登記手續和程序相對簡單，開會程序也較簡單，因此多數小本生意，例如餐飲業以及零售業等，多選擇登記為商業行號，而公司的登記手續程序以及開會程序較為複雜、時間也較長，因此登記為公司者通常規模較大，常見行

業包括批發、貿易、工程等。[4]

　　表 5 整理我國歷年新登記商業行號的產業分布。從表中可以觀察到，國人小型創業的產業選擇多集中在批發、零售產業與住宿及餐飲產業，例如民國 106 年 45.10% 的新登記商業行號屬於批發零售產業，21.47% 屬於住宿及餐飲業，其數量較其他產業、以及新登記公司數量，皆遠遠較高，顯示此二產業為目前我國民眾小型創業時的主要選擇。此可能與這些產業的進入障礙較低，包括資金需求、技術需求等有關。其餘比例較高的產業，還包括營建業、製造業、支援服務業、藝術運動休閒服務業等。

表 5　我國歷年新登記商業行號數量

單位：個

	102 年	103 年	104 年	105 年	106 年	106 年之產業分布
合計	53,911	46,023	47,114	49,453	49,812	100%
農、林、漁、牧業	600	633	756	836	849	1.70%
礦業及土石採取業	44	61	49	39	65	0.13%
製造業	1,836	2,146	2,119	1,963	1,980	3.97%
電力及燃氣供應業	30	22	24	20	38	0.08%
用水供應及汙染整治業	236	244	158	178	173	0.35%
營造業	5,325	5,351	5,116	4,840	4,873	9.78%
批發及零售業	22,505	20,605	20,483	21,289	22,466	45.10%
運輸及倉儲業	159	154	163	207	177	0.36%
住宿及餐飲業	8,531	8,510	9,598	10,911	10,693	21.47%
資訊及通訊傳播業	467	423	367	362	382	0.77%
金融及保險業	97	75	69	49	97	0.19%
不動產業	531	449	363	348	282	0.57%
專業、科學及技術服務業	1,334	1,215	1,136	1,175	1,193	2.40%

續表 5

	102 年	103 年	104 年	105 年	106 年	106 年之產業分布
支援服務業	2,194	1,903	1,957	1,964	1,886	3.79%
公共行政及國防	0	0	0	0	0	0.00%
教育服務業	39	56	73	82	115	0.23%
醫療保健及社會工作服務業	0	0	0	0	0	0.00%
藝術、娛樂及休閒服務業	6,864	971	1,281	1,119	1,238	2.49%
其他服務業	3,119	3,205	3,402	4,071	3,305	6.63%

資料來源：經濟部商業司。

　　表 6 整理我國歷年新登記公司的產業分布。在新增公司方面，以製造業、營造業與專業服務業為主要產業，新登記公司中 21.32% 屬於製造業，14.24% 屬於營建業，19.34% 屬於專業服務業，這代表第一，我國在製造方面的活力仍舊存在；第二，另一些不斷成長的產業——營建業、以及專業服務業，專業服務業中包含了大量建築相關事業，例如建築與工程服務業、地政士專業服務、室內與空間設計、廣告代銷產業等，都與近年來我國房地產市場蓬勃有關。此外，批發與零售業公司新登記的比例占 9.50%，也是屬於主要成長產業之一。

表 6　我國歷年新登記公司數量

單位：個

	102 年	103 年	104 年	105 年	106 年	106 年之產業分布
合計	39,607	41,998	43,743	44,181	46,159	100%
農、林、漁、牧業	1,220	1,292	1,511	1,437	1,819	3.94%
礦業及土石採取業	200	214	217	152	260	0.56%
製造業	8,452	9,088	9,583	7,312	9,842	21.32%

續表 6

	102 年	103 年	104 年	105 年	106 年	106 年之產業分布
電力及燃氣供應業	277	280	294	376	741	1.61%
用水供應及汙染整治業	208	206	177	388	145	0.31%
營造業	6,377	6,715	7,015	6,852	6,573	14.24%
批發及零售業	5,901	6,257	6,365	6,538	4,384	9.50%
運輸及倉儲業	453	487	634	569	594	1.29%
住宿及餐飲業	497	542	707	854	869	1.88%
資訊及通訊傳播業	1,651	1,717	1,751	1,780	1,987	4.30%
金融及保險業	3,307	3,975	4,145	3,888	4,149	8.99%
不動產業	3,266	2,994	2,479	1,767	2,474	5.36%
專業、科學及技術服務業	5,349	5,548	5,913	9,210	8,926	19.34%
支援服務業	1,250	1,266	1,419	1,502	1,861	4.03%
公共行政及國防	33	26	49	7	0	0.00%
教育服務業	44	45	46	41	33	0.07%
醫療保健及社會工作服務業	3	2	2	2	3	0.01%
藝術、娛樂及休閒服務業	219	258	292	265	306	0.66%
其他服務業	889	1,062	1,124	790	882	1.91%

資料來源：經濟部商業司。

歇業情形

在歇業方面，根據經濟部商業司的資料顯示，民國 106 年我國商業行號歇業比例最高者為住宿及餐飲業、不動產業、及教育服務業，其歇業比例（該年度歇業數量／營運中數量）分別為 8.32%、8.50%、7.14%，資訊與通訊傳播業比例亦高，為 6.48%。此原因反映了這些行業可能因進入障礙低，因此競爭極其激烈，容易進入、但也容易失敗退場。而不動產業的歇業比例高，反映了不動產價格下修的客觀現實。

公司方面歇業比例較高的，為批發與零售業、住宿餐飲業、資訊及通訊傳播業、教育服務業等，還包括藝術、娛樂及休閒服務業，其歇業比例分別為 4.58%、6.24%、4.54%、6.52%、5.38%，這些產業同樣多屬進入障礙相對低、競爭激烈的產業，可能因此退場比例亦較高。

歷來自行創業一直是我國失業問題的緩衝劑，當就業市場上沒有適合的工作、或是找不到工作，做個小本生意、或是自行開店創業往往成為民眾常有的選擇。然而從本節創業與歇業的情形來看，我國民眾最常選擇創業的批發與零售業、住宿及餐飲業，其歇業比例也最高。因此若政府施政上持續依賴以鼓勵創業來解決民眾的失業問題，則創業的風險可能反而使經濟弱勢的族群更加弱勢，加深失業危機。

產業契機

我國產業目前所展現出的競爭力和契機又如何呢？

利潤率是評估產業「產品競爭力」的一個重要數值，較高的利潤率，代表擁有產品競爭優勢。通常利潤率可能透過提高產品售價、或是透過降低製造成本或營運成本來提升；以我國最主要的電子產業來說，由於電子相關產品售價不斷調降，較無可能透過提高產品價格來提升利潤率，唯有持續的降低成本，才有可能維持或提升利潤率。進一步而言，產品製程改善導致的製造成本下降與利潤率提升，較具持續性；透過減少員工薪資來降低營運成本的做法，則易受大環境改變而影響，例如整體勞工成本上升就將衝擊利潤率，另外，此做法也容易使員工忠誠度不足、流動率提高，較不利於企業的長期競爭力與永續成長。此外，原物料價格改變也能使製造成本下降與利潤率提升，但此通常只是短期現象，且多發生在原物料相關產業，如水泥、鋼鐵、塑化、面板、LED等產業；受到其原料與產品報價的影響，這些產業利潤率的波動性通常很大。

表 7 列出歷年我國各產業平均利潤率，從表中可以看出礦業與土石

採取業、電力及然氣供應業的利潤率變動幅度極大，可能是受到國際原物料價格波動之影響；製造業的利潤率則相對較穩定，約介於 4% 至 8% 之間；服務業方面，金融及保險與其他服務業的利潤率超過 10%，而競爭較激烈的批發零售、住宿餐飲、運輸倉儲業，其利潤率則約介於 5% 至 7% 之間。我國製造業多以外銷為主，競爭場域主要為海外市場，服務業則多以內需市場為主要競爭場域，由利潤率數字基本看來，我國製造業在國際間仍有一定的競爭力，而服務業在國內市場雖然競爭激烈，但亦保有一定的利潤空間。

表 7　我國歷年各產業平均利潤率

單位：%

	60 年	65 年	70 年	75 年	80 年	85 年	90 年	95 年	100 年	105 年
礦業及土石採取業	-1.0	2.5	2.5	2.7	6.0	7.5	10.3	11.8	14.2	-25.9
製造業	4.7	3.0	2.8	6.6	7.1	6.6	3.5	8.0	4.8	8.5
電力及燃氣供應業	26.2	14.2	21.0	20.8	15.7	13.2	8.2	2.7	-3.1	8.6
用水供應及汙染整治業	19.6	7.8	-3.5	8.6	7.0	6.2	7.3	7.5	9.3	10.3
營造業	5.7	12.4	5.7	4.4	7.1	7.2	2.3	7.6	8.9	6.1
批發及零售、住宿及餐飲業	3.4	5.1	3.1	4.1	5.5	4.8	5.0	5.1	5.7	8.5
運輸及倉儲業	8.4	12.0	5.4	6.0	9.8	7.5	2.7	5.8	5.2	6.2
金融及保險業	13.9	12.0	16.0	9.2	9.0	10.1	6.8	7.3	10.2	12.6
其他服務業	6.5	11.2	14.9	15.3	15.4	13.0	10.0	11.4	14.1	11.2

註：利潤率＝（各項收入－各項成本）／各項收入。

資料來源：經濟部商業司。

臺灣人民當前所面臨的經濟與就業機會

表 8 進一步列出製造業各中項行業於民國 106 年的利潤率。利潤最高的包括橡膠製品、化學製品、電子零組件製品、塑膠製品、石油製品等產業，這些都是我國外銷產品強項。其中，電子零組件製造業、電腦、電子產品及光學製品製造業的利潤率，點出了我國科技產業發展的優勢與困境：電子零組件製造業，包括從事半導體、被動電子元件、印刷電路板、光電材料及元件等電子零組件製造之行業，其平均利潤率仍有 13.2%，個別廠商例如半導體廠商台積電 2017 年的營業利益率約為 40%，光電廠商大立光的營業利益率約 60.4%，被動元件廠商國巨 2017 年營業利益率為 23.5%，代表我國在這些產業上競爭力極強。而電腦、電子產品及光學製品製造業，包括從事電腦及其周邊設備、通訊傳播設備、視聽電子產品、資料儲存媒體、量測設備、導航設備、控制設備、鐘錶、輻射設備、電子醫學設備、光學儀器及設備等製造之行業，其平均利潤率僅有 4.1%，個別廠商如鴻海的營業利益率為 2.3%，筆電廠商廣達營業利益率 1.4%，這些產品技術不斷被中國大陸追趕，競爭激烈，且國際價格越來越低，因此經營較不易。

　　這顯示我國資訊電子廠商中能夠握有核心技術優勢者，享有顯著的利潤與競爭力，而未能從事前端研發、握有技術優勢之廠商，僅能從生產面壓低成本以維持利潤空間，例如薪資水準，因此利潤淺薄甚多。

表 8　製造業中各細項產業利潤率（由高至低排列）

單位：%

產業	利潤率
橡膠製品製造業	19.3
化學原材料、肥料、氮化合物、塑橡膠原料及人造纖維製造業	13.3
電子零組件製造業	13.2
飲料、菸草製造業	12.2
皮革、毛皮及其製品製造業	11.7
其他化學製品製造業	11.4

續表 8

產業	利潤率
塑膠製品製造業	11.2
石油及煤製品製造業	10.3
食品及飼品製造業	9.8
金屬製品製造業	9.7
印刷及資料儲存媒體複製業	9.6
機械設備製造業	9.4
汽車及其零件製造業	9.4
紡織業	9.3
非金屬礦物製品製造業	9.1
電力設備及配備製造業	9.1
產業用機械設備維修及安裝業	9.1
木竹製品製造業	8.0
其他製造業	8.0
成衣及服飾品製造業	7.8
家具製造業	7.7
藥品及醫用化學製品製造業	6.6
基本金屬製造業	5.9
其他運輸工具及其零件製造業	5.9
紙漿、紙及紙製品製造業	5.7
電腦、電子產品及光學製品製造業	4.1

資料來源：經濟部商業司。

三、資產累積機會

購置資產能力

民眾賺取所得後，一用來消費、另則用來儲蓄（或投資、購置資產）。從圖 2 所繪製之我國人民平均薪資與消費者物價指數的走勢，我

們卻發現臺灣近年來生活成本持續上漲，消費者物價指數自 1981 年的 57.07，上漲至 2017 年的 100.62，等於生活成本增加了近一倍，而薪資水準自大約 1997 年之後，上漲幅度卻相當有限，其漲幅僅與生活成本漲幅約略相當，若干年甚至出現負成長。這些數字代表著如今民眾若要維持一樣的生活方式，大部分的薪資都必須用來支付生活開銷，以至於越來越沒有能力儲蓄，無餘裕購買資產、進一步改善所得。

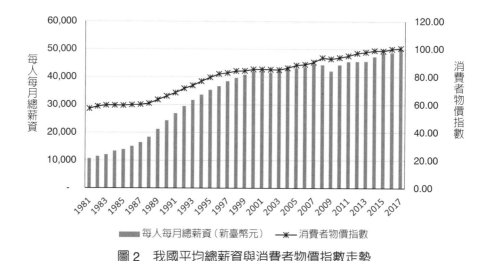

圖 2　我國平均總薪資與消費者物價指數走勢

資料來源：主計總處總體經濟資料庫。

房產

在各種資產當中，房屋又算是我國人民最重要的資產項目之一。由於房產屬於高單價商品，因此就算些微百分比的價格波動，都可以大幅度影響人民累積資產的機會。過去十年來，我國各地房價急速上漲，例如圖 3 所繪製我國歷年房價走勢，買賣契約價格平均總價，在民國 96 年總價水準為 692 萬元，至民國 107 年總價水準已達 1,022 萬元，達 1.5 倍之高。

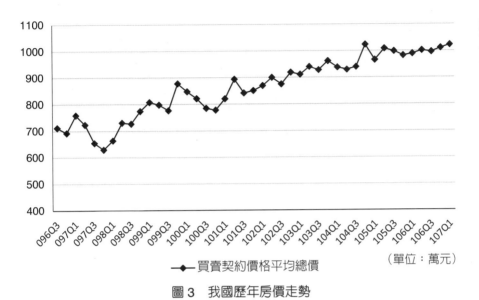

（單位：萬元）

→ 買賣契約價格平均總價

圖 3　我國歷年房價走勢

資料來源：內政部不動產交易資訊平臺。

　　而房價相對於所得的快速上漲，使我國民眾在毫無金援的情況下，若想買房變得越來越困難。圖4繪製我國歷年房價所得比的變化，可以觀察到民國96年我國房價所得比約在4左右，但民國107年，此比例已超過9；就個別縣市資料而言，臺北市的房價所得比為15.9，代表房價高於所得幾乎16倍，一般民眾要買房難上加難；而新北市的房價所得比為12.8，房價高於所得近13倍，要買房同樣非常困難。臺中市、新竹縣、高雄市的房價所得比大約在8附近，其他縣市的房價所得比則介於5倍到7倍之間，顯示買房困難的情況普遍存在。

　　圖5所繪製的貸款負擔率走勢，顯示我國貸款負擔率增加了近兩倍，從20%左右上升到幾乎40%，顯示房價上升的速度遠大於所得增加的速度，貸款支出占所得的比重越來越高，高房價已對國人造成沉重的負擔。

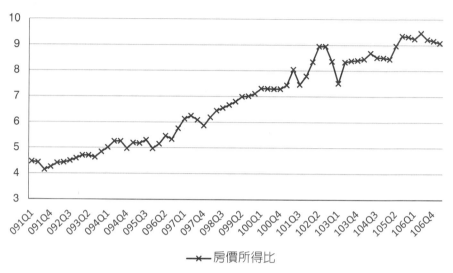

圖 4　我國歷年房價所得比走勢

資料來源：內政部不動產交易資訊平臺。

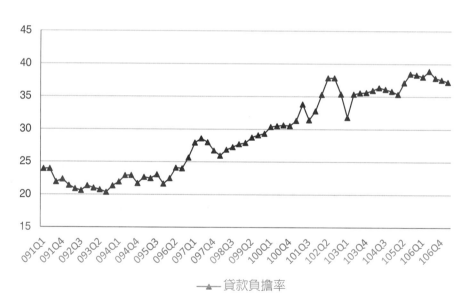

圖 5　我國歷年貸款負擔率走勢

資料來源：內政部不動產交易資訊平臺。

臺灣人民當前所面臨的經濟與就業機會

　　接下來我們檢視我國歷年各種房屋所有權移轉方式的件數，陳列於表9。表中所指「所有權第一次登記件數」，可解釋為購買新屋的件數；「買賣移轉件數」可解釋為購買成屋／舊屋的件數，「繼承移轉件數」與「贈與移轉件數」則為由繼承或接受贈與的方式獲得房產的件數；「拍賣移轉件數」為由銀行法拍屋取得房產的件數。從此表可看出，在國人獲得房產的方式中，由繼承或贈與方式得來的比例，在短短十年間變成兩倍，這隱含著由家庭遺傳或贈與而獲得房產的趨勢漸增。此外，在買房時，即使是由買賣獲得房產，不論是新屋或是成屋，隨著房價和房價所得比越來越高，年輕一輩受到家族中年長一輩金錢上援助的可能性亦大大提高。因此這些數字都指向在累積房產這件事情上，是否有家庭的援助成為越來越重要的因素、帶來越來越大的差別。

表 9　我國歷年各類房屋移轉件數

單位：件

時間	總移轉件數	所有權第一次登記件數	買賣移轉件數	繼承移轉件數	贈與移轉件數	拍賣移轉件數	繼承和贈與占總移轉件數比例
96	678,814	172,459	414,641	34,700	31,418	25,596	9.7%
97	626,060	154,254	379,326	35,766	31,760	24,954	10.8%
98	595,315	108,469	388,298	36,579	33,256	28,713	11.7%
99	594,379	90,945	406,689	39,006	35,561	22,178	12.6%
100	550,611	93,632	361,704	41,198	39,655	14,422	14.7%
101	530,783	102,385	328,874	43,025	46,952	9,547	16.9%
102	586,904	111,093	371,892	44,143	51,683	8,093	16.3%
103	545,321	115,865	320,598	47,619	55,317	5,922	18.8%
104	529,442	126,742	292,550	49,950	55,531	4,669	19.9%
105	466,176	122,370	245,504	51,922	41,748	4,632	20.1%
106	477,919	110,419	266,086	53,521	42,994	4,899	20.2%

資料來源：內政部不動產交易資訊平臺。

四、階層流動機會

　　為了瞭解我國人民階層流動的機會，本文使用中央研究院人社中心「臺灣社會變遷基本調查」之調查結果，包括 1992、1997、2009、2015 年「社會不平等」主題之調查結果來進行迴歸估計。在這些調查中，問卷選項請受訪者回答自己年少時家庭所屬的所得階層、以及訪問時點的現時家庭所得階層，我們以樣本調查時點的家庭社會階層（現時所得階層）為被解釋變數、以樣本少年時的家庭所得階層（初始所得階層）為解釋變數，來估計所得階層延續的情形。解釋變數（年少時家庭所得階層）的係數，衡量了初始所得階層對於現時所得階層的解釋能力，可以捕捉到所得階層延續的情形：係數若為正，代表所得階層繼續延續，係數若為負，則代表所得階層呈現流動翻轉。

　　表 10 報告估計結果。估計結果顯示，階級複製顯著存在於我國社會，從民國 81、86、98、到 104 年，年少時所得階層的係數皆為正、統計上顯著，代表年少時出身越高的所得階層，其後來的所得階層也可能越高，相反的，年少時出身越低的所得階層，其後來成為高所得階層的可能性越低，這個結果代表著階層流動不易。但是比較各年度估計係數的大小，我們觀察到階級複製的力道逐漸減低，民國 81 年的係數為 0.581，減少到 86 年的 0.484、95 年的 0.370，到了 104 年再降低到

表 10　我國人民社會階層流動情形估計結果

	被解釋變數：調查時點所得階層			
	81 年	86 年	98 年	104 年
年少時所得階層	0.581***	0.484***	0.370***	0.191***
	(0.014)	(0.016)	(0.016)	(0.034)
R-Squared	0.399	0.268	0.196	0.015
樣本數	2,271	2,494	2,013	1,951

註：統計顯著水準 ***p<0.01,**p<0.05,*p<0.1；括號中數值為標準誤差。

0.191，顯示我國階級複製的情形雖然仍然存在、但是複製能力降低，社會階層流動的可能性越來越高，代表家庭、出身的影響雖仍存在，但已越來越小。

　　為了進一步分析其他可能解釋現時所得階層的因素，下一步我們在迴歸式中加入兩個變數：教育程度以及是否為自行創業者，觀察此二因素是否對於現時所得階層亦有解釋能力。估計結果列於表11，從實證結果可以看出，教育、創業對於現時所得階層也存在顯著的影響力，顯示教育、創業皆提供了階層流動的管道。教育的係數皆為正、統計上顯著，其係數分別為0.083、0.085、0.057與0.061，顯示教育有助於提升所得階層；尤其教育的力道在81年與86年力道較強，在98年與104年力道稍微降低，這可能是因近年教育普及、擁有大學以上學歷者眾多，因此教育的量對於所得階層的解釋能力降低，可能改為教育的質可對所得階層產生影響。而是否身為創業者，其係數則有正有負，在81年的係數為正、86年的係數為負，到了98年、104年的係數則為正、且統計上顯著，分別為0.417、0.104，顯示創業在此時期有助於提升所得階層。這個結果顯示，創業雖可以提供階層流動，但屬於風險較大、

表11　我國人民社會階層流動情形估計結果（加入控制變數）

	被解釋變數：調查時點所得階層			
	81年	86年	98年	104年
年少時所得階層	0.509***	0.396***	0.309***	0.108***
	(0.015)	(0.016)	(0.017)	(0.034)
受教育年數	0.083***	0.085***	0.057***	0.061***
	(0.005)	(0.004)	(0.005)	(0.005)
創業者	0.061	-0.015	0.417***	0.104*
	(0.044)	(0.046)	(0.084)	(0.095)
R-Squared	0.456	0.351	0.247	0.069
樣本數	2,268	2,494	2,013	1,951

註：統計顯著水準 ***p < 0.01, **p < 0.05, *p < 0.1；括號中數值為標準誤差。

較不穩定的一個途徑，成者得以翻身致富，敗者可能債臺高築，造成所得階層的分化。然而我們注意到 104 年迴歸估計式的 R-Squared 卻變小許多，僅爲 0.069，代表其中可能有其他重要的因素未被包含進來。這其中可能的原因值得未來進一步探討。

總合各項資料的顯示，我國階層複製力道逐漸減輕中，並且教育和創業都提供了促進所得階層的途徑。

然而，最近社會上的觀察發現，教育和創業本身也逐漸受到所得階層的影響，越高所得階層，所獲得的教育品質越來越高，越高所得階層者創業時所獲得家庭資源的支持以及人脈連結也相對豐沛許多，因此其創業成功可能性越高。若教育和創業一旦成爲高所得階層的專利，則階層複製力道將更形強化、階層固化將漸趨嚴重，因此拓寬教育與創業的管道，尤其是扶助弱勢所得階層在教育與創業方面的機會，將是一個必要的政策。

參、亟需克服的困境

從以上數據的檢視，我們列出以下我國亟需克服的問題。

一、產業永續經營

本文所使用的資料顯示，我國各產業的平均利潤歷年來維持在一定水準上下，代表產業仍享有一定程度的競爭力。然而對照薪資水準資料之後，我國各行業幾乎顯示了一樣的趨勢，亦即在民國 85 或 90 年之後，皆進入了薪資成長停滯期。事實上，自 1997 年亞洲金融風暴之後，全球進入網路世代，一來電子產品隨著技術進步價格日漸下降，二來原本沉睡中的發展中國家，例如金磚四國崛起，使世界商品生產進入競爭白熱化階段，產品價格進一步下降，生產成本卻隨國際原油價格快

速上揚，因此廠商利潤越來越薄。然而表 7 的資料顯示我國各產業的利潤率在民國 85 年後並沒有一個顯著下降趨勢，這透露出一個警訊：多數廠商是透過控制薪資水準、甚至降低薪資水準，來抵銷因競爭日益激烈所造成利潤的下降，導致產業平均利潤率並沒影顯著變動，但薪資卻停滯不前。

換言之，我國製造業廠商在國際市場上的競爭力相對穩定，而服務業在國內市場雖然競爭激烈，但亦仍有利可圖；然而主要維持利潤的方式則是透過壓低薪資水準、以降低生產成本。

這是我國產業發展最大的弱點。美國在臺商會律師 Lam（2017）曾分析，我國廠商生產上幾個明顯的缺點在於追求短期利益、盲目追求降低成本、強調大量生產、不重視設計研發與創新、未讓員工享有能跟其他國家相比的薪資等。這些意見明白點出了不少臺灣企業主的思維：要維持利潤，較少朝向長期產品創新、技術創新思考，而是直覺的就往勞工成本砍、往勞工福利縮減。[5] 降低生產成本是商人的一種本能，但是這是一種負負循環，薪資降低、員工士氣低落、反映在產品品質低下以及長期越來越難以維持的利潤上。目前市場上新創業者靠著別出心裁的創意而賺取超常報酬的例子時有所聞，這才是一種正正循環，員工福利好、願意集思廣益思考產品創新、促進公司永續經營。

二、刺激有效需求

相較於其他國家，讓我國人民感覺到特別悲觀、尤其年輕一代特別覺得受困的原因，在於我國低廉的薪資水準。我國有大量的家族企業、中小企業，如前所述，大多數僱主以壓低薪資的方式維持利潤，較少有僱主願意選擇自己賺取少一點的利潤、而將利潤分享予員工，因此薪資具有向上僵固性，經濟不景氣時，僱主要求員工共體時艱、縮減薪資，但經濟景氣時，卻又不捨得共享獲利、薪資固結，從而引起薪水階級買房困難，被窮忙生活壓得窒息，引起世代對立、貧富對立。臺灣是個講

究以和爲貴、共體時艱的社會，卻漸漸的壓縮了員工的權益；相反的，西方社會是另一個極端，講究個人權益、工會強大，卻成爲企業沉重的負擔。過與不及都代表有一方受到壓抑，對於產業發展絕非好事。臺灣老闆們，有不愁吃穿、積極快樂的員工，才有更有活力的公司前景，而對總體經濟而言，有敢於花錢的人民，才能產生有效需求，才能刺激生產、刺激經濟，這絕對是個正向循環！

三、高出低進的人才流動

在人才流動方面，一個值得注意的趨勢爲我國出國工作的人數逐年增加，並且出國工作者中擁有大專及以上學歷的比例越來越高，民國106年的比例增至74%。與此同時，來臺工作的人數也越來越多，但是卻是以藍領工作者爲多，例如根據勞動部的資料顯示，進入臺灣之產業及社福外籍勞工人數累積至106年底爲676,142人，而同時間來到臺灣的外國專業人士擁有大專及以上學歷的人數僅爲26,560人。

這是所謂「人才高出低進」的現象，對於臺灣的經濟機會是非常不利的。高技術移民與低技術移民對於地主國經濟的影響大相逕庭，低技術移民雖能補充本國勞工不足，但所帶來的替代效果較強，拉低本國工資水準、替代本國勞工就業機會；高技術移民所帶來的知識資本及創意，則有機會提升本國產業效率，甚至催生新產品、新產業的誕生，製造更多就業機會。例如美國許多知名企業創辦人皆是來自他國的移民，卻在美國創業、提升美國產業競爭力、爲美國勞動市場創造大量高技術與低技術就業機會，包括著名的企業家 Elon Musk 就是如此。

因此對於人才的流動，我們應著力改善低薪環境，以留住本國專業人才、並吸引外國高階專業人才，同時我們對於外國高階專業人才的態度應該更開放，降低因害怕產生替代效果而設立的限制，歡迎更多的優秀人才進入臺灣。

四、輔助低所得階層的創業之路

歷來自行創業一直是我國失業問題的緩衝劑，當就業市場上沒有適合的工作、或是找不到工作，做個小本生意、自行開店創業、或是改行去開計程車，往往成為民眾常有的選擇。然而從本文所引用之創業與歇業的數字來看，我國民眾最常選擇創業的批發與零售業、住宿及餐飲業，其歇業比例也最高。事實上，隨著我國產業秩序成熟化，加上全球化浪潮所帶來的國際資金進駐，都讓創業環境越來越困難，民眾若非有別出心裁的創意、或是背後有雄厚的資金或人脈連結支援，創業要成功實屬不易。換言之，創業或許將演變為讓富者更富（因創業容易成功）、貧者更貧（因創業不易成功）的因素。因此拓寬創業的管道，尤其是扶助弱勢所得階層在創業方面的機會，增加其對於創業風險的忍受度，將是一個必要的政策。

肆、結論

從本文所引用的種種數據顯示，我國越來越走向兩極化社會，有好的教育、能夠有專業技術者，或是有好的家庭所得背景支撐者，較可能取得好的工作崗位、買得起房產，在臺灣這個生活便捷、服務周到的寶島上過著不錯的日子。但是專業程度不高、沒有家庭背景支撐者，卻成為其他階層生活便捷、服務周到的提供者，在社會上辛苦度日，想不多者就湊和著過日子，不甘心者就想辦法創業、或出國尋找更好的機會。而教育及創業雖然提供了階層向上流動的機會，但若所得階層較高者繼續享有品質較高的教育與擁有較高的創業成功可能，恐怕階層將更形分化。

過去臺灣經濟還在由中低所得國家邁向高所得國家的路途上，中國大陸才剛從政治運動中解放出來，完全不是臺灣的競爭對手，因此國際

訂單不斷湧入臺灣，製造業異常蓬勃，不管是就業或是自行創業都是機會滿滿，連帶著周邊服務業亦快速成長，就業及創業機會豐沛，大家賺得滿缽滿盆。但是當臺灣的經濟因勞工成本上升、產業外移，傳統產業以及周邊服務業開始凋零，接下來產業升級，使得民眾需要有更高的技術或更別出心裁的想法才有可能創業，因此擁有專業技術者占據高位、沒有專業技術者流落底層，缺乏滿滿的產業機會讓中低階層可以感受到希望、並改善生活。這就是目前我國和中國大陸的最大差別，在中國大陸多數年輕人都覺得希望滿滿，只要有努力就可以翻身，但臺灣已經沒有這樣的經濟機會讓大家覺得機會滿滿了。

然而，在成熟的經濟體中，產業秩序成熟，各產業多由產業中的龍頭們領軍從事擴張、創新，美國如此、日本如此、新加坡亦如此，個人除非有特別創新的技術或想法才可能創業成功，因此人民不再感覺百家爭鳴、機會滿滿。特別是網路世代長大的消費者，食衣住行育樂等消費習性已有明顯的世代差異，也造成舊型態的商圈、店家容易出現倒店潮。[6]

換言之，對於經濟發展過程的必然性，我們不應該花這麼多時間去悼念，我們應該花更多的時間去思考臺灣產業的契機，如何引導民眾累積新的技術或培養新的想法，使現有企業獲得持續成長的動能，也讓民眾擁有更多的子彈來進行創業。

事實上，臺灣人才濟濟，產業界、學術界給的建言頗多，歷屆政府很多政策都已經在執行，民間更是一直在努力；沒有一個國家敢說目前的產業優勢可以一本萬利、永享天年，每一個國家都在掙扎尋找下一個契機。所以臺灣並沒有做得比較差，事實上臺灣做得已經很不錯了，傳統產業時代有台塑、統一，電腦硬體時代有宏碁、華碩，半導體時代有台積電、聯電，手機時代有鴻海、大立光，中南部有精密機械、扣件產業、遊艇產業，年輕世代創業有 Gogoro，服務業方面有鼎泰豐、有由年輕一代拓展到世界角落的傳統小吃，代代一直都有頂尖的企業挺出

來。所以臺灣人不應妄自菲薄、不應被悲觀的情緒影響，而應繼續往理想前進。就如美國在臺商會律師 Lam 指出，臺灣依舊握有若干他國無法輕易複製或超越的特點與核心能力，包括：速度、彈性、性價比、客製化（能夠有效率地服務利基市場）、群聚的產業鏈、與國際接軌（與全球連結，而不僅僅是中國大陸）等。

目前國際情勢詭譎，兩岸關係、美臺關係、美中關係，三者之間緊張而複雜，每個國家都在為自己謀取最大的利益。夾在大國之間，臺灣人民該做的是拋開對立、拋開悲觀，認清楚臺灣主體，利用各種機會累積產業優勢、累積財富、累積資源、增加自己的重要性、提高自己的籌碼，唯有自立自強，才能保衛與延續我們得來不易的生活方式。

 註 釋

* 李明軒，美國波士頓大學經濟學博士，現任國立中山大學政治經濟學系副教授。研究領域為中國經濟與社會變遷、臺灣經濟與社會變遷、資訊科技與公共治理。

** 林祖嘉，美國洛杉磯加州大學（UCLA）經濟學博士，現任國立政治大學經濟學系特聘教授。研究領域為兩岸經貿、住宅經濟與應用個體。

1 IDRC (International Development Research Center), Initiatives: The Growth and Economic Opportunities for Women. https://www.idrc.ca/en/initiative/growth-and-economic-opportunities-women

2 TVBS，〈外商平均月薪57K 53%上班族曾遞履歷〉，2018/04/23。取自https://news.tvbs.com.tw/life/906690

3 劉常勇、溫肇東與謝如梅，2011；林祖嘉、李明軒與林姵宜，2018。

4 榮發記帳士事務所，〈公司設立 公司登記 問與答〉，2019/05/22。取自http://www.111111.com.tw/OPENCO.htm

5 詳見Lam，2017的討論。

6 然而，倒店潮的同時，君不見臺灣也出現網路創業潮、文青創業潮等，這更傾向是產業汰舊換新、世代交替。

臺灣人民當前所面臨的經濟與就業機會

 **參考文獻**

1. 朱敬一、康廷嶽，2015，〈從經濟轉型中的社會不公平〉，《臺灣經濟預測與政策》，45（2），1-22。

2. 林祖嘉、李明軒、林姵宜，2018，〈家庭所得階層對創業決策影響之研究——我國家戶資料的實證分析〉，Working paper。

3. 劉常勇、溫肇東、謝如梅，2011，〈臺灣創業現況調查與政策意涵：全球創業觀察觀點〉。取自http://www.scu.edu.tw/ba/2011conference/PDF/345513-04.pdf

4. Lam, N. M. (2017). Getting the Taiwan Economy Back on Course. Taiwan Business Topics. Retrieved from https://topics.amcham.com.tw/2017/04/%E4%BD%BF%E5%8F%B0%E7%81%A3%E7%B6%93%E6%BF%9F%E9%87%8D%E5%9B%9E%E7%99%BC%E5%B1%95%E8%BB%8C%E9%81%93/

Chapter *3*

近年來臺灣「悶經濟」的形成與對策

龐建國[*]

[*] 中國文化大學國家發展與中國大陸研究所教授

摘要

　　曾經受到高度推崇的臺灣發展經驗，卻在進入 21 世紀之後陷入了成長遲緩、找不到新動能的「悶經濟」困境。本文從全球價值鏈、生產網絡、和社會網絡三個理論視角切入，說明臺灣「悶經濟」形成的主要原因，以及解決問題的對策。作者認為，由於臺灣先天上是個規模較小的經濟體，在全球化的競爭格局中，產業發展必須連結境外互補要素或搭上跨國產品供應鏈。由於地理距離鄰近、語言文化相通、市場規模龐大、軟硬體條件較佳、以及成長動能旺盛，中國大陸乃是臺灣產業發展最好的鏈結對象。可是，臺灣官方一直抵制兩岸生產要素流通，將海峽對岸的資源活水擋在門外，使得臺灣的產業發展在由中國大陸主導的東亞生產網絡中日益邊緣化，因而跳脫不出困境。解決之道唯有改善兩岸關係，讓生產要素能夠通暢地往來，臺灣才能跳脫「悶經濟」的陷阱。

關鍵詞：悶經濟、全球價值鏈、生產網絡、社會網絡、兩岸關係。

The Formation and Countermeasure of Taiwan's "Suffocating Economy" in Recent Years

Abstract

　　Taiwan's development experience had been highly respected. However, after entering the 21st century, it has fallen into a "suffocating economy" of slow growth and no new momentum. Starting from the three theoretical perspectives of global value chain, production network, and social network, this article explores the main reasons for the formation of Taiwan's "suffocating economy" and the countermeasures to solve the problem. The author believes that since Taiwan is a relatively small economy in nature, its industrial development must link overseas complementary elements or embed in transnational product supply chains to cope with global competition. Due to geographical proximity, language and culture, large market scale, better hardware and software conditions, and strong growth momentum, China is the best place for Taiwan's industrial development to link. Nevertheless, the Taiwanese authorities have always resisted the circulation of production factors across the Taiwan Strait and blocked the resources from China. This has made Taiwan's industrial development increasingly marginalized in the East Asian production network dominated by China and thus cannot escape the economic predicament. The solution is to improve the cross-strait relations and allow the production factors to be exchanged smoothly so that Taiwan can escape the trap of "suffocating economy".

Keywords: suffocating economy, global value chain, production network, social network, cross-strait relations.

壹、前言

在國家發展研究的領域中，臺灣的發展經驗曾經受到高度推崇，因而有「臺灣奇蹟」（Taiwan miracle）的說法。[1] 的確，在國民黨政府遷臺之後，到 1990 年代中期以前，臺灣不僅享有高速的經濟成長，而且擁有相對平均的所得分配，「成長與公平攜手並進」（growth with equity）或「均富」型態的發展，的確是這個時期臺灣發展表現最好的

寫照（Fei, Ranis & Kuo, 1979）。

然而，1990 年代中期開始，特別是進入到 21 世紀之後，情況有了很大的變化。臺灣經濟成長的速度快速下滑，並且進入持續低迷的狀態，曾經高踞「亞洲四小龍」龍頭的臺灣，一步步落到了龍尾巴的位置（于宗先，2006）。近年來，臺灣不僅無法展現「臺灣奇蹟」時代的雄風，經濟成長率甚至於落入全球排名的後段班。[2] 同時，在朝野都不斷高喊應該力拚產業轉型升級，政府也經常推出產業發展政策的情況下，臺灣卻似乎找不到新的火車頭產業，形成新的成長動能，因而陷在欲振乏力的「悶經濟」困境中難以脫身。[3] 以至於有人認為，將臺灣發展經驗定調為「奇蹟典範」的時代已經過去，1990 年代之後的臺灣發展經驗，可以稱之為「衰退典範」（李宗榮、林宗弘，2017）。

臺灣為什麼會落入「悶經濟」的困境？又需要採取什麼樣的對策才能跳脫「悶經濟」的陷阱？本文作者認為，1995 年 1 月 1 日世界貿易組織（WTO）的成立，象徵著經濟全球化時代的到來。在經濟全球化的潮流趨勢中，世界各國的經濟運行，都會受到境外因素越來越大的影響，像臺灣這種規模較小的經濟體尤其是如此。所以，要探討臺灣「悶經濟」的形成與對策，必須從全球化的視野來觀察。本文即嘗試從全球價值鏈的分析先行，再輔以生產網絡和社會網絡的分析，藉由這三種理論視角形成綜合性的分析架構，說明臺灣「悶經濟」形成的主要原因。然後，依據理論分析的所得，提出解決臺灣「悶經濟」困境的對策。

貳、從全球價值鏈看臺灣產業發展的出路

從上個世紀末以來，隨著人類社會資訊技術進步、運輸能力提升、以及世界貿易組織等國際建制的成立，以自由貿易為主軸的全球化現象不斷擴大加深。特別是互聯網科技的進展，促成了網絡社會（network society）崛起（Castells, 1996），增強了資訊流、金流、物流和人

流的聚散能力，使得生產要素的流動出現跨越國境的趨勢。

在生產活動或產業發展方面，為了擴大經營規模、降低生產成本，有越來越多的產業和產品，被分割為碎片化（fragmented）的工序和零組件，分散在不同的國家生產和組裝，形成了供應鏈上產業內乃至於產品內的跨境組合，全球價值鏈之類的概念或分析框架，因而被廣泛地用來探討全球化格局下的產業發展和國際貿易。

Gary Gereffi 和他的同事們（Gereffi, Humphrey & Sturgeon, 2005; Gereffi & Fernandez-Stark, 2011）所提出的全球價值鏈（global value chain）理論，融合了全球化、產品供應鏈、生產網路、交易成本經濟學、以及技術能力和企業學習的相關學說，用以處理全球化下後進國家產業發展與升級的問題。它的基本看法是，發展中國家的產業發展和升級，應該基於本身要素稟賦，依循比較優勢原則，在國際產品供應鏈中，選擇附加價值較低但本身具有競爭力的環節切入，先成為先進國家領導廠商的供應商。然後，透過從做中學習的過程，獲得生產和行銷的技術及知識，增進本身能力，向高附加價值環節升級，逐步往全球價值鏈中領導廠商的位置移動。[4]

在全球價值鏈的卡位或布局上，除了既有的要素稟賦之外，還有另外一個需要考慮的因素，就是市場規模的大小。Michael Porter（1990）在國家競爭優勢的「鑽石模型」分析中指出，一個國家的某項產業是否具有競爭力，乃基於四個主要因素和兩個輔助因素。四個主要因素分別是生產要素的供應能力與價格高低、本國市場的規模、產業集聚和專業分工的情形、以及市場競爭的程度；兩個輔助因素則是機會和政府。林毅夫（2009：206-207）認為，Porter 的理論其實可以歸納為兩個重點，就是產業的發展必須遵循比較優勢和擴大市場規模。

值得注意的是，以人口數量和土地幅員來說，本國市場規模基本上是先天決定的，不易改變。就此而言，臺灣是一個規模較小的經濟體，不太可能在全球化的競爭態勢下，憑藉自身的市場規模自給自足地完成

產品供應鏈的布局，而必須在境外尋求優勢互補的合作夥伴。而中國大陸先天上就是一個廣土眾民的大型經濟體，從要素稟賦和市場規模著眼，很清楚的是，在兩岸產業發展的競爭與合作上，中國大陸曾經擁有比臺灣豐沛和便宜許多的勞動與土地等生產要素，因而是臺灣需要外移的產業重要的移駐地點，或者需要擴大經營規模的臺灣企業重要的拓展地點。當中國大陸確立了改革開放的路線，以其豐沛並低廉的要素供應與國際市場接軌時，自然吸引了包括臺灣企業在內的外來廠商進駐，中國大陸因而能夠成為「世界工廠」，其中，臺灣廠商做出了不少貢獻。

近年來，隨著中國大陸經濟成長與產業升級，其要素稟賦結構起了變化，有些生產要素如勞動力和土地的價格不再低廉。不過，在此同時，我們看到了中國大陸民眾消費能力的提升，市場胃納量的擴大，除了擁有「世界工廠」的生產能量之外，中國大陸也展現了成為「世界市場」的龐大潛力。

以市場規模作為支撐，中國大陸在全球價值鏈的布局上，逐漸往上攀升，不僅在許多產品供應鏈上能夠往高附加價值的環節卡位，並且在某些高科技的產品和產業上取得了領導者的地位，像智慧手機、無人機、電子商務、人工智慧和第五代行動通訊等等。伴隨中國大陸在全球價值鏈上主導性的增強，臺灣面臨的抉擇是參與進中國大陸產業發展的行列，往中國大陸主導的產品供應鏈中積極卡位，或者另謀出路，像蔡英文所主張的「新南向政策」般，往東南亞和印度去發展？

任何產業發展或企業經營都必須遵守的一項經濟原理是「成本效益」法則，在市場競爭中，成本效益高者勝出，成本效益低者被淘汰，是眾所周知的常識。所以，臺灣的產業發展或全球價值鏈布局該「西進」或「南向」，最重要的計較盤算，還是考量成本效益上怎麼做最划得來。順著這個思維，我們可以運用「生產網絡」和「社會網絡」這兩種理論視角，來分析探討臺灣產業發展的出路到底在何方。

參、從生產網絡看臺灣產業發展的出路

全球價值鏈的分析除了透過「投入－產出」（input-output）結構或產品供應鏈成分的梳理，來瞭解國際貿易中各種商品從生產到行銷各個環節在時間維度上的串接情形之外，還透過「生產網絡」（production network）的探討，來掌握各種生產要素在空間維度上的流動串聯情形。

生產網絡是新經濟地理學（new economic geography）用來探討產業發展和貿易往來空間分布情形的重要概念。在產業發展和貿易往來的解釋上，新古典經濟學認為，廠商選擇落腳處是由要素稟賦和比較優勢決定的，新經濟地理學並不否認要素稟賦及比較利益的作用，但是，更強調運輸成本、交易成本、歷史偶然性、和路徑依賴效應等因素的影響（Krugman, 1991）。

新古典經濟學對於要素稟賦和比較優勢的衡量，經常忽略運輸成本和交易成本的影響，彷彿生產要素可以在空間裡無成本地快速移動。新經濟地理學則認為，在全球化或區域整合的生產流程裡，生產要素會跨越不同的國境來組合，這就牽涉到了運輸成本和交易成本的問題。其中，運輸成本要衡量地理距離的遠近和交通設施狀況，交易成本則要考慮制度安排、語言溝通、和受文化背景影響的行為習慣或商業慣例。

同時，新經濟地理學認為，受限於不完全競爭的市場環境和信息蒐集的能力，早期工廠選擇落腳地點或產業形成聚落時，未必是周延地考量各項成本因素和比較優勢，而可能是偶然性的決定。然而，從這個歷史偶然性的決定出發，一旦形成了具有規模效益的產業集聚，就可能發揮自我強化的機制，吸引更多廠商加入生產陣容，成為長期性的生產基地，產生路徑依賴效應。

國際貿易的常識告訴我們，國家與國家或經濟體與經濟體之間由於要素稟賦不同，依據比較優勢互通有無，彼此都能獲利，因此形成了國

際之間產業分工和相互貿易的需求。有如前一節提到過的，過去這些分工和貿易主要出現在最終的消費品上，1990 年代以來，隨著全球化擴大加深，有越來越多的產業和產品，被分割為碎片化的工序和零組件，分散在不同的國家生產和組裝，形成了供應鏈上產業內乃至於產品內的跨境組合。我們如果把這些產品供應鏈攤開在地圖上，觀察其中要素流通和產業群聚的地理分布情形與交織串聯狀況，就得出了「生產網絡」的分析（Ernst, 2002；Henderson, Dicken, Hess, Cole & Yeung, 2002；Dicken, 2003）。

雖然通訊和運輸技術的進步，讓生產網絡所涵蓋的地理範圍得以大幅擴張，但是，運輸成本、靠近市場、和集聚效應等因素，則會限制擴張的幅度，並且促使生產要素的流動出現地理集中現象。從全球化的格局來觀察跨國生產網絡的分布，可以發現到區域整合的走向，同時，主要形成了歐盟（特別是德國與東歐）、美國與墨西哥（或北美自由貿易區）、以及東亞地區這幾個比較顯著的區域生產網絡（Ando & Kimura, 2003）。其中，與臺灣的產業發展和對外貿易關係最密切的，當然是東亞（區域）生產網絡。

東亞生產網絡的核心或樞紐原本是由日本擔綱。第二次世界大戰之後，東亞地區的產業發展曾經出現過「雁行模式」的現象，就是工業先進的日本，先將本身的夕陽產業向韓國和臺灣移轉；等韓國和臺灣的產業發展到達一定程度之後，再將夕陽產業向中國大陸和東南亞國家移轉。這種由日本扮演飛行雁陣中的領頭大雁，向兩旁小雁做產業梯次移轉的過程，曾經是理解東亞地區產業發展脈動很好的視角（Akamatsu, 1962）。

由日本擔當東亞生產網絡龍頭的情形，在進入 21 世紀之後產生了變化。這個變化的主要脈動是，隨著中國大陸改革開放的推進，龐大的市場規模、相對低廉的勞動力供應、不斷改善的基礎設施、和政府產業政策的強力支撐，搭配上產品供應鏈碎片化程度加深，零組件貿易份額

增長，以及東南亞國家和中國大陸成立自由貿易區，東亞生產網絡在全球經濟舞臺的份量不斷加重，逐漸成為各個區域經濟板塊中，參與成員最多、生產品項最廣、創造價值最大、增長速度最快的一個生產網絡。同時，在這個生產網絡中，中國大陸的分量不斷上升，日本的分量則隨著 1990 年代初期泡沫經濟破滅而逐步下降，整個運作的樞紐或核心，逐漸從日本轉移到了中國大陸。尤其是 2008 年金融海嘯之後，中國大陸更站穩了東亞生產網絡的龍頭地位。

從生產網絡的視角出發，當全球經濟一體化促使產品供應鏈邁向跨境布局的時候，有需要在境外成立工廠，或者有需要在境外找尋合作夥伴的廠商，很自然地會先往地理距離鄰近、要素供給充分、市場規模夠大，因而在生產和銷售上具有優勢的地點移動。順著這樣的邏輯來看臺灣產業發展的出路，我們發現，先天條件上地理距離鄰近、勞動力供給充分、市場規模龐大，以及後天配套上基礎設施較為完善、行政效率比較高、與產業集聚蔚然成形，很自然地讓中國大陸成為臺灣產業移轉或企業拓點的優先選擇。

兩岸之間雖然隔著臺灣海峽，但是，距離比東南亞和印度要近得多。隨著兩岸直航開啟、中國大陸交通設施改善、以及中國大陸物流業進步，兩岸之間要素流通與組合的運輸成本得以降低，可以串聯出具有競爭優勢的生產網絡。同時，臺商在珠江三角洲和長江三角洲已經形成了產業集聚的現象，發揮了相互支援和規模效益的功能。近年來，這些產業集聚中競爭力較強且積極性較高的臺灣廠商，配合中國大陸經營環境的變化和官方政策的導引，邁開了移轉生產基地或者擴增生產據點的步伐，在中國大陸其他地區或城市建立了更多的產業聚落，使得許多臺商得以擴大生產規模，成為全球性的大廠。

換句話說，基於地理距離鄰近可以降低運輸成本，產業集聚成形會發揮規模效益、降低交易成本、產生路徑依賴作用，再加上中國大陸的市場規模龐大、經濟增長快速和基礎設施改善，臺灣的企業在進行跨境

布局時，優先考慮連結中國大陸，本是順理成章之事。同時，中國大陸本身也培養出了許多世界級的大企業，有能力主導產品供應鏈的串聯，它們在組合產品供應鏈時，也會考慮到運輸成本和集聚效應，因而對於地理距離鄰近的臺灣特別青睞。這就解釋了為什麼臺灣的出口有百分之四十是前往中國大陸，其中，碎片化程度最高的電子資訊產業所占的比重最大。

除了透過生產網絡的分析途徑可以觀察到，臺灣開展和中國大陸之間的產業分工和貿易往來，可以形成較佳的優勢互補組合，降低生產成本，提升產品競爭力之外，還有另外一個網絡分析的途徑，也可以顯示出臺灣產業發展的較佳出路是與中國大陸市場連結，這就是新經濟社會學（new economic sociology）中有關社會網絡（social network）的分析，以下做一些說明。

肆、從社會網絡看臺灣產業發展的出路

新經濟地理學的分析已經注意到了廠商選擇落腳點或產業進行供應鏈串聯時，除了考慮運輸成本之外，還需要考慮交易成本。但是，在生產網絡的分析裡，運輸成本和規模效益的影響獲得了比較多的注意，交易成本的問題相對隱而未顯。在經濟活動中，交易成本經常來自於制度安排、語言溝通和行為習慣等與社會文化背景有關的點面，就此而言，新經濟社會學提供了許多有用的觀點，幫助我們瞭解社會文化因素對於經濟活動的影響。

新經濟社會學認為，經濟活動是鑲嵌在社會結構或社會制度中的，這些活動牽涉到個人、角色、群體以及組織等多層次社會單位之間的關係模式，要分析這些關係對於經濟運行的影響，就必須要發展出分析這種關係的工具，「社會網絡」就是達到這個目的最好的分析工具或切入視角（Granovetter, 2002）。

從社會網絡的視角看產業分工、貿易往來和生產網絡的串聯，它們除了受到地理條件的導引與限制外，也會受到社會文化和人脈連結的影響，進而決定買賣是否能達成，以及其中交易成本的高低。即便是在講究成本效益的資本主義現代市場中，經濟活動還是鑲嵌在特定的社會文化背景裡，不同社會文化背景的人談起生意，總是比同個社會文化背景的人要麻煩些。所以，當我們理解經濟活動時，不能忽略社會文化因素的重要性。

　　社會文化因素對於經濟活動或產業發展會產生什麼樣的影響？最主要的影響就是交易成本的高低。做買賣的雙方如果語言不通，做事習慣不同，完成交易所支付的信息蒐集和溝通協調的成本就會比較高。海峽兩岸由於同文同種，沒有語言文化上的障礙，兩岸做生意可以減少交易成本的支付，這是兩岸之間進行產業分工和經貿往來的利基。同時，由於語言文字相通，海峽兩岸可以在互聯網上形成沒有空間和文化障礙的互動關係，更進一步減少地理距離的影響。於是，臺灣企業在產業分工和經貿往來上，自然會產生與中國大陸連結的偏好。

　　除了強調經濟活動的社會文化鑲嵌性之外，新經濟社會學的研究還認為，人類社會實際的經濟活動或交易行為，並不像新古典經濟學家所主張的那樣，發生在抽象的自由市場當中，循著邊際效用遞減的法則，找到產品適當的價位和供應量，達到供給和需求之間的平衡。新經濟社會學認為，經濟活動實際上是鑲嵌在一張張的人際關係或社會網絡裡，人際關係的串聯或社會網絡的運行則會受到文化背景、制度規範、地理範圍、和交友情況等因素的影響（Granovetter, 1985）。

　　從這樣的視角切入，我們就可以清楚地看到兩岸經濟社會關係的密不可分。自從蔣經國在 1987 年底開放臺灣同胞赴中國大陸探親之後，特別是 1992 年鄧小平南巡，確定了繼續推進改革開放的路線以來，大量臺商和臺幹湧入了中國大陸市場。這些臺商和臺幹在中國大陸工作與生活所開拓出來的人脈關係和所積累的在地知識，形成了一張張的社會

網絡。這些社會網絡構成了一個個可以交換信息和聚攏資源的平臺，這些平臺爲兩岸推動產業分工和貿易往來奠立了基礎，有利於臺灣利用中國大陸的市場條件形成優勢互補的組合，攜手賺全世界的錢。

伍、臺灣產業發展出路的綜合分析

在全球化的競爭格局中，理論上臺灣企業可以到全球各個角落去找尋適當的生產據點，提升競爭力和擴大經營規模，但是，實際運行上，最重要的經營法則還是如何找到成本效益上最佳的選擇。本文在前面三節依次藉由全球價值鏈、生產網絡和社會網絡三種理論視角，來探討全球化格局下臺灣產業發展的出路，綜合這些思維脈絡，我們可以建立一個比較周延的分析架構，來梳理臺灣推動產業發展的必要作爲。

依據這個綜合性的分析架構，我們可以說，在全球化的潮流趨勢和競爭格局下，由於臺灣先天上是個規模較小的經濟體，無法靠本身的市場縱深來支撐產業發展，形成自給自足的產品供應鏈，所以，必須參與到國際分工體系中，依據本身的要素稟賦和比較優勢，在全球價值鏈中找到利基，卡位進入具有競爭優勢的環節，先站穩腳跟，再透過從做中學習和研究發展，提升產品競爭力，進攻全球價值鏈中附加價值更高的環節，促成產業升級。

環視國際分工體系，在運輸成本、靠近市場和集聚效應的導引下，全球形成了北美、歐盟和東亞三個主要的區域生產網絡。其中，東亞生產網絡是各個區域經濟板塊中，參與成員最多、生產品項最廣、創造價值最大、增長速度最快的一個生產網絡。東亞生產網絡原本是由日本占據樞紐地位，但是，進入 21 世紀之後，特別是金融海嘯以來，中國大陸已經在這個生產網絡中取得了主導地位，成爲這個生產網絡的領頭羊。

由於地理距離鄰近和生產要素互補，臺灣的產業發展主要是鑲嵌在

東亞生產網絡中。在東亞生產網絡的運行上，臺灣和中國大陸地理距離最為鄰近，同時語言文化相通，具有運輸成本和交易成本的互補優勢，加上中國大陸擁有豐沛的土地和勞動力供應，以及較為完善的交通建設和基礎設施，臺灣企業因而大多選擇中國大陸作為產業移轉或企業拓點的落腳地點，並且在珠江三角洲和長江三角洲等地區形成了產業聚落。這些產業聚落對於臺灣的產業發展和對外連結，形成了產業集聚和路徑依賴的效應，使得兩岸之間的產業分工和產品供應鏈連結擴大加深，讓許多臺灣廠商能夠藉由中國大陸的市場條件擴大經營規模，成為世界級的企業。這些因素和走勢促成了兩岸之間貿易的快速增長，並使得海峽對岸成為臺灣對外貿易最大的出口對象，和最大的順差來源。[5]

除了從生產網絡的視角可以觀察到臺灣產業發展對外連結會向中國大陸傾斜的原因之外，從社會網絡的視角也會發現臺灣企業為何偏愛西進中國大陸，而非前往東南亞、印度或其他地區。因為，投資行動和企業經營牽涉到許多交易成本的支付，包括語言溝通、行事習慣、建立互信和辦事效率等等，兩岸之間同文同種，比較容易相互溝通，同時，一般情況下，中國大陸的行政效率也高於東南亞和印度，這些特點使得兩岸之間的產業合作或貿易往來享有比較低廉的交易成本。同時，臺商在中國大陸多年經營所開拓的人脈關係，所積累的在地知識，以及支援組織（如臺資企業協會）的建立，都使得「西進」的交易成本比「南向」要來得低。

同時，以市場規模和大量人才作為支撐，中國大陸在科技研發上逐漸積累出厚實的能量，得以在全球價值鏈的布局上往上攀升，不僅在許多產品供應鏈上能夠往高附加價值的環節卡位，並且在某些高科技產品和產業上取得了領導者的地位。相對來說，臺灣受限於市場規模和人才數量，無法在大型的科技研發上克服瓶頸，只能尋求利基型的突破，然後將本身的競爭優勢鑲嵌至適當的產品供應鏈裡。從前述各種視角的分析看來，臺灣產業發展的對外連結之路，很清楚地應該以中國大陸作為

優先選擇的對象。

事實上，也正是前述的經濟運行邏輯促使臺灣企業大量西進，即使臺灣官方的立場一直不鼓勵這麼做，甚至於還設下了一些法規障礙，卻依然擋不住這股潮流。問題是，當中國大陸的產業發展不斷升級，開始有能力引領產品供應鏈的布局，並進行大量海外投資之時，臺灣是否要向中國大陸敞開門戶，允許中國大陸企業像其他外資企業一般，以同樣的標準、同等的待遇來臺灣落地，讓生產要素在兩岸之間能夠通暢地雙向往來，而不只是讓資源單向地由臺灣往中國大陸流動？我們將在下一節中說明，由於臺灣至今仍然對於中國大陸企業來臺投資設下了重重障礙，無法達成兩岸之間貨品和服務貿易的正常化，不敢善用中國大陸的資源活水，結果，造成了臺灣本身的民間投資不振，產業發展遲滯，遂使得臺灣陷入了「悶經濟」的困境中難以自拔。

陸、臺灣陷入「悶經濟」的原因

有如本文一再強調的，臺灣先天上是一個資源、腹地和市場相對有限的淺碟型島嶼經濟體，就經濟發展而言，需要採行比大型經濟體更加自由化和便利化的經貿政策，以形塑具有國際競爭力的發展環境，積極地參與國際化或全球化的運作，克服本身資源要素與市場規模的局限和約束。在產業投資部分，臺灣需要透過對外開放的政策措施和優化投資環境，來吸引國際直接投資（FDI），依據比較優勢和優勢互補的原則，組合本身和外來的生產要素，生產有競爭優勢的產品。在產品銷售部分，臺灣需要通過與其他經濟體簽訂自由貿易等雙邊或多邊的經貿合作協定，為本身生產的產品（包括貨品與服務）開拓外部市場空間，並不斷提升國際競爭力。

當臺灣結束了 1950 年代以進口替代為主的發展階段，並從 1960 年代初期開始邁向追求出口擴張的外向型經濟之後，臺灣的經濟發展策略

基本上都循著前述的思維逐步開展，並因而擁有快速的經濟成長，成爲「亞洲四小龍」的龍頭，獲得「奇蹟」的讚譽。但是，後來有兩個事件改變了原先的策略方向和臺灣的命運，它們分別是「亞太營運中心」的出局和《海峽兩岸服務貿易協議》的夭折，以下略做說明。

一、亞太營運中心的出局

亞太營運中心是因應 1990 年代初期臺灣整體經濟發展需求的一項規劃，反映了當時臺灣內外環境的變化與挑戰。首先，臺灣的產業發展在進入 1980 年代之後，開始出現投資意願下滑的現象，固定資本形成占 GNP 的比例由 1980 年的 30.6%，下降到 1986 年的 18.1%，然後，緩慢回升到 1993 年的 24%。相較於同一時期臺灣的主要競爭對手韓國，還能維持 30% 以上的固定資本形成比例，臺灣產業發展的動能顯然相對較弱，需要找尋新的方向與機會（陳添枝，1994：54）。其次，1992 年 11 月初，海基會與海協會經由函電往返，形成了後來稱之爲「九二共識」的默契，爲 1993 年 4 月的第一次「辜汪會談」鋪陳了政治基礎，使得兩岸關係有了突破性的進展。再者，香港即將在 1997 年回歸中國大陸，雖然中國大陸方面表達了既有制度「50 年不變」的承諾，但是，香港能否繼續保有金融中心和航運中心的功能，存在著變數。臺灣在製造業的發展遭遇瓶頸之際，希望能夠在服務業找到突破口，香港的回歸被視爲可以有所作爲的機遇。

在前述的時空環境背景下，臺灣方面乃有亞太營運中心的規劃。1995 年 1 月 5 日，當時的臺灣行政院院長連戰主持行政院院會，通過了建立臺灣成爲亞太營運中心的議案。在亞太營運中心的規劃中，臺灣將成立 6 個區域營運中心，分別是製造中心、海運中心、空運中心、金融中心、電信中心和媒體中心。這項規劃的推動分爲三個步驟。第一步，由臺灣的經濟部出面，與世界各國的跨國大企業簽訂策略聯盟意願

書，包括當時臺灣已經和美國的電話電報公司（AT&T）、通用、摩托羅拉、IBM，以及歐洲和澳洲的跨國企業，一共有 21 家，簽訂了策略聯盟意願書。第二步，研修相關法令，設置「亞太營運特區」，在符合「境外」原則下，與中國大陸直接三通，吸引跨國大企業來臺投資。第三步，推動臺灣全島成為自由貿易區。

依據當時的構想，亞太營運中心的最終目標，是要以中國大陸作為臺灣經濟發展的腹地，結合 1997 年後的香港，使「華人經濟圈」的構想能夠逐步實現，讓臺灣成為「中國大陸接軌世界的門戶，世界進入中國大陸的跳板」。對於這項構想，連戰表示，臺灣政府部門從未把如此多的重大措施放在同一個計畫之內來推動，成立亞太營運中心乃是臺灣一個「跨世紀的大行動」，必須趕快進行。連戰並決定親自主持跨部會的推動小組，由行政院經濟建設委員會仿效新加坡模式，成立常設性的協調服務中心，提供單一窗口的服務功能。[6] 這些宣示，顯示了臺灣決策階層推動臺灣成為亞太營運中心的決心。

然而，1996 年 8 月 14 日，剛剛經由全民直接選舉當上了總統的李登輝，在國民大會答覆國大代表國是建言時指出，「以中國大陸為腹地建設亞太營運中心的論調必須加以檢討」。接著 9 月 14 日在出席「全國經營者大會」致詞時，李登輝即提出「戒急用忍」主張，之後並明確界定：「高科技、五千萬美金以上、基礎建設」三種投資應對中國大陸「戒急用忍」，以免喪失研發優勢和資金過度失血，亞太營運中心的計畫至此畫下休止符。[7]

亞太營運中心計畫如果順利推動，對於臺灣的經濟會有多大的促進功效，臺灣的經濟學界有不同的判斷。有的人認為，順著國際分工體系的演進邏輯，1990 年代中期之時，許多臺灣企業已經進行了海外的布局，到中國大陸和東南亞投資設廠，扮演著產品供應鏈承上啟下的角色，所以，亞太營運中心只是順勢增強臺灣企業的競爭力，值得大力推動（馬凱，1995）。有的人認為，經貿過度集中於單一對象並非好事，

臺灣對於中國大陸的經貿依賴已經過深，而中國大陸基於本身的發展需要，未必會配合臺灣的規劃，所以，臺灣不必特別強調以中國大陸作為腹地來尋求產業發展的出路，而是應該徹底改造總體經濟環境，吸引歐美日的企業和鼓勵本土企業進行產業升級（林向愷，1995）。也有人認為，亞太營運中心計畫中，多數的子計畫都是聚焦在服務業，但是，臺灣在金融和運輸領域並沒有特別的競爭優勢，恐怕難以取代香港，所以，還是要回歸到以製造業為本來進行規劃，在 6 個區域營運中心當中，應該以其中的製造中心為主軸，其他的中心作為輔助（陳添枝，1994）。

從今天的事後之明來看當時亞太營運中心的規劃和有關爭議，可以發現到，無論是贊成者或者反對者，恐怕都沒有人預料到中國大陸在 1992 年鄧小平南巡確立改革開放路線之後，能夠維持長期的高速成長至今。以海峽兩岸的 GDP 對比為例，1992 年中國大陸的 GDP 大約只有臺灣的 2.2 倍，四分之一個世紀之後的 2017 年，中國大陸的 GDP 已經將近是臺灣的 22 倍。

只是以李登輝為首的「戒急用忍」派，不相信中國大陸能夠平穩順利地邁出成長發展的步伐，而是執迷在「中國即將崩潰」的論調裡，認為和中國大陸保持距離才是上策。所以，儘管臺灣的工商業界對於「戒急用忍」的政策不以為然，但是，處心積慮想要「去中國化」的李登輝心意已決，亞太營運中心的規劃遂告出局。

其後，由於李登輝在 1999 年 7 月發表「兩國論」，兩岸關係陷入僵持狀態，生產要素的流通受到諸多限制，生產網絡和社會網絡的串聯遭遇到許多障礙，造成了各種交易成本的攀升，兩岸之間的產業分工和貿易往來不能真正依循比較優勢來開展。結果就是臺灣自閉在中國大陸的成長動能之外，無法引進快速成長的中國大陸不斷湧現的活水，只能靠出口中間財或者零組件在以中國大陸為樞紐的產品供應鏈中卡位，成不了「中國大陸接軌世界的門戶」和「世界進入中國大陸的跳板」，吸

引不到跨國公司將它們的區域營運總部或生產據點設在臺灣。於是，臺灣雖然還能夠靠著對中國大陸出口增加來帶動經濟成長，但是，在中國大陸逐漸成為東亞生產網絡領頭羊的過程中，卻不斷地邊緣化。

二、《海峽兩岸服務貿易協議》的夭折

　　陳水扁當政期間，原本在 2000 年 12 月 31 除夕的「跨世紀談話」中，提出了「積極開放，有效管理」的說法。他認為，因應臺灣即將加入世界貿易組織（WTO），臺灣政府當局有責任面對全新的經濟情勢，將包括兩岸經貿在內的各項課題，重新納入全球市場的考量。他表示，過去「戒急用忍」的政策固然有當時的背景及其必要，未來則將以「積極開放，有效管理」的新視野，在知識經濟的既定方針之下，為臺灣的經貿版圖做出宏觀的規劃。[8]

　　但是，陳水扁始終擺脫不了臺獨勢力的牽纏，不敢承認「九二共識」，且在 2002 年 8 月之時提出了臺灣和中國大陸分屬不同國家的「一邊一國」論，因而無法取信於中國大陸，得不到中國大陸善意的回應。於是，在 2006 年 1 月 1 日的元旦談話中，他又改變了說法，主張兩岸經貿關係要「積極管理，有效開放」。認為「全球化」絕對不等於「中國化」，說臺灣不可能「鎖國」，但是也不能把經濟的命脈和所有的籌碼都「鎖在中國」。[9]結果就是陳水扁執政八年期間，兩岸關係始終無法改善，兩岸經貿往來的運輸成本和交易成本居高不下，不僅中國大陸企業來不了臺灣投資，外資企業也因為兩岸生產要素往來不通暢，而對於投資臺灣興趣缺缺，臺灣的經濟表現乃從「亞洲四小龍」的龍頭淪落為龍尾巴（于宗先，2006）。

　　2008 年馬英九的勝選和政黨再次輪替，為兩岸經貿關係的轉圜帶來了契機。由於馬英九明白宣示接受「九二共識」，海基會和海協會恢復協商，先後簽署了兩岸之間的海運和空運直航、中國大陸居民來臺旅遊、兩岸金融合作、以及中國大陸企業來臺投資等協議和共識。接著，

2010 年 6 月舉行的第五次「江陳會談」，兩岸簽署了《海峽兩岸經濟合作框架（構）協議》（ECFA），為建立兩岸之間的自由貿易區設定了協商議程和制度化路徑。

如果兩岸之間能夠依照 ECFA 的安排，逐步消除兩岸之間貨品貿易和服務貿易的障礙，建立起橫跨海峽兩岸的自由貿易區，兩岸之間的要素流通不再受到人為干擾，交易成本得以降低的情況下，臺灣原本可以在以中國大陸為樞紐的東亞生產網絡中，成為更具分量的節點或次核心，某種程度發揮「中國大陸接軌世界的門戶」和「世界進入中國大陸的跳板」的作用。然而，海峽兩岸雖然在 2013 年 6 月舉行的第九次兩岸高層會談中，簽署了《海峽兩岸服務貿易協議》，臺灣方面的推動工作卻在隨後遭遇到太陽花學運的阻撓，無法完成立法院的審議，連帶的，兩岸在貨品貿易方面的協商也因而中止。《海峽兩岸服務貿易協議》的夭折再度阻絕了中國大陸企業來臺灣落地和臺灣利用中國大陸動能的機會，也讓外資企業看壞臺灣的投資環境，對投資臺灣興趣缺缺。

2016 年 5 月，蔡英文就職總統之後，不僅拒絕承認「九二共識」，並且在就職演說中強調要推動瞄準東南亞和印度市場的「新南向政策」，以「告別以往過於依賴單一市場的現象」。然而，從生產網絡和社會網絡的串聯運作來說，很明顯的，刻意疏遠中國大陸市場的結果，是中國大陸企業所擁有的互補性資源和商業人脈關係無法進駐臺灣，讓臺灣在由中國大陸主導的東亞生產網絡中更加邊緣化。這是捨本逐末、捨近求遠的行為，就成本效益法則來說，是將資源配置在運輸成本和交易成本較高且增長動能較低的地點和買賣上，只會斲傷臺灣企業的競爭力，造成臺灣在東亞生產網絡中的分量降低，本身的投資環境失去吸引力。同時，因為兩岸關係緊張，臺灣想要增加自由貿易夥伴的嘗試也到處碰壁，以至於臺灣在各種雙邊和多邊自由貿易協定簽署的行列中，成為進不了隊伍的局外人。結果，就是臺灣繼續困在「悶經濟」中，找不到出路。

柒、代結語──臺灣超脫「悶經濟」的對策

　　本文從全球價值鏈、生產網絡和社會網絡三個理論視角切入，說明臺灣「悶經濟」形成的主要原因。臺灣先天上是個規模較小的經濟體，在全球化的競爭格局中，產業發展必須連結境外互補要素或搭上跨國產品供應鏈。由於地理距離鄰近、語言文化相通、市場規模龐大、軟硬體條件較佳以及成長動能旺盛，中國大陸乃是臺灣產業發展最好的鏈結對象。

　　誠然，臺商投資中國大陸，帶動中國大陸產業發展的結果，必然會促使中國大陸本土廠商跟進，臺灣廠商將會面對競爭乃至於被取代的壓力。中國大陸憑藉市場規模、人才數量和資本積累的優勢，不斷投入研發和促成創新，也使得臺商的競爭優勢逐漸喪失。全球價值的分析告訴我們，臺商的應對策略應該是透過技術提升，讓本身的產品更具競爭力，或者往產品供應鏈附加價值高的環節邁進，彰顯本身在供應鏈中的價值，鞏固本身在供應鏈的地位。而臺灣官方則應減少兩岸要素流通的障礙，協助臺商善用中國大陸的互補要素，降低生產成本或提升產品品質，甚至於推動兩岸共同進行研發，分享智慧財產權。

　　可是，臺灣官方一直抵制兩岸生產要素流通，將海峽對岸的資源活水擋在門外，使得臺灣的產業發展在由中國大陸主導的東亞生產網絡中日益邊緣化，因而跳脫不出困境。

　　當然，除了外在環境和兩岸關係之外，還有其他一些因素削弱了臺灣的經濟動能，加深了「悶經濟」的困境，例如人口結構老化、能源政策搖擺和朝野政黨惡鬥等等，都弱化或虛耗掉了臺灣經濟成長的力道。事實上，全球價值鏈的分析除了探討產品供應鏈的組合與生產網絡的分布情形之外，也探討企業經營所面對的產業生態，以及制度系絡（institutional context）的問題（分析地方、國家和國際層次上，社會經濟條件和官方的制度安排與政策措施如何影響到全球價值鏈的組合及運

行）。不過，追本溯源，權衡輕重，在各方面的影響當中，兩岸關係僵持制對於臺灣全球化布局的制約，應該列為導致臺灣「悶經濟」根本性或最重要的因素。

中國大陸學者的研究也指出（唐永紅、趙勝男，2017），21 世紀以來臺灣年均經濟成長率只有 3.5%，比起 1962 年至 2000 年期間高達 8.99% 的年均成長率，明顯地速度減緩。臺灣經濟發展減速的表層原因在於投資意願低落進而投入不足，中層原因在於自由化不足與邊緣化加劇，深層原因則在於兩岸關係僵持制約了全球化的布局。在中國大陸持續發展並成為經濟全球化中心的國際政治經濟格局下，臺灣經濟發展的根本出路在於兩岸關係正常化，經貿活動自由化，與順應兩岸、區域和全球經濟的一體化。

所以，臺灣如果想要超脫「悶經濟」的困境，根本解決之道是承認「九二共識」，打開兩岸僵局，恢復官方的協商談判，依據 ECFA 繼續推動兩岸經貿活動的自由化，讓生產要素在兩岸之間通暢往來，共同打造優勢互補的產品供應鏈，攜手賺全世界的錢。退而求其次，則是公布實施已經簽署但因太陽花學運而無法執行的《海峽兩岸服務貿易協議》，讓兩岸在服務業能形成優勢互補的組合。再退而求其次，是將目前已經在執行的《大陸地區人民來臺投資業別項目》大幅放寬，改為負面表列，並簡化中國大陸企業來臺灣投資的審議程序。

在產業發展和經濟成長的過程中，要素稟賦、比較優勢、運輸成本、乃至於交易成本，都是可以比較客觀地衡量計算的，同時，成本效益的經濟法則不會因為政治的考量或操弄而改變。不依循經濟法則辦事，就必然要付出成本效益的代價，不面對兩岸關係僵持是臺灣「悶經濟」形成的主要原因，就找不到跳脫「悶經濟」陷阱的有效對策。令人憂心的是，臺灣現在的執政當局就恰恰是以政治利益考量，乃至於操弄兩岸敵意來因應臺灣的整體發展困局，其結果必然導致臺灣的經濟情勢繼續悶下去，並在兩岸此消彼長的大勢中日益邊緣化。

註　釋

* 龐建國，美國布朗大學社會學博士，現任中國文化大學國家發展與中國大陸研究所教授。

1 「臺灣奇蹟」這個概念和相應的論述起源於1970年代中期之後外國觀察者的評析，1980年代之時，開始盛行於學術圈中，例如 Thomas Gold的著作就以「臺灣奇蹟中的國家和社會」為名，參閱 Gold, T. (1986). *The State and Society in the Taiwan Miracle*. Armonk, NY: M. E. Sharpe.一書；另外，近年來仍然有人以「臺灣奇蹟」來定性1990年代末期以前臺灣的發展成就，如 Lin, M. C. Y., Wong, P. (2016). *Recapturing the Taiwan Miracle: Diversifying the Economy Through Innovation and Collaboration*. Santa Monica, CA: Milken Institute.該份研究報告。

2 陳碧芬，2017年11月12日，〈中華徵信所：我經濟成長連三年吊車尾〉。引自中時電子報：http://www.chinatimes.com/newspapers/20171122000893-260202>。（2018年9月19日）

3 「悶經濟」一詞出自前行政院院長江宜樺。他在2013年4月16日出席中華民國工商協進會舉辦的「工商早餐會」時表示，臺灣經濟情勢長期受限於產業無法順利轉型、升級，薪資無法上調，雖然失業率不高，大約維持在4%左右，但是企業卻有缺工情況，找不到合適的人才，讓他深刻體會臺灣經濟一直處於困境無法突破，用一個字形容業界及人民心中的感受，就是「悶」。此一說法衍生出「悶經濟」一詞，並廣為媒體採用，由於此一概念並非學術上之通用語，無標準英譯名詞，本文作者認為可以翻譯為「suffocating economy」。

4 由Gary Gereffi和他的同事們所提出的全球價值鏈理論，對於全球化格局下發展中國家產業發展之道，提供了一套比較周延和細緻

的分析框架，得到聯合國所屬經濟組織的青睞，因而廣受引用。如世界銀行、世界貿易組織和國際勞工組織等機構，都運用此一理論來建立分析框架，提出研究報告，制定發展政策。例如，聯合國貿易發展會議（United Nation Conference on Trade and Development, UNTDC）2013年的《世界投資報告》（World Investment Report 2013），其副題就是「全球價值鏈：追求發展的投資和貿易」（Global Value Chains: Investment and Trade for Development）。

5　以2017年為例，兩岸之間的貿易額依臺灣海關統計，臺灣向大陸出口889.8億美元，臺灣從大陸進口500.4億美元，進出口總額1390.2億美元，臺灣享有順差389.4億美元；依大陸海關統計為臺灣向大陸出口1553.9億美元，臺灣從大陸進口439.9億美元，進出口總額1993.8億美元，臺灣享有順差1114.0億美元。由於臺灣海關的統計數字不包括和香港的轉口貿易，所以，大陸海關的統計數字更接近兩岸貿易的實況。而依臺灣海關統計，去年臺灣總體對外貿易金額為出口3172.5億美元，進口2592.7億美元，進出口總額5765.2億美元，順差579.8億美元。將這些統計數字和中國大陸海關的統計數字比較，我們可以得出的情況是，兩岸貿易占臺灣總體貿易的比例為34.6%，臺灣對大陸出口，占臺灣總體出口的49.0%，臺灣從大陸進口占臺灣總體進口的17.0%，而如果少了對大陸的順差，臺灣的對外貿易將面臨534.2億美元的逆差。有關數據取自臺灣經濟研究院編撰，2018年6月，《兩岸經濟統計月報》，302期，臺北市：行政院大陸委員會，頁2-1及頁2-35。

6　這些說法見諸當時行政院所發的新聞稿，網址為：http://www.tw.org/roc/ch1.txt。

7　有關「戒急用忍」較詳細的說明，可參閱《維基百科》中文網頁的〈戒急用忍〉條目，網址：https://zh.wikipedia.org/wiki/%E6%88

%92%E6%80%A5%E7%94%A8%E5%BF%8D。

8　行政院大陸委員會「政府大陸政策重要文件」欄目中之〈陳總統跨世紀談話〉，網址：http://www.mac.gov.tw/ct.asp?xItem=68172&ctNode=6621&mp=1。

9　陳水扁有關兩岸關係的言行，可參閱《維基語錄》的〈陳水扁〉條目，網址：https://zh.wikiquote.org/zh-tw/%E9%99%B3%E6%B0%B4%E6%89%81。

參考文獻

1. 于宗先，2006，《龍頭到龍尾——臺灣經濟何去何從？》。臺北市：五南圖書公司。

2. 臺灣經濟研究院編撰，2018年6月。《兩岸經濟統計月報》。302期，臺北市：行政院大陸委員會。

3. 行政院經濟建設委員會，1995，《發展臺灣成為亞太營運中心計畫》。臺北市：行政院經濟建設委員會。

4. 杜震華，1996，《亞太營運中心之理論與實際》。臺北市：華泰書局。

5. 吳湘寧，2012，《東亞區域合作分析——中國信息通信技術產業發展與東亞區域生產網絡變遷》。北京：北京大學出版社。

6. 李宗榮、林宗弘，2017，〈「臺灣製造」的崛起與失落：臺灣的經濟發展與經濟社會學〉，《未竟的奇蹟：轉型中的臺灣經濟與社會》。臺北市：中央研究院社會學研究所，頁2-43。

7. 林向愷，1995，〈「亞太營運中心」成功希望渺茫〉，載《經濟前瞻》。42期，頁16-23。

8. 林毅夫，2009，《解讀中國經濟》。臺北市：時報文化出版公司。

9. 唐永紅、趙勝男，2017，〈21世紀以來臺灣經濟發展減速的原因探析〉，載《臺灣研究》。2017年第5期，頁45-53。

10. 馬凱，1995，〈發展臺灣成為亞太營運中心美夢成真〉，載《經濟前瞻》。42期，頁10-15。

11. 陳添枝，1994，〈亞太區域營運中心與兩岸經貿關係〉，載《經濟前瞻》。第35號，頁53-58。

12. 喻春嬌，2014，《中國在東亞生產網絡中的分工效應研究》。北京：人民出版社。

13. Akamatsu, K. (1962). "A Historical Pattern of Economic Growth in Developing Countries" *In The Developing Economies*. Vol. 1. Issue Supplement 1. PP. 3-25.

14. Ando, M. and Kimura, F. (2003). *The Formation of International Production and Distribution Network in East Asia* (Working Paper 10167). Cambridge, MA: National Bureau of Economic Research.

15. Castells, M. (1996). *The Rise of the Network Society*. Cambridge, MA: Blackwell Publishers.

16. Dicken, P. (2003). *Global Shift: Reshaping the Global Economic Map in the 21st Century* (4th edition). London: Sage Publications.

17. Ernst, D. (2002). "Global Production Networks and the Changing Geography of Innovation Systems: Implications for Developing Countries" *In Economics of Innovation and New Technology*. Vol. 11. No. 6. PP. 497-523.

18. Fei, J. C. H., Ranis, G., Kuo, S. W. (1979). *Growth with Equity: The Taiwan Case*. New York: Oxford University Press.

19. Gereffi, G., Humphrey, H., Sturgeon, T. (2005). "The Governance of Global Value Chains" *In Review of International Political Economy*. Vol. 2. No. 1. PP.78-104.

20. Gereffi, G., Fernandez-Stark, K. (2011). *Global Value Chain Analysis: A Primer*. Durham, NC: Center on Globalization, Governance and Competitiveness, Duke University.

21. Gold, T. (1986). *The State and Society in the Taiwan Miracle*. Armonk, NY: M. E. Sharpe.

22. Granovetter, M. (1985). "Economic Action and Social Structure: The Problem of Embeddedness" *In American Journal of Sociology*. No. 91 (November). PP. 481-510.

23. Granovetter, M. (2002). "A Theoretical Agenda for Economic Sociology"

近年來臺灣「悶經濟」的形成與對策

In Guillen, M., Collins, R., England, P., Meyer, M. (Eds.), *The New Economic Sociology: Developments in an Emerging Field*. New York: Russcll Sage Foundation. PP. 35-39.

24. Henderson, J., Dicken, P., Hess, M., Cole, N., Yeung, H. W. C. (2002). "Global Production Networks and the Analysis of Economic Development" *In Review of International Political Economy*. Vol.9, No.3, PP. 436-464.

25. Krugman, P. R. (1991). *Geography and Trade*. Cambridge, MA: MIT Press.

26. Lin, M. C. Y., Wong, P. (2016). *Recapturing the Taiwan Miracle: Diversifying the Economy Through Innovation and Collaboration*. Santa Monica, CA: Milken Institute.

27. Porter, M. E. (1990). *The Competitive Advantage of Nations* (2 volumes). New York: The Free Press.

28. UNCTAD (2013). *World Investment Report 2013: Investment and Trade for Development*. New York: United Nations.

29. 中時電子報：http://www.chinatimes

30. 行政院：http://www.tw.org/roc

31. 行政院大陸委員會：http://www.mac.gov.tw

32. 維基百科：https://zh.wikipedia.org/wiki

33. 維基語錄：https://zh.wikiquote.org/zh-tw

Chapter 4

從反服貿議題看臺灣未來的外貿問題

李孔智[*]

壹、全球服務貿易的興起

貳、臺灣的服務貿易發展與對外貿易問題

參、兩岸服務貿易協議與反服貿事件

肆、反服貿議題對臺灣對外經貿的影響

伍、結論

* 中國文化大學國家發展與中國大陸研究所副教授

摘要

《海峽兩岸服務貿易協議》，是兩岸依據《海峽兩岸經濟合作架構協議》（簡稱 ECFA）第四條所簽署的服務貿易協定，2012 年舉行的兩岸兩會第八次高層會談上，雙方同意在達成關於該協議文本和市場開放項目的共識後正式簽署。2013 年 6 月 21 日，兩岸兩會在中國大陸上海市舉行第九次高層會談上簽署該協議，也向外界公布了內文與開放清單。

由於臺灣內部溝通不足、抱怨無法有效監督、市場開放實質不對等及憂慮執政黨過度向中國大陸傾斜等因素，服貿議題在立法院闖關的過程遇到激烈地阻攔，學生、民眾衝進立法院封鎖線占領立法院議場，場外開始聚集大批聲援的群眾，反對《海峽兩岸服務貿易協議》遂成為社會運動的訴求，兩岸服貿協議自此被擱置，即便民進黨 2016 年取得全面執政，兩岸服貿協議或兩岸協議監督條例都束之高閣，不曾討論，此一事件對臺灣的各項發展，特別是經貿上的發展，產生了重大的影響。

本文以為，反服貿議題對臺灣對外經貿至少有三個影響，首先是反對兩岸服務貿易協議的簽署，將無法調降服務業約當關稅，誘發陸資來臺，原來有助於分別對中國大陸及對世界的服務貿易出口；其次是反服貿不僅不利於兩岸經貿、政治等關係的進展，恐怕對臺灣融入區域經貿的可能性也大受影響；最後，反服貿同時阻卻了對臺灣最重要的貨貿協議，臺灣長期的貿易競爭力將下滑，未來對外貿易優勢將難以維持。

關鍵詞：海峽兩岸服務貿易協議、兩岸經濟合作架構協議、服務貿易、世界貿易組織。

An Analysis of the Taiwan's Foreign Trade against the Services Trade Agreement

Abstract

Cross-strait Service Trade Agreement (CSSTA) is a service trade agreement signed by the two sides on the basis of Article 4 of the Inter-Strait Economic Cooperation Framework Agreement (ECFA). In the eighth high-level talks between the two sides of the two sides of the Taiwan Strait in 2012, Taiwan and Mainland China agreed to The agreement on the text of the agreement and the market open project was formally signed. On June 21, 2013, Taiwan and Mainland China signed the agreement at the ninth high-level meeting in Shanghai, China, and also announced the internal and open list.

Due to insufficient internal communication in Taiwan, complaints that cannot be effectively supervised, unrealistic market openness, and concerns about the excessive tilt of the ruling party to the Chinese mainland, the issue of service trade has been fiercely blocked in the process of the Legislative Yuan. Students and people have rushed into the Legislative Yuan blockade. Occupy the Legislative Yuan, the masses began to gather a large number of solidarity, and the opposition to the CSSTA became the appeal of the social movement. The CSSTA has been put on hold since then, even though the DPP has achieved full governance in 2016, the CSSTA Or the supervision regulations of CSSTA have been shelved and have not been discussed. This incident has had a major impact on Taiwan's development, especially economic and trade development.

This article believes that the anti-consultation issue has at least three impacts on Taiwan's foreign trade and economic cooperation. The first is to oppose the signing of cross-strait service trade agreements. It will not be able to reduce the tariffs on service industries and induce land-based capital to come to Taiwan. And the export of services to the world; secondly, anti-service trade is not only not conducive to the progress of cross-strait economic, trade, political and other relations, I am afraid that the possibility of Taiwan's integration into regional economic and trade is also greatly affected; finally, anti-service trade also blocked Taiwan The most important cargo and trade agreement, Taiwan's long-term trade competitiveness will decline, and the future foreign trade advantage will be difficult to maintain.

Keywords: Cross-strait Service Trade Agreement (CSSTA), Economic Co-operation Framework Agreemen (ECFA), Service Trade, WTO.

壹、全球服務貿易的興起

　　服務貿易係指「一國的服務提供者在其境內或境外提供另一國服務消費者服務，以賺取報酬」。服務貿易和貨品貿易兩者最大的差別，在於貿易主體的差異性，貨品貿易的貿易主體是商品，商品是有形且可以先生產，然後透過儲存後再銷售；但服務貿易的主體則是服務，服務不單單是無形且難以儲存，更重要的是，服務提供與消費常常需要同時發生（傅中原，2018）。長久以來各國貿易多著重於貨品貿易的流通往來，因此在關稅貿易總協定〔General Agreement on Tariffs and Trade, GATT，世界貿易組織（World Trade Organization, WTO）〕的烏拉圭回合（Uruguay Round, 1986-1994）談判以前，幾乎沒有國家重視服務業貿易領域的談判，直到 1994 年服務貿易總協定（General Agreement on

Trade in Services, GATS）訂立後，優惠性貿易協定（Preferential Trade Agreement）談判才逐漸將服務貿易列爲經貿談判的重要項目。服務貿易總協定是第一個國際服務貿易的多邊規則，它的內容是一套具有法律執行效力之多邊服務貿易規範，可分爲三大部分，第一部分主要條文包括一般原則及義務，說明服務貿易原則應符合最惠國待遇，以及各會員之相關法規也應符合透明化與公平性之要求，亦即會員在本協定承諾開放之服務業市場要適用於所有會員，不得有任何限制，但是服務貿易總協定允許會員對少數部門提出最惠國待遇豁免或採取保留措施，各類豁免原則上不得超過十年，且每五年應檢討一次；第二部分爲附錄，有關個別服務業部門的特殊規定。爲使不同性質之服務適用本協定，特別以附錄方式另行規範；第三部分則爲各會員特定承諾表，因各會員之服務貿易發展程度不同，若一致要求開放各會員之服務業市場，對一國經濟自主權勢必產生重大影響，因此協定將市場開放（Market Access）及國民待遇（National Treatment）兩原則列爲特別承諾，期望透過各會員承諾與談判的方式逐漸自由化，而承諾表就是各會員載明對各類服務業在市場開放及國民待遇方面的限制或條件。

服務業現在已成爲全球經濟體系中成長最快的部門，根據中華經濟研究院的說明（WTO、RTA 中心，2018），其至少貢獻 60% 的全球產出、30% 的全球就業，以及近 20% 的全球貿易。範圍之廣泛，舉凡建築、語音郵件乃至航太運輸都涵蓋其中，不論在已開發、中等開發或開發中國家的經濟中都極爲重要。根據關稅貿易總協定在 1991 年完成的服務業分類表（W/120），分爲 12 大項服務行業和 155 項子服務行業，12 大項服務業包括：商業服務業、通訊服務業、營造及相關工程服務業、配銷服務業、教育服務業、環境服務業、金融服務業、健康及社會服務業、觀光旅遊服務業、休閒文化及運動服務業、運輸服務業，以及其他。

世界貿易組織（WTO）統計顯示，在 2006 年時，全球貿易總額僅

為 33,378 億美元，當中貨品貿易總額為 24,592 億美元，占全球總額為
73.67%；另外，服務貿易總額為 8,786 億美元，且其占比為 26.33%。
到了 2016 年，全球貿易總額已成長至 51,704 億美元，而貨品與服務貿
易額分別為 32,214 億美元與 19,490 億美元。貨品貿易額僅占全球貿易
的 62.3%，不過服務貿易之占比卻已成長至 37.7%。再從世界銀行（The
World Bank）發布的最新《世界發展指標》報告，服務貿易金額占國內
生產毛額（GDP）的比重，亞洲四小龍中的香港、新加坡及澳門所占比
重居高不下，歐盟各國從 2000 年的 14.3% 到 2017 年 24.4%，東亞與太
平洋地區從 2000 年的 8.4% 到 2017 年 10.1%，高收入國家從 2000 年的
9.1% 到 2017 年 15.2.%，小國從 2000 年的 33.5% 到 2017 年 41%，都呈
現持續成長的趨勢，可以看出服務貿易特別對高收入地區、服務業聞名
國家、小國，它的重要性與日俱增。

表 1　服務貿易金額占國內生產毛額之比重情形（%）

	2000	2008	2012	2016	2017
香港	44.3	65	66.7	53.9	53.1
澳門		82.6	96.7	81.7	
韓國	11.8	18.9	17.4	14.7	13.7
新加坡	58.8	94.1	91	103.4	103.6
東亞太平洋地區	8.4	11.1	9.8	10.4	10.1
歐盟	14.3	18.7	20.4	23.5	24.4
高收入國家	9.1	13.4	13.7	14.9	15.2
中低收入國家	9.5	9.5	8.3	8.5	8.2
小國	33.5		31.2	41	41

資料來源：世界銀行，2018，《世界發展指標》。取自 http://databank.shihang.

org/data/reports.aspx?source=2&series=BG.GSR.NFSV.GD.ZS

再從下列《臺灣服務貿易占全體貿易比重統計表》觀察，服務業貿易對臺灣的對外貿易金額與重要性，也表現出穩定增長的趨勢，全球服務貿易興起，臺灣的服務貿易相對於貨品貿易也在成長，這項發展趨勢已從歐盟、北美、日本等先進國家向其他發展中國家推展，目前全球服務業占對外貿易總值比重平均約爲 18.1%，臺灣的服務貿易占全體貿易比重較世界平均值爲低，代表臺灣服務貿易國際化之推廣，仍有許多進步與改善的空間（李淳，2009：111）。

表 2　臺灣服務貿易占全體貿易比重統計表　　單位：百萬美元

年度／類別	貨品貿易金額	服務貿易金額	對外貿易金額	服務貿易占對外貿易總值比重（%）
2003	287493	38694	326187	11.8625
2004	360462	46680	407142	11.4653
2005	388203	50594	438797	11.5302
2006	438082	51499	489581	10.519
2007	478337	56849	535186	10.6223
2008	510091	58210	568301	10.2428
2009	391567	50108	441675	11.345
2010	541750	64374	606124	10.6206
2011	611882	72538	684420	10.5985
2012	727117	87473	814590	10.7383
2013	709635	88124	797759	11.0464
2014	697732	94398	792130	11.917
2015	600665	92655	693320	13.364
2016	549291	93059	642350	14.4873
2017	618811	99008	717819	13.7929

資料來源：中華經濟研究院 WTO 及 RTA 中心，2018，《服務貿易統計資料庫》。取自 http://db2.wtocenter.org.tw/Servicesstatistics/byCountry.aspx

貳、臺灣的服務貿易發展與對外貿易問題

　　近年來臺灣的服務貿易雖然占全體貿易比重較世界平均值低，但細究服務貿易類別而言，多數都處於成長的發展情形，表 3 為臺灣 2004 年、2012 年及 2017 年對外服務各部門進出口之情形，比較的基準點 2004 年是中央銀行公開的「國際收支細表」起始點，2012 年是兩岸服務貿易協議最後確認（2013.6.21）簽署的前一年，與 2004 年比較，可以看出兩岸服務貿易協議的簽署必要性，至於 2017 年則是最近的統計結果，與 2012 年相較，可以發現因為兩岸無法簽署服務貿易協議，對臺灣服務業各部門所造成的影響。

　　首先，由表 3 的 2012 年欄與 2004 年欄觀察，無論是臺灣各部門進出口額或貿易總額，均有顯著增加，整體觀之，臺灣在各服務業部門的貿易逆差，除了「智財權使用費」、「其他事務」兩項是增加的情形外，其餘都呈現逆差減少或順差增加的情形，這使得臺灣 2012 年的貿易逆差比 2004 年減少許多，也說明臺灣的服務業優勢以及對外服務貿易的競爭力有增強趨勢；此外，就各部門所占臺灣服務貿易比重來看，可以發現「運輸」、「旅行」、「其他事務」所占服務貿易比重較大，「智財權使用費」規模稍小一些，以上均是臺灣較重要的服務業部門；另外在相隔八年的變動上，「運輸」、「保險」、「金融」的比重變小，而「旅行」、「智財權使用費」的比重增加，顯示了臺灣各服務產業在整體服務貿易重要性發生的變化。

　　其次，進一步比較從 2012 年到 2017 年的情形，發現在「保險」、「智財權使用費」、「其他事務」三個部門出現不增反退的情形，表示從 2012 年到 2017 年，臺灣服務業的競爭力下滑或是某些部門略有衰退；就各部門所占臺灣服務貿易比重來看，仍大致維持「運輸」、「旅行」、「其他事務」、「智財權使用費」三大一中的規模；「旅行」、「建築」、「金融」的進步變動幅度較大，「其他事務」的退步變化較

表3　臺灣服務貿易各部門進出口總額比較表

單位：百萬美元

服務類別/年度	出口總額			進口總額			貿易總額			貿易總額比重 %			貿易差額		
	2004	2012	2017	2004	2012	2017	2004	2012	2017	2004	2012	2017	2004	2012	2017
運輸	5,252	9,987	9,915	7,968	9,756	11,322	13,220	19,743	21,237	28.5	25.9	23.3	-2,716	231	-1,407
旅行	4,054	11,770	12,315	8,170	10,630	17,998	12,224	22,400	30,313	26.3	29.4	33.3	-4,116	1,140	-5,683
建築	152	451	1,464	558	570	1,481	710	1,021	2,945	1.5	1.3	3.2	-406	-119	-17
保險	382	384	409	1,205	1,055	1,014	1,587	1,439	1,423	3.4	1.9	1.6	-823	-671	-605
金融	1,142	1,750	2,885	884	414	1,336	2,026	2,164	4,221	4.4	2.8	4.6	258	1,336	1,549
電信、電腦與資訊	430	1,091	2,846	719	1,168	1,737	1,149	2,259	4,583	2.5	3.0	5.0	-289	-77	1,109
智財權使用費	290	932	1,698	1,677	5,681	3,761	1,967	6,613	5,459	4.2	8.7	6.0	-1,387	-4,749	-2,063
其他事務	3,891	6,385	9,040	8,261	12,944	9,715	12,152	19,329	18,755	26.2	25.3	20.6	-4,370	-6,559	-675
個人、文化與休閒服務	49	154	348	238	279	621	287	433	969	0.6	0.6	1.1	-189	-84	-273
政府服務	244	220	350	872	712	680	1,116	932	1,030	2.4	1.2	1.1	-628	-492	-330
總計	15,880	33,054	41,270	30,552	43,209	49,665	46,432	76,263	90,935	100	100	100	-14,666	-10,024	-8,395

註：表 2 與表 3 關於 2004、2012、2017 三年之服務貿易金額之誤差，據中央銀行《國際收支細表》說明有可能為金融服務是否包括間接衡量的金融中介服務（FISIM）所致。

資料來源：中央銀行，2018，《國際收支細表》。取自 https://www.cbc.gov.tw/ct.asp?xItem=2336&ctNode=538&mp=1

大，所謂「其他事務」，根據許富翔所指應為分銷、教育、商業、環境、健康社會等項目內容，表示以上涉及的服務業近年來有衰退情形（許富翔，2014：36-38）。

我國近年來對外貿易表現不如以往，2015 年出現出口貿易總值年增率為負 10.9%，2016 年持續低迷，到了 2017 年稍稍回到正年增率之路，但去年（2018）景氣步入寒冬信號再度亮起，國發會公布 2018 年 12 月景氣對策信號，結果亮出 2016 年 4 月起、累計 33 個月以來首顆「藍燈」，也是蔡英文總統就職以來景氣燈號首度閃藍燈，根據國發會對景氣對策信號各燈號的解讀意義，若對策信號亮出「綠燈」，表示當前景氣穩定、「紅燈」表示景氣熱絡、「藍燈」表示景氣低迷，顯然臺灣經濟景氣陷入惡境；又從去年 12 月臺灣的外銷訂單來看，年增率衰退百分之 10.5，也創 32 個月來最大跌幅。[1] 臺灣屬於小型而開放的經濟體，經濟主要依賴對外貿易，從亞洲各國的出口占 GDP 比重來看，臺灣大約為七成，較南韓的五成、日本的兩成、中國大陸的二成五還要高出許多，顯示臺灣經濟與其他出口國相比，受到國際貿易影響更為深遠。若進一步拆解輸出品項，其實也不難發現臺灣出口以商品為主，與南韓相似，因此當全球實質需求趨緩時，臺灣出口衰退對經濟的影響性因而較其他國家高。

全球需求轉弱的影響是臺灣外貿面對的首要問題，油價的低迷拖累許多依賴石油出口的新興國家經濟，影響全球原物料的需求，加上美元強勁，這些以美元計價的商品對新興國家而言，如同變相漲價，再壓抑了實質需求，形成惡性循環，外需疲弱拖累臺灣出口；其次是中國大陸經濟疲弱與供應鏈自主化的排擠效應，近年來中國大陸力求轉型，致力於從附加價值低的製造業代工轉為附加價值高的半導體代工或設計，臺灣出口以電子相關產品最有優勢也占大宗，中國大陸為臺灣最大出口國，當中國大陸所扶植的本土供應鏈逐漸發展成熟後，來自國外的進口零組件比重降低，短期內在世界各國需求仍疲軟之下，臺灣的出口恐怕

難以好轉。第三，產業進化與升級的經貿產業體質改善工作不夠扎實，臺灣面對外貿困境問題的根本作為，對內要不斷強化產品競爭力，政府要結合產、學、研的力量，協助業者進行創新研發，以更具創意的思維，將自身產品擴大應用到其他的產業供應鏈之中，以利於製造成本降低，進一步再組成「複合式產業鏈網絡」整合，以不同的產業結合所創造出的高科技產品對外輸出，才能維持出口競爭力。第四，對外而言，區域經濟組織的排擠效應，將是臺灣外貿能否發展的重要關鍵，亞洲地區已陸續建構區塊整合的貿易組織，對於未能加入的國家來說，將會形成許多出口貿易與經濟成長的負面影響，臺灣勢必以參與區域整合機制為觸媒，來面對日益競爭激烈的國際商業環境，無論臺灣參與哪一個多邊區域經濟整合機制，也不能忽略雙邊自由貿易協議（FTA, Free Trade Agreement）的簽署，多邊與雙邊共同推進的經貿機制，一方面可以讓臺灣經貿產業有更多的發展空間，另一方面也可以讓未來進行各項FTA談判時，有更多的籌碼與空間。

參、兩岸服務貿易協議與反服貿事件

臺灣在國民政府治理下，曾歷經幾個經濟轉型期，包括50年代的進口替代時期、60年代的出口擴張時期、70年代的第二次進口替代時期，1980年代則是經濟自由化與國際化的階段，政府逐步放寬進出口貿易，開放國外直接投資，減少外匯的限制，開放民營銀行設立，推動國營事業民營化，並且在2002年1月加入世界貿易組織，成為創造一個自由、公平經貿環境的國際成員之一。所有加入WTO的成員都可以經由雙邊或多邊的談判諮商，逐步消除產品貿易的關稅和其他障礙，彼此都能享有因為貿易障礙降低所帶來的多樣性消費與規模經濟生產，以提升該成員的經濟福利。這種經過行政部門磋商及國會包裹表決通過，授權給談判代表進行「討價還價」（bargaining）的協議，我們稱之為

「自由貿易協定」（Free Trade Agreement, FTA），通常都是以關係密切、貿易往來頻繁的各國為之，因為他們可能因為有著大量且相似的消費習慣，甚至可能地理鄰近，有著共同歷史淵源，有需要且較容易達成開放、公平與不歧視的 WTO 全球化精神，建構無障礙自由貿易的環境（王騰坤，2012：4-8）。

中國大陸與臺灣在時間很近的安排下加入了 WTO，雙方雖然互為對方的重要貿易對象，但由於歷史糾結與特別的關係使然，一直沒有建立 WTO 成員間的關係，就在中國大陸超越日本成為世界第二大經濟體，臺灣對中國大陸的高度貿易依賴下，雙方認為需要建立一個類似 FTA 的設計，但由於 FTA 已成為國際上主權國家間常見的經貿制式安排，中國大陸不可能承認臺灣的國家主權，於是有了一個新的名稱：「兩岸經濟合作架構協議」（Economic Cooperation Framework Agreement, ECFA），顧名思義，「兩岸經濟合作架構協議」是一個框架協議，主要內容在於規範協商項目的順序和時程，正如同 FTA 需要漫長的談判，ECFA 也是。2010 年 6 月 29 日第五次江陳會在重慶舉行，雙方簽署了「兩岸經濟合作架構協議」，並在 2010 年 9 月 12 日正式生效，內容涵蓋了兩岸之間主要的經濟活動，包括貨物貿易與服務貿易的市場開放、原產地規則、早期收穫計畫、貿易救濟、爭端解決、投資和經濟合作等。

「海峽兩岸服務貿易協議」是「兩岸經濟合作架構協議」（ECFA）的後續協議，雙方依據規定在生效後六個月內展開磋商。雙方業務主管部門歷經兩年餘多次協商，就協議本文服務貿易特定承諾表及服務提供者規定，充分交換意見（徐翊華，2014：21），最終於 2013 年 6 月 21 日兩岸兩會第九次江陳高層會談中，就文本及附件做確認簽署。依據協議特定承諾表，中國大陸方面開放包括電子商務等 80 項服務業，已超過 WTO 之承諾，臺灣則對中國大陸開放包括證券等 64 項服務業，其中超過 WTO 標準者 19 項，有 23 項低於我 WTO 的承諾，從開放的服

務業項目上觀察，中國大陸對我開放的項目，均大於其在 WTO 服務承諾表的開放內容，因此馬英九政府強調該協議具有「幫助人民做生意、提升臺灣競爭力」的效益，且認為該協議「向外界放送兩岸經貿繁榮發展之強力訊息，可望激勵更多國家與我洽簽經貿合作協議」（蔡宏明，2014：5）。

　　服貿協議簽署之後，立即引來各界不同的反應，政界藍營人士和民間商業人士對兩岸服務業貿易協議持正面看法，他們認為兩岸服務業貿易協議對臺灣實則有利，因中國大陸開放給臺灣的產業項目均高於世界貿易組織協議的開放程度，並且允許中國大陸的企業與企業主來臺，有助於增加臺灣的就業機會、改善臺灣勞工的勞動條件、處境以及待遇，增加臺灣服務業的良性競爭；至於允許臺灣企業登陸部署中國大陸的服務產業，則打開自由貿易的機會之窗。但政界綠營人士與部分學術界、社會團體則發出反對聲音，主要的質疑是擔憂中國大陸資金進來炒高本地房地產、臺灣香港化，大多數反對的聲音擔心中國大陸幹部及老闆進來對臺灣人做管理、即將畢業的臺灣學生認為服貿將高度增加他們未來創業的門檻、印刷出版業、物流業、倉儲業認為他們會不敵大型中資削價競爭、美髮師認為他們會只能待在中資連鎖美髮沙龍工作、媒體記者擔心他們會失業、一些聲音指稱中國大陸人會把家眷帶來臺灣長住，就像國府 1949 年遷臺一樣，嚴重增加臺灣貧富差距。學術界包括鄭秀玲、林向愷、陳吉仲、邱俊榮、陳博志等經濟領域學者表達了強烈反對，惟另有林祖嘉、林建甫、中經院、臺經院、臺綜院與金融研訓院四智庫院長等主張不應為拖延而反對。在社會團體方面，臺資企業協會、世界臺灣商會、臺灣工商團體協會，及部分政治性社團贊成簽署服貿協議，但也有殘障與老福聯盟、人權勞工婦女組織、醫藥健保監督團體等，要求立法院各在野黨團針對協議內容進行實質審查，贊成與反對的論點大致如下（汪建南，2015：17-18），論戰激烈卻難有交集，落入「信者恆信、疑者恆疑」的對立僵局。

表 4　服貿協議贊成或反對之論點簡要整理

反對服貿協議者論點	贊成服貿協議者回應
1. 中國大陸與臺灣開放基礎不對等 中國大陸以「開發中國家」身分加入 WTO，臺灣則以「已開發國家」身分加入，中國大陸對 WTO 的開放承諾明顯較我方為少，服貿協議仍沿用此不對等身分洽談，導致兩岸的開放程度不對等。	1.1 兩岸皆為 WTO 會員，按照 WTO 規範，我方 WTO 承諾原即應對中方一體適用。 1.2 因兩岸關係特殊，我方並未如此處理，導致仍有許多我方 WTO 承諾並未對中方開放，故產生我方 WTO 承諾重複列入服貿協議之現象。
2. 中國大陸開放配合其經濟規劃，不利臺灣 服貿協議配合中國大陸「十二五」規劃之海西經濟區計畫，限縮大部分臺灣投資於福建省，且開放吸引臺灣高級技術人才。譬如臺灣開放「跨境服務」有 47 項，中國大陸開放給臺灣僅 17 項，且中國大陸商業據點不開放給分公司，故我們資金和人都要過去。又中國大陸開放臺資設立醫院，掏空臺灣醫療產業	2.1 將服務業開放轉換為關稅的概念，中國大陸給臺灣的約當關稅從協議前之 19.4%，降為協議後之 10.7%，臺灣給中國大陸之約當關稅則從 23.4% 降為 20.5%。 2.1 在中國大陸「商業據點設立」亦可帶動臺灣大量商機，如電子商務平臺可引入大量臺灣商品。 2.3 待遇低使臺灣醫護人員早已外流鄰國，中國大陸當地條件欠缺誘因且多限制。
3. 服貿協議是黑箱作業 行政部門未與業者充分溝通，立法院長和委員們事前均不知情。	3.1 服貿協議是依據立法院審議通過的 ECFA 第 4 條授權展開之協商，過程中政府雖有保密考量，亦已就 46 種服務業徵詢 264 位公協會及業界代表達 110 次。 3.2 在協議簽署前，行政部門除拜會朝野立委外，亦向立法院進行過 3 次專案報告（其中 1 次以祕密會議方式進行，以提供更多詳細內容），並非黑箱作業。
4. 服貿協議將剝奪工作機會，並引進移民 民調顯示多數民眾擔心工作受服貿協議影響。中企投資臺灣，隨投資金額增加，最高可申請內部調動 7 人 (負責人、高級經理人及專家) 來臺，有許多漏洞可鑽，將成變相移民管道。	4.1 根據服貿協議 3 條 3 款，我國並未開放中國大陸勞工來臺，也沒有開放移民。 4.2 中資來臺投資例如美容美髮或洗衣業，必須僱用本地勞工，可提供國內從業人員更好的就業機會。 4.3「負責人」、「高級經理人」及「專

續表 4

反對服貿協議者論點	贊成服貿協議者回應
	家」有明確定義，且須被其他 WTO 會員法人僱用滿一年者，不會成移民管道。
5. 雙方開放印刷及廣告業不對等且有政治顧慮 我方完全開放印刷業及廣告服務市場給中國大陸，但中國大陸的廣告服務業卻完全不開放給臺灣。開放中資投資印刷業，恐將造成中資企業以拒印書籍方式來影響作者對中方的態度。	5.1 我方僅開放中資來臺合資並持股不超過 50%，且有「嚴審五原則」把關。 5.2 ECFA 服務貿易特定承諾表中，我方並未開放廣播及電視廣告業。 5.3 中方已在 WTO 開放外資獨資經營廣告業，故於 ECFA 中不另對我方做承諾。 5.4 印刷業者眾多，作者可選擇願意配合印刷書籍的業者合作即可。
6. 公共工程開放使國安門戶大開 服貿協議開放「營造及相關工程服務業」，政府連基礎設施都開放，例如水庫、碼頭等，可能被中資控制。而且中資只要參與工程就可取得相關資訊，瞭解設計標準、安全係數等，影響國家安全及經濟運作	6.1 營造方面中資持股比例限制不超過 12%，且不具控制力。 6.2 服貿協議明文規定不適用於公共採購，現行已開放項目也限制不得承攬。 6.3 依據「大陸地區人民來臺投資許可辦法」，大陸投資人之申請案件有影響國家安全情事者，得禁止其投資。
7. 開放第二類電信，存在國安疑慮 NCC 聲稱開放的第二類電信 3 項特殊業務為封閉型網路，只有特定用戶使用，資安疑慮低。但網路都可相連，中資可進入敏感度高的電腦機房，獲得機敏資料。中資也可自己蓋機房進行數據交換業務，掌握內外部客戶通信內容。	7.1 三項第二類電信閉網業務不觸及核心網路，且網際網路無遠弗屆，若中方真要入侵網路，來臺灣反被監控。 7.2 網際協議（IP）的一個特性是到達終端網址路徑的任意性，這使得截取敏感資訊十分困難。 7.3 即使是服務的客戶，可進入其電腦機房，但一般政府機關及企業對機敏資料都會加密，難以破解。 7.4 即使中資加蓋機房，如市占率不高，資/國安問題也不大。
8. 香港簽 CEPA 導致更依賴中國大陸、房價大漲與貧富差距擴大，可為服貿殷鑑 香港於 2003 年與中國大陸簽訂「內地	8.1 經濟依存度過高確實不好，但競逐中國大陸市場是各國趨勢，也是企業追求商機的結果。對此有待提出更好的經濟對策，而非不簽 CEPA 或服貿協

續表 4

反對服貿協議者論點	贊成服貿協議者回應
與香港關於建立更緊密經貿關係的安排」（CEPA）後，香港對中國大陸服務出口占比由 23.7% 一路攀升至 33.1%，對中國大陸依存度提高。此外，近年來收入最高 20% 家庭所得為最低 20% 家庭所得之 20.7 倍，房價所得比也達到 14.9 倍，顯示所得分配差距大，而買房負擔沉重。貧富差距擴大的原因是 CEPA 使有能力的大企業可以前進中國大陸，賺更多錢；無法移動的中小企業，只會面對來自中國大陸企業的競爭。此外，中國大陸便宜基層勞工進入香港，衝擊香港本地勞工的薪資與就業機會。又中資炒作是高房價主因。	議可以解決。 8.2 香港簽 CEPA 前，房價就已大漲四波，投資環境的長期自由化，才是使香港房價居高不下的主因。且如房地產有投資價值，全世界投資者都會來買，不止中國大陸人。 8.3 我國開放中資來臺購買不動產有「五四三」法規門檻：貸款不超過五成，在臺停留不超過四個月，三年不能買賣。 8.4 貧富差距擴大是全球化結果之一，不會只因 CEPA 或服貿協議變得明顯。 8.5 臺灣未開放中國大陸勞工來臺。

資料來源：汪建南，2015，〈區域整合及服貿協議的挑戰與因應策略〉。取自中央銀行全球資訊網：《國際金融參考資料》，第 68 輯，頁 17-18。

　　由於國內溝通不足、無法有效監督、市場開放實質不對等及憂慮執政黨過度向中國大陸傾斜等因素（蔡宏明，2014：6-8），服貿協議在立法院闖關的過程遇到激烈的阻攔，在野黨、部分學術團體與社團組織對此表達了相當激烈的堅持，壓力之下，執政黨不敢全案包裹表決，直到 2014 年 3 月 17 日，立法院內政委員會等 8 個常設委員會聯席審查會中，發生了數波推擠衝突，現場一片混亂中，主席張慶忠宣布服貿協議完成審查，送院會存查。隔日在野黨團要求重新審查服貿協議，阻止院會進行，反對的大學生與民間團體晚間在立法院外舉辦「守護民主之夜」晚會，抗議國民黨將服貿協議送院會存查，抗議的學生、民眾晚間衝進立法院封鎖線占領立法院議場，場外開始聚集大批聲援的學生與民

眾，反對《海峽兩岸服務貿易協議》成為社會運動的主題（又稱 318 學運），學生要求退回兩岸服貿協議審議、建立兩岸協議監督機制、召開公民憲政會議，兩岸服貿協議自此被擱置，即便民進黨 2016 年取得全面執政優勢，兩岸服貿協議或兩岸協議監督條例都束之高閣，不曾討論，此一事件對臺灣的各項發展，特別是幾十年來經濟上最大支柱的經貿發展，產生了重大的影響。

肆、反服貿議題對臺灣對外經貿的影響

一、反服貿對臺灣經濟發展影響評估

　　中華經濟研究院在 2013 年提出的《兩岸服務貿易協議經濟影評估報告》，係利用國際間評估自由化效益常用之「多國貿易分析專題」（Global Trade Analysis Project, GTAP Model）最新版資料庫，另透過計量分析上常用的「引力模型」（Gravity Model）作為分析工具，針對兩岸服務貿易協議簽署後之實際開放程度，對我國總體經濟及服務產業之影響，進行效益評估分析。所謂實際開放程度，就是要知道服務貿易的貿易障礙數據，可稱之為「約當關稅」（Tariff Equivalent），何謂「約當關稅」？簡單來說，一般貨品貿易可以課關稅，一部機器 100 萬臺幣，加上關稅 10 萬，很容易理解；但服務貿易沒有關稅可徵，貨物貿易的壁壘來自關稅，而服務貿易的壁壘則是無形的制度與規定，於是把這些無形的制度與規定造成的服務貿易影響，換算成一個效果相當的金額，就叫約當關稅，以便用經濟模型估算，可以據此理解「約當關稅」是反映服務貿易真實情況的一種合理評估。

　　經公式計算後，臺灣與中國大陸之服務業在協議生效前之約當關稅，詳見下表「協議前」欄位，至於臺灣與中國大陸之服務業在協議生效後之約當關稅，可見下表「協議後」欄位。中國大陸對臺灣約當

表5　兩岸服務業部門約當關稅

產業別	中國大陸對臺灣約當關稅		臺灣對中國大陸約當關稅	
	協議前	協議後	協議前	協議後
營造工程	32.41%	23.86%	36.04%	32.56%
商品買賣	38.54%	7.71%	45.13%	40.19%
運輸業倉儲	20.20%	4.04%	22.00%	19.58%
水上運輸	22.79%	19.29%	24.37%	22.24%
空中運輸	18.82%	11.03%	26.30%	22.55%
通訊服務	9.47%	3.20%	12.34%	9.51%
金融服務	11.12%	7.02%	14.60%	14.11%
保險	24.79%	24.21%	30.45%	29.74%
工商服務	9.47%	4.39%	12.55%	9.57%
娛樂及其他服務	13.62%	3.92%	17.93%	13.26%
公共行政、教育醫療及其他	12.46%	9.14%	16.25%	13.22%

資料來源：中華經濟研究院，2013，《兩岸服務貿易協議經濟影評估報告》，
經濟部委託之專題研究成果報告。臺北市：經濟部。

關稅在協議簽署後全面呈現下降情形，其中商品買賣由 38.54% 降至 7.71%，運輸業倉儲由 20.20% 降至 4.04%，幅度最為驚人，其次是娛樂及其他服務由 13.62% 降為 3.92%，營造工程 32.41% 降到 23.86%，降幅也不算小。臺灣對中國大陸約當關稅在協議簽署後，降幅均不超過 4%，小於中國大陸對臺灣的「約當關稅」降幅甚多，由於我國對中國大陸服務業在服貿協議簽署前仍有許多限制，並未給予正常化待遇，因此相較之下，現行我國對中國大陸的服務業約當關稅，均高於我國對其他主要貿易國之約當關稅，且臺灣對中國大陸簽署後的約當關稅仍明顯高於中國大陸對臺灣，由協議後的兩欄稅率數字即可得知。

　　中經院進一步分析，兩岸服務貿易協議的簽署，除了可調降服務業約當關稅，並將誘發中資來臺，估計我國總體實質 GDP 將可增加 9,700

萬至 1.34 億美元，增加率介於 0.025～0.034% 之間。對兩岸服務業的
進出口貿易之影響部分，估計臺灣服務業出口到中國大陸的出口值成長
約 4.02 億美元（37.2%）。相對而言，自中國大陸的服務業進口值增加
約 9,200 萬美元（9.08%），顯示對我國服務業出口幫助較大，進口影
響相對有限。至於臺灣對外之服務業總出口部分，可增加約 3.78 億美
元（1.61%），顯示兩岸服務貿易協議，有助於提升我國服務業之總出
口。而在總進口方面，則因我國對中方開放幅度不大，進口成長幅度相
對較小，總進口約增加 6,100 至 6,300 萬美元之間（0.30%）。

　　此外，兩岸服務貿易協議對我國服務業總產值具正向成長效益，可
增加約 3.9 億至 4.28 億美元，成長幅度介於 0.10 至 0.11% 之間。其中
以變化程度來看，空中運輸服務業發展成長幅度變化最大，其次是運輸
倉儲業，而商品買賣業的產值則是成長最多，簡言之，兩岸服務貿易協
議對臺灣各種服務產業皆具正向效果。

　　儘管可以看到服貿協議簽署後有利於兩岸，且我方獲利又大於中國
大陸，但還是有許多學者表達了不同意見，林祖嘉（2013）認為，中華
經濟研究院對於兩岸簽署服貿協議進行的效益評估，明顯是被低估了，
因為採用 2007 年當基期的估計方法，無法反映現實服務貿易的熱絡，
更何況 2007 年之前的兩岸關係呈現停滯狀態，與 2008 年起快速發展是
天壤之別，用 2007 年的資料當然無法準確估算效益。林建甫（2013）
也發文表示，兩岸服貿協議對臺灣 GDP 貢獻為增加 1.34 億美元（萬
分之三左右），對中國大陸服務貿易出口將可增長 4 億美元，成長率
37%。服務業總產值亦可增加近 4 億美元，就業機會增加近一萬兩千
人，其效益是嚴重低估了，他進一步指出中經院所使用的估計方法，須
先假定社會上是充分就業，當服務業成長後，將會排擠到其他行業，造
成被排擠行業的產值下降，才會得到總體效益僅一億多美元的結果，服
貿協議對臺灣服務業是大商機，也是當前悶經濟的轉機。

　　相對於多位學者專家認為中經院的報告有低估兩岸服貿協議簽署後

對臺灣的 GDP 實質增長，也有學者表示了不同看法，林宗弘（2014）雖然也認為中經院的報告所使用的模擬模型是國際貿易研究裡的重要經驗研究來源，也同樣清楚這個 GTAP8.1 版有一些先天的資訊限制，包括其數據的最後一年為 2006 年，從 2007 年開始就有重大缺損（missing）；雖說該模型有一些重大的經濟學假設值得顧慮，但卻又說 GTAP 模型還是獲得應用經濟學界普遍的肯定；還提及該數據庫不包含臺灣的資料，因此臺灣的數據都是中經院自行輸入的，此外，也提到對臺灣或中國大陸服務部門的進口需求，是以 GDP 與人均 GDP 以及兩國的距離來估算的，這個方程式裡沒有任何與服務業直接相關的參數，而中國大陸與臺灣的距離如何計算也不清楚，歸納言之，他質疑該模型是以全球貿易數據作為參數，來估計中國大陸對臺灣服務業各業別的影響，而不是用臺灣各業別的時間序列數據來估計其影響，由於全球數據庫中的模擬參數並不包括臺灣，後者與前者的統計關係相當淺薄，因此認為中國大陸與臺灣之間的服務業進口需求及中國大陸流入臺灣服務業的投資，很可能有嚴重高估之嫌。

面對兩方的不同角度觀察，筆者以為，任何模擬模型都有其力有未逮的部分缺失，中經院這次使用的普渡大學的 GTAP8.1 版資料庫與「引力模型」分析工具，大概是目前學界對全球貿易分析常見且普遍使用的評估方法，這個方法所計算出的結果是否具穩健性（robustness），關鍵在於必須輸入相關國家地區生產、消費、政府支出等眾多實證變數，在輸入重要的變數資料後，折算出各項參係數，再以量化數據描繪各國貿易關係。惟中經院這份評估報告僅包含 GDP、每人 GDP 與距離，缺少其他重要變數，且由於此一研究方法屬「比較靜態分析法」，因此模擬結果並未納入政府、產業針對相關影響所採取的因應措施等效果，因此中經院的報告結論中，文字的呈現都是使用「推估」，譬如：報告中強調：「為推估兩岸服務貿易協議生效後，⋯⋯必須藉由其他既存之資訊，作為比對評估之基礎」。且也在報告內文中說明：「受限於 GTAP

原始資料庫並不包含各項服務業之貿易障礙量化數據」等分析困境，所以林宗弘的角度以為這樣的註解說明不夠，「可能成為估計時的重大問題，在報告中則經常以不起眼的註腳來處理」，認為該報告有誤導國人之嫌。林宗弘所言的確是此一分析報告無可避免的問題，服貿協議簽署後是否有利於臺灣，顯然還需要更多的證據，最客觀的做法是擴大檢索研究的範圍，此有待進一步深入研究。至於服貿協議在立法院擱置至今，兩岸服務貿易的互動是否就如一池死水？作者試以 2013 年 6 月 21 日兩岸兩會第九次江陳高層會談中所確認簽署的《海峽兩岸服務貿易協議》內容為基礎，比較中國大陸去年（2018）2 月 28 日推出的《關於促進兩岸經濟文化交流合作的若干措施》（亦有簡稱「對臺 31 條措施」）的異同。

依據《海峽兩岸服務貿易協議》及其附件一「服務貿易特定承諾表」，中國大陸方面開放包括電子商務、文創、運輸、金融、醫療、電信及觀光旅遊等 80 項服務業，已超過 WTO 之承諾；臺灣則對中國大陸開放包括證券、金融、醫療、電信等 64 項服務業，其中超過 WTO 標準者 19 項，有 23 項低於我 WTO 的承諾，從開放的服務業項目上觀察，中國大陸對我開放的項目，均大於其在 WTO 服務承諾表的開放內容，雖然持「兩岸皆獲利，而臺灣獲利更多」的看法者較多，但因反對服貿協議成為當時社會運動的訴求（又稱 318 學運），兩岸官方同意的服貿協議無限期中止，但兩岸民間服務貿易的交流卻仍持續進行中。2018 年 2 月底，中國大陸國臺辦等多部委公布了 31 條《關於促進兩岸經濟文化交流合作的若干措施》，內容涵蓋金融、就業、教育、醫療、影視等多個領域，其中細節包括臺灣人士參與中國大陸廣播電視節目和電影、電視劇製作；醫師可在中國大陸申請執業註冊；證券、期貨、基金從業人員無須再參加專業知識考試；臺資銀行可與中國大陸同業協作等，這些與服貿協議附件「服務貿易特定承諾表」規範的視聽服務電影或錄像帶製作服務、健康相關的服務和社會服務、娛樂、文化和體

育服務、保險及其相關服務、銀行及其他金融服務、證券、期貨及其相關服務，不只是相關而已，嚴格說根本就是要落實服貿協議未能實施的內容，所以雖然《海峽兩岸服務貿易協議》未能獲得臺灣官方同意具體實施，但北京公布「對臺 31 條措施」等多種單方面政策，似乎在對臺灣服務產業、專業服務人員等民間部門召喚，中國大陸大陸仍試圖履行《海峽兩岸服務貿易協議》，且服務提供模式有四種：(1) 跨境提供服務；(2) 境外消費；(3) 商業據點存在；(4) 自然人呈現，一般多對後兩種模式抱持戒心與防範，但細讀中國大陸的承諾內容，展現極大程度地對臺灣開放，以此觀之，臺灣與中國大陸在服務貿易的計算上，至少現階段是獲利無疑的。

二、反服貿對臺灣融入區域經貿的可能影響

2014 年的反服貿議題導致「318 學運」事件，除了前述單單就兩岸服貿協議無法生效實施對臺灣經貿產生的損失外，更嚴重的憂慮應該是會不會因為反服貿，進而影響我國家加入區域整合的問題？如果答案是會影響，那麼對臺灣經貿的影響程度又是如何？

「服貿協議」是完整 ECFA 不可或缺的一部分，再加上「早期收穫清單」、「投資保障協議」、「爭端解決機制」與「貨品貿易協議」等五個部分，才能藉由類 FTA，即 ECFA 的完成實施，與中國大陸建立正常的經濟貿易關係，兩岸除了可在一定時程內逐步取消所有的關稅與貿易障礙、加強服務貿易自由化、建立開放和競爭的投資機制、便利和促進兩岸投資、建立爭端解決機制外，甚至可以協商形成貨物和生產要素的自由流動，這便是一種小型或微型的區域經濟整合，因此，與中國大陸經貿關係，將牽涉能否與其他國家簽訂自由貿易協定，比方說跨太平洋夥伴協定（TPP）、區域全面經濟夥伴協定（RCEP），或是與東南亞國家聯盟的相關的自由貿易市場（黃詠梅、孫鴻業，2014：42），為了避免臺灣在世界或亞洲因為中國大陸的緣故而遭受邊緣化風險，兩

岸服務貿議協定勢在必行。眾所周知臺灣想融入區域經濟，最大關鍵是受制於政治面因素，以 RCEP 為例，中國大陸是其中核心成員有絕對影響力，沒有過了服貿協議、ECFA 這一關，要進入 RCEP 的可能性幾乎為零；至於 TPP，一方面原發起國與重要成員國美國，在川普（Donald Trump）總統的否定下退出了這一組織，臺灣頓失最有可能且較可觀的支持力量，[2] 另方面中國大陸有著足夠影響其他 TPP 成員國杯葛臺灣加入的力量，當然也有一種可能，中國大陸是否最終參與 TPP 還在未定，一旦參加，情節就如同 RCEP，進入的鑰匙仍握在中國大陸手上。所以服貿協議就是臺灣貿易自由化進程中，同時走向中國大陸與世界的雙軌戰略的實踐步驟，也是各國觀察臺灣政府是否有決心及能力推動貿易自由化的指標（汪建南，2015：15-16），如果能直接走向世界當然很好，相信沒臺灣人會反對，但現實的國際政治告訴我們，不想過度依賴中國大陸的方法，最好的方法是與中國大陸存在著某一程度的默契或合作，這有些弔詭卻是事實，不只政治關係，兩岸經貿關係亦然。

學者專家對此亦有兩面看法，林祖嘉（2013）認為，兩岸經貿自由化當然很重要，而更重要的是臺灣必須加速融入亞太區域經濟整合，兩岸簽署 ECFA 與服貿協議只是其中很重要的一步；未來才更容易與其他國家洽簽 FTA，而與紐西蘭簽署 FTA 就是一個最好的例子。也就是說，未來臺灣自由化的腳步絕對不能停下來，因為唯有勇敢的走出去面對挑戰，臺灣才有可能在世界的舞臺上找到屬於自己的空間。童振源則表示了不同意見，他提出數據說明 ECFA 已生效兩年，但正面效應只局限在早期收穫清單的自由化效應，其他諸如臺灣對中國大陸的出口競爭力、出口成長率、出口比重，連吸引外資的效益也不明顯。甚至在 ECFA 簽訂後已滿兩年，仍沒有任何一個東亞國家與臺灣簽署 FTA，就算洽談中的新加坡、紐西蘭最後簽署了，這兩國與臺灣的貿易，僅占臺灣對外貿易總額的 3.6% 與 0.2%，對臺灣要成為東亞經濟平臺的幫助有限，他對馬政府冀望 ECFA 能打開臺灣參與東亞經濟體制的大門，認為是過度預

期。

　　筆者以為，童振源（2013：160-170）提出的數據沒有錯誤，觀察到的現象也是事實，ECFA 簽訂後的初期表現的確不夠亮眼，一方面「即便簽署了 FTA，我們也發現它所帶來的效果並非那麼的即時，對整體的貿易情勢而言，FTA 仍需要一段緩衝期才能發揮作用……因此一些政府的配套及廠商的反應都需要耗費時間來配合，最終才能達到貿易量提升的效果」（王霖軒，2013：55）。另方面還是回到完整 ECFA 的歷程，雖然 2013 年 6 月 21 日已進行簽署，但 ECFA 僅是個框架協議，其中的早期收穫清單、投資保障協議、服務貿易、爭端解決機制及貨品貿易等五個部分是要進一步協商細節然後實施的，在還沒有全部完成協商簽署實施前，ECFA 其實還不算完整落實，既然尚未落實，尤其是服務貿易、爭端解決機制、貨品貿易等 ECFA 核心內容連談判都還未完成，甚至還未開始談判，此時對 ECFA 成效的評論太早也不夠客觀。

　　根據 Balassa（1989：109-130）、王霖軒（2013：10）對於 FTA 的相關研究，一般認為簽訂 FTA 將會產生以下的效果：

　　（一）貿易創造效果（trade creation effect）：在經濟整合並相互免除關稅後，成本較高之會員國的國內生產被成本較低之其他會員國的進口品所取代的現象。

　　（二）貿易移轉效果（trade diversion effect）：在經濟整合並相互免除關稅後，來自成本較低之非會員國的進口品被成本較高之其他會員國的進口品所取代的現象。

　　（三）市場擴張效果（market-expansion effect）：市場擴張效果是指隨著貿易規模的擴大，將產生生產和流通的規模效益，並帶來產業集聚效果，很可能造成廠商在生產區位選擇上的改變。

　　（四）促進競爭效果（procompetitive effect）：打破各國原來受保護的市場，提高市場透明度，進而改善區域內的資源配置效率，讓競爭的廠商增加，減少非完全競爭市場的廠商，提高生產效率。

參照比對前政大教授周宜魁（1998：182）對區域經濟整合產生福利效果的看法，除了部分與上述相同者外，應該還有有效運用資源以降低生產成本的「外部經濟效果」、有助技術創新與開發之「技術進步效果」，及提供穩定與透明政策有利貿易進行之「降低不確定性效果」。另外，有學者提及商品運輸中與距離有關的移動成本與時間成本，可能會抵銷 FTA 降低關稅的「貿易創造效果」，也有學者提及語言及文化背景的差異，可能會影響商品資訊的取得，總而言之，加入區域經濟的總效果，須視各個國家的條件與情況個別認定，但目前可以確定的研究成果是，區域貿易協定對區域外未能加入的非成員，確實有排擠或移轉的衝擊，其負面影響存在，程度須視該國經貿發展程度、產業結構以及與區域內各國貿易關係而定（徐世勳、蔡名書，2002：35），臺灣因為政治因素反對服貿協議而擱置至今，所造成的直接影響最起碼是前述微幅的臺灣實質 GDP 與服務貿易進出口額無法達成；間接影響則是因為反服貿而喪失了與中國大陸及其他國家正常經貿往來的機會，衡諸多個 FTA 區域經濟整合效果，對於同文同種相鄰近的中國大陸與相對距離較近的東亞各經濟體，臺灣沒有合作或融入就是一種巨大的損失。

三、反服貿阻卻了最重要的貨物貿易協議，臺灣對外貿易優勢堪慮

簽署服務貿易協議對臺灣具有三大意義：（一）協助業者進軍大陸市場。（二）促進融入區域經濟之整合。（三）有助推動貨品貿易協議完成協商（黃智輝，2014：45）。可見貨品貿易與服務貿易兩者的簽署息息相關，甚至有學者如管中閔（2016）認為：「臺灣的產業中以製造業為主，會希望我們跟大陸取得更多優惠，所以貨貿自然是大家最重視的，相對而言大家根本不重視服貿，……重心其實在貨貿，大陸很多產業在崛起，臺灣希望搶占先機，貨貿的攻防比較重，貨貿對我們這種長期以出口為經濟動力的國家，整體一定是我們占便宜」。

　　貨品貿易協議是 ECFA 其中的一個重要內容，預計在服務貿易協議實施後展開的後續談判，洽簽的目在於要求中國大陸排除障礙，協助臺商做生意，排除遭遇的經營障礙，積極布局中國大陸。早自 2011 年 2 月 22 日 ECFA 兩岸經濟合作委員會（簡稱經合會）第 1 次例會啓動兩岸貨品貿易協議協商以來，截至 2015 年 11 月止，雙方其實已舉行了 12 次協商，但 2016 年民進黨執政後，協商就中斷。

　　貨品貿易協議是兩岸約定削減彼此進口關稅的協議，將直接影響雙方廠商出口到對方市場所需負擔的關稅成本，及相對於其他競爭對手的出口競爭力。由表 5 可知，兩岸之間的貿易額持續增加，每年臺灣自中國大陸的出超已高達近 400 億美元，是臺灣對全世界貿易順超的一半還

表 6　兩岸經濟交流統計

	2004	2007	2010	2013	2016	2017
兩岸貿易（億美元）						
總額	616.4	1023.0	1207.8	1243.8	1179.0	1390.4
對中國大陸出口	449.6	742.8	848.3	817.9	739.0	890.0
自中國大陸進口	166.8	280.2	359.5	425.9	440.0	500.5
出(入)超	282.8	462.6	488.8	392.0	299.0	389.5
企業赴中國大陸投資						
投資件數	2004	996	518	440	252	484
投資金額（億美元）	69.4	99.7	122.3	86.8	91.8	87.4
參考數據：中國大陸方面發布統計						
投資項目(個)數	2992	3299	3072	2017	3517	3464
實際利用金額（億美元）	26.2	17.1	24.8	20.9	19.6	17.7
兩岸人員往來（萬人）						
赴中國大陸旅遊人數	339.22	462.79	514..60	516.25	573.00	587.00
中國大陸人民來臺人數	13.02	32.02	155.01	284.86	347.30	269.60

資料來源：大陸委員會，2018，《兩岸經濟交流統計速報》。取自 https://www.mac.gov.tw/News.aspx?n=050986896173B482&sms=0B3EFBF9259DFAA8

多，但面對全球競爭的衝擊，臺灣的對外投資及外國人來臺投資，目前
都到了一個極待突破的瓶頸，若能及早完成貨貿協議簽訂實施，才能因
為關稅調降而降低生產成本，提升出口競爭優勢，如果從中國大陸進口
消費產品，也會因為關稅調降，可以降低市場售價，提供臺灣的消費者
更多選擇。但現在的情況是貨貿協議跟著服貿協議擱置多時，以我們的
出口競爭主要對手韓國為例，早已與美國、歐盟、東協、中國大陸簽署
了 FTA，代表著韓國非零關稅產品在美國、歐盟、東協、中國大陸等市
場的年平均出口金額及市占率會領先臺灣越來越多，過去我們所累積的
經貿優勢，恐怕就逐年吃老本般地一點一滴相對衰退。

伍、結論

　　隨著產業結構的轉變，全球化時代來臨的產業分工興起，傳統以
生產與製造為核心的經貿架構，因為服務業所能創造的高附加價值，而
逐漸被取代。已開發國家無不重視服務業貿易，並為其量身打造適宜的
發展環境，發展中國家也摩拳擦掌，開始出現以服務業為核心的發展趨
勢，兩者共同的地方是，產業結構出現重大的調整，原來的農業、製造
業比重不斷下降，貢獻度也隨之降低，服務業則是不斷攀升，成為了
當代經濟實力的評量指標，2016 年全球貿易總額已成長至 51,704 億美
元，而貨品與服務貿易額分別為 32,214 億美元與 19,490 億美元。貨品
貿易額僅占全球貿易 62.3%，不過服務貿易之占比卻已成長至 37.7%。
臺灣的服務業貿易成長與國際同步接軌，2007 年服務業已占臺灣國內
生產總值 GDP 的 65.59%，2012 年為 65.58%，2017 年則是 62.87%，[3]
已相對穩定，變化不大，就業人口部分在 2007 年就超過 57.9%，當全
球服務貿易興起之刻，臺灣的服務貿易累積了相當的基礎與經驗，未來
與北美、歐盟、日本、澳紐等服務業大國的服務貿易往來，仍有很大的
成長空間，可以為臺灣的總體對外貿易發展爭取更好的成績。

　　兩岸同在 WTO 架構下，經過八年多卻沒有致力於經貿關係的進一步改善，藉由「兩岸經濟合作架構協議」（Cross-Straits Economic Co-operation Framework Agreement），強化兩岸服務貿易之互動，遂成為一項關鍵的機會與突破，兩岸服務貿易協議正是為兩岸經貿開啟新的格局，有效促進兩岸服務業貿易交流與相互投資，減少兩岸之間服務貿易的限制，可以直接擴大市場，輸出臺灣創新精緻的服務產業，使臺商可以較好的條件進入中國大陸市場，掌握優勢，創造經濟規模。這樁美事可惜由於國內溝通不足、無法有效監督、市場開放實質不對等及憂慮執政黨過度向中國大陸傾斜等因素，服貿協議的審查在立法院闖關，遇到激烈地阻攔，大批學生與民眾衝進立法院封鎖線，占領立法院議場，反對《海峽兩岸服務貿易協議》成為 2014 年臺灣的社會運動主題，兩岸服貿協議自此被擱置，即便民進黨 2016 年取得全面執政優勢，兩岸服貿協議或兩岸協議監督條例都束之高閣，不曾討論，此一事件對臺灣的各項發展，特別是幾十年來臺灣經濟最大支柱的對外貿易，產生了重大的影響。單就比較 2012 年與 2017 年的臺灣服務業貿易發展情形，發現在「保險」、「智財權使用費」、「其他事務」三個部門貿易額出現不增反退的情形，表示從 2012 年到 2017 年臺灣服務業的競爭力下滑或是某些部門略有衰退；再就各部門所占臺灣服務貿易比重來看，特別服務業中的其他服務，包括：分銷、教育、商業、環境、健康社會等項目內容，以上涉及的服務內容近年來有衰退情形。

　　至於反服貿議題對臺灣對外經貿的影響，可以從三個角度分析，第一是反對兩岸服務貿易協議的簽署，將無法調降服務業約當關稅，誘發中資來臺，原來有助於分別對中國大陸及對世界的服務貿易出口，儘管估算後只是幅度不大的順差利益，但一旦拒絕服貿後，這些微幅利益也沒了。第二是反服貿不僅不利於兩岸經貿、政治等關係的進展，恐怕對臺灣融入區域經貿的可能性也大受影響，這不單單指中國大陸居主導地位的 RCEP，就連 TPP 中國大陸也有相當影響動員力量，更重要的是，

這些區域經濟成員國看到臺灣對於貿易全球化、經濟自由化的決心不足，恐怕很難支持臺灣加入其中，臺灣若被排拒在區域經濟體之外所損失的利益，更是巨大難以估計。第三，反服貿同時阻卻了對臺灣最重要的貨貿協議，臺灣長期的貿易競爭力下滑，未來對外貿易優勢很難保持下去。

　　服務業貿易是臺灣明顯領先中國大陸的區塊，所以服務貿議是兩岸經濟合作制度化的重要體驗，以此幫助臺商有效開拓中國大陸市場，有效管控中國大陸對臺灣的投資，然後移轉經驗複製到世界各地，從服務業貿易再到貨品貿易，為臺灣創造更大的利益。可惜因為臺灣內部意識形態作祟與政治凌駕一切的非理性對抗，我們沒有太多理性討論的集思廣益，一瞬間的拒絕就失去了最好的發展契機，現在回頭看當時，那樣的衝撞與決定，對臺灣真是重大的傷害，短期勢必難以修復。

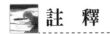

註　釋

* 李孔智，中國文化大學國家發展與中國大陸研究所副教授，專長為兩岸關係、國際關係、政治經濟學、孫中山研究。

1 可參見經濟部統計處之「統計指標簡易查詢」。https://dmz26.moea.gov.tw/GMWeb/common/CommonQuery.aspx

2 2017年1月23日，美國總統唐納·川普簽署行政命令，美國正式退出「跨太平洋夥伴協定」（TPP），同年11月11日，其他11國決議將TPP改組為「跨太平洋夥伴全面進步協定」（CPTPP）。2018年3月8日，11國代表在智利簽署該協定，有澳洲、汶萊、加拿大、智利、日本、馬來西亞、墨西哥、紐西蘭、祕魯、新加坡及越南等11個國家參加，同年12月30日，該協定正式生效。

3 參見行政院主計總處2018年8月17日公布之《國民所得統計及國內經濟情勢展望》。

參考文獻

1. 大陸委員會，2018，《兩岸經濟交流統計速報》，取自https://www.mac.gov.tw/News.aspx?n=050986896173B482&sms=0B3EFBF9259DFAA8

2. 王霖軒，2013，《簽訂自由貿易協定對臺灣貿易情形的影響》，頁10、55。臺北市：致知學術出版社。

3. 王騰坤，2012，《兩岸貿易經濟：ECFA與全球化的理論實務》，頁4-8，臺北市：翰蘆出版公司。

4. 中央銀行，2018，《國際收支細表》。取自https://www.cbc.gov.tw/ct.asp?xItem=2336&ctNode=538&mp=1

5. 中華經濟研究院，2013，《兩岸服務貿易協議經濟影評估報告》，經濟部委託之專題研究成果報告，臺北市：經濟部。

6. 中華經濟研究院WTO及RTA中心，2018，《服務貿易統計資料庫》。取自http://web.wtocenter.org.tw/Node.aspx?id=320

7. 世界銀行，2018，《世界發展指標》。取自http://databank.shihang.org/data/reports.aspx?source=2&series=BG.GSR.NFSV.GD.ZS

8. 汪建南，2015，〈區域整合及服貿協議的挑戰與因應策略〉，取自中央銀行全球資訊網：《國際金融參考資料》，第68輯，頁15-18。

9. 李淳，2009，〈ECFA與臺灣服務業發展契機〉，《ECFA開創兩岸互利雙贏新局面》，頁111。臺北市：遠景基金會。

10. 林宗弘，2014，〈兩岸服貿協議真的「利大於弊」？統計的科學檢證〉，《巷仔口社會學》。取自https://twstreetcorner.org/2014/04/01/linthunghong/

11. 林祖嘉，2013，〈為什麼服貿協議效益被低估了？〉，《國政評論》。取自https://www.npf.org.tw/1/12497

12. 林建甫，2013，〈林建甫：服貿協議的效益嚴重低估〉，《理財周刊》。取自http://fund.pchome.com.tw/magazine/report/fi/moneyweekly/9876/137589120082222009002.htm

13. 周宜魁，1998，《國際貿易理論與政策》，頁182。臺北市：三民書局。

14. 徐世勳、蔡名書，2002，《「東協加三」或「東協加一」成立自由貿易區對APEC及我國的經貿影響評估》，頁35。臺北市：中華經濟研究院。

15. 徐翊華，2014，〈兩岸服貿協議對臺灣的效益與衝擊——由政治和經濟角度分析〉，頁21。臺北市：淡江大學碩士論文。

16. 許富翔，2014，《東亞主要經濟體服貿協定開放程度比較與臺灣服務貿議戰略》，頁36-38。臺北市：政治大學碩士論文。

17. 傅中原，2018，〈觀念平臺——全球服務貿易趨勢與我國服務業對外拓展課題〉，《工商時報》。

18. 童振源編著，2013，〈兩岸經濟合作架構協議的成效檢討與展望〉，《兩岸經貿關係的機遇與挑戰》，頁160-170。臺北市：政大中國大陸研究中心。

19. 黃詠梅、孫鴻業，2014，《圖解服貿》，頁42。臺北市：好人出版公司。

20. 黃智輝，2014，〈兩岸服貿協議之構思與新挑戰：產業經濟分析〉，《華人經濟研究》，第12卷2期，頁45。

21. 管中閔，2016，〈服貿貨貿是特效藥還是毒藥？兩岸經貿如何對症下藥？〉，*Talk to Taiwan*。取自http://talkto.tw/talk/12

22. 蔡宏明，2014，〈《服貿協議》延宕對兩岸經貿關係的影響〉，《展望與探索》，12卷5期，頁4-8。

23. Balassa, B., 1989, Trade Creation and Trade Diversion in the European CommonMarket, (New York: New York University Press), PP. 109-130.

Chapter *5*

從一例一休制度的拉扯看臺灣工時制度變革與產業發展

唐玉禮[*]

[*]　國立政治大學國家發展研究所助理教授、陳守仁孫學研究中心副主任

從一例一休制度的拉扯看臺灣工時制度變革與產業發展

摘要

一例一休制度是民進黨政府落實蔡英文總統勞動政策勞工周休二日之主張不成之後的妥協產物。維護勞工權益是政府責無旁貸之責任，期望追求勞工在生活、家庭與工作間之平衡，但提升企業競爭力，亦是政府施政目標；蔡英文總統期許政府應擔任管制者 (regulators) 之角色，而在這一輪勞工工時政策修法過程，凸顯其政策規劃與協調能力之不足而政策破局，耗費相當之社會成本。一般而言，勞工工時縮減將增加資方之勞動成本，不利產業競爭力。本文擬以文獻分析法，針對 2016 年至今，民進黨政府修改勞基法有關工時、休假暨加班費等議題即所謂的一例一休制度之後將近三年時間，以全國工業總會和全國商業總會之白皮書與產業建言書維本來觀察對我國中小企業發展的影響，並以德國、荷蘭與韓國的工時制度改革加以對照，進行深入分析。

關鍵詞：一例一休、彈性工時、德國工時、荷蘭工時、韓國工時。

壹、前言

一例一休 [1] 制度是民進黨政府落實蔡英文總統在競選時的勞動政策──勞工週休二日之主張不成之後妥協的產物。其修法過程的爭議與跡象，凸顯其政策規劃與協調之能力不足，以致政策失靈，甚至可以說是政府失靈，耗費相當之社會成本。（紀俊臣，2017）

蔡總統於 2016 年 5 月 20 日上任後，任命林全為閣揆，勞動部部長則是由在勞動行政部門歷練 30 多年的郭芳煜擔任，全力推動《勞動基準法》（以下簡稱《勞基法》）朝一例一休制度的方向修訂，雖於

2016 年 12 月 6 日立法院三讀通過，這是蔡政府對《勞基法》第一次修法，郭芳煜部長還是因爲與勞資相關團體溝通不良、爲政策辯護能力不佳、無法調解來自各界之爭議，於 2017 年 2 月 4 日下臺，在這一階段，勞團絕食抗議兩次[2]；林美珠部長接任之後，爲剛生效的一例一休制度之實施進行宣導與輔導，林全閣揆於 9 月請辭，一例一休制度是其中原因之一，原臺南市市長賴清德北上接任閣揆，釋出《勞基法》再次修法訊息，終於 2018 年 1 月 10 日一例一休制度二修案在立院三讀通過，林美珠部長因病於 2018 年 2 月 23 日請辭，在一例一休制度二修期間勞動部政務次長廖蕙芳在 2017 年 11 月時辭職，係因不滿修法過程。（聯合新聞網，2017/2/4；柯昱安，2017/2/8；周康玉，2018/2/22；戴安瑋，2018/5/29；顏辰洲、蔡明政、陳妍伶、謝政霖，2017/9/5）而 2018 年 11 月 24 日九合一地方選舉民進黨選戰失利，一例一休制度亦是原因之一，蔡總統上任之後的第二位閣揆賴清德爲敗選雖暫時留任，也於今年 1 月 10 日下臺。

綜觀勞資學各界對一例一休制度修法之立場爭議，勞團有謂一例一休是民進黨背叛了勞工，尤其在意國定假日 7 天假[3]被砍一節，資方則認爲政府部門違背承諾，從前朝即開始協商《勞基法》修訂，若週休二日則應刪除 7 天國定假日。勞工工時縮短與工時彈性化是國際趨勢，一方面是因技術進步，另一方面是勞動人權的提升（邱駿彥、李政儒，2015：21），我國當然亦不例外，2002 年修訂《勞基法》時，納入變形工時制度（李健鴻，2017：6）；2015 年修訂、2016 年 1 月起，每週工時 40 小時，看起來達到國際勞工組織長期以來的訴求，亦要關注年總工時及其與工資的關聯，以已開發國家經驗來看，正常法定工時應對應到工資之合理性，才能支撐勞工及其家庭之生活所需，故對勞工加班之給付以足額之加成計算，此乃勞工應有的權利，而非資方或政府給予的恩惠，然而國內製造業與工商服務業似乎均將焦點放在營運成本增加與人力調度困難之上，政府更是退守勞工權益保障的角色，一例一休制

度在二度修法上根本是改惡而非改善，而彈性是給予資方的。（劉梅君，2017: 11、27、29、42）因此，擺盪在勞工保護與產業競爭力之間的一例一休制度，是否達到保護勞工免於過勞又能維持一個合理工資水準，還是在顧及勞工權益之際，也應提供產業運用人力上的充足彈性呢？李健鴻（2017：7、13）認爲尚未實施週休二日的業者（約占 2016 年臺灣所有企業的 45%，受僱員工約占勞工總數的 36%）若能善用變形工時賦予資方的彈性，是足以因應一例一休制度所要保護勞工避免過勞的目的。邱駿彥則點出政府在宣導重點上不足，又因執行倉促，勞方不明瞭、資方不知如何因應，他認爲一例一休的修法目的在縮短臺灣勞工的「年總工時」，立意是好的，雇主可善用變形工時，稀釋要支付的加班費。（王宣珮，2017）

由於一例一休制度係修訂《勞基法》關於法定工時與其相關休假、延長工時、加班費等規範，的確是偏向勞工權益與健康保障，但可能會引發資方經營上的人事成本，以至於帶動物價之變動而影響一般大眾的食衣行。故本文由一例一休制度爭議顯示出的保障勞工抑或是產業競爭力的拉扯之間，擬以工時制度的變革以及其對產業發展的影響爲主，首先整理出一例一休引發爭議之重點，再針對 2016 年至今，彙整出代表我國產業界的全國工業總會和全國商業總會之白皮書與產業建言書中，對一例一休制度之後將近三年時間對產業發展之影響的相關內容，茲因中小企業總會的年報資料關於一例一休制度的立場，僅有 2018 年報中報導於 2017 年 1 月 11 日與林全院長茶敘中，提出該會主張「政府應兼顧勞工權益並衡量各行各業之差異給予企業營運空間」（中小企業總會，2018），故未予以專節處理，特在此說明之；再以經濟合作發展組織（Organization for Economic Co-operation and Development，以下簡稱 OECD）中，年總工時最低的德國、兼職率最高的荷蘭，以及鄰國之韓國的工時制度改革，還有彈性安排等規定加以對照，進行深入分析。

貳、一例一休制度引發爭議之重點

我國《勞基法》制定於 1984 年，於 2000 年時修訂法定工時爲雙週 84 小時，公務人員係自 2001 年 1 月起，即全面週休二日。（余天琦、陳瑞敏，2015）一例一休制度之修法攻防戰可以說在 2015 年馬政府國民黨執政時期即已開始，時任勞動部長陳雄文推出週休二日與國定假日一致的《勞基法》修正案，因應國際趨勢，但因堅持刪除 7 天國定假日，引起尚未週休二日之勞工們不滿，預期加班費將短少，遭遇勞團激烈抗議（余天琦、陳瑞敏 2015；邱琮皓，2016/4/10），立法院在 2016 年 4 月 8 日做出決議：對馬政府 2015 年 12 月的「砍假命令」不予備查。（臺灣高等教育產業工會，2018）砍假大作戰一直燒到 2016 年之總統大選和選後，並進行兩次修法，如前述。本節將重點整理蔡英文競選政見與一例一休、一例一休兩度修法的爭議。

一、蔡政府的週休二日政見與一例一休制度

還是民進黨總統候選人的蔡英文提出其勞動政策的競選政見，期許政府應擔任管制者（regulators）之角色，既要「保護企業免於受制於市場不公平競爭」，也要「保護勞工免於受到剝削」，在「每週 40 工時制度實施後，除非有少數例外，勞工每週休假兩天，應參考公務人員的經驗，全面落實。……對於勞工普遍加班、延長工作時間的情況，我認爲未來要提高加班工資……。要一步一步降低勞工的年總工時，維護勞工的健康，減少因爲疲倦、過勞產生的悲劇。……能創造內需休閒觀光服務業的發展。」（蔡英文，2015）

簡言之，即在顧及產業競爭力之同時，尤其是中小企業在經濟轉型期面臨的困難最大，也要「落實勞工週休二日、縮短工時、國定假日全國一致」，而一例一休制度即是在實踐週休二日的完整配套安排。[4]

一例一休與週休二日，名稱上即不同，實務上也不相同，尤其現在是面對全球範圍的競爭，臺灣對外是持開放市場的策略，各產業對人力需求與運用各自不同，何況還有規模不一的大中小型企業，都適用一套標準當然會有扞格。雖說第一輪修訂《勞基法》是以區別一例假日一休息日，勞工因雇主人力運用需求於休息日加班，工時計算是做 1 給 4，並大幅提高休息日加班費的計算標準，試圖「以價制量」規範，避免雇主要求勞工加班，一旦加班則應給予勞工有利之工時認定，但實務上雇主應會要求勞工做足工時才是，如此矛盾之法條（邱莉燕，2016；李健鴻，2017：8-9）於二度修訂《勞基法》時改以核實計算工時。

二、一例一休制度兩度修法之重點

2016 年下半年第一輪修訂《勞基法》，包括關於每工作七天應有一天例假日與一天休息日、特休假未休完應發給工資、提高休息日之加班費用計算基準，並刪除七天國定假日等相關規定。此階段修法重點勞團關注在 7 天國定假日，若被砍是蔡英文與民進黨的背叛，資方則認為強制七休一、做 1 給 4 與加班費等計算，既僵固又增經營成本，再加上部分執政黨立委立場反覆，揚言「無限期全面退出所有勞資協商會議」，一例一休制度爭議已使得勞資關係更形對立，「引發了集體的信任危機」。（邱莉燕，2016）

蔡政府在一例一休制度新法上路之後，給予雇主半年（2017 年 1 月～6 月）之宣導與輔導期，地方政府諸多怨言（江永發，2018），因為要配合中央進行勞動檢查，2017 年 6 月下旬僅臺北市、桃園市、高雄市表示會配合中央進行勞檢。（呂雪慧，2016）部分產業如交通運輸業醞釀要調漲票價，各方爭議不斷，郭芳煜部長於 2017 年 2 月下臺，林全閣揆與接任之林美珠部長加強與各產業勞團、縣市首長座談溝通。

賴清德於 2017 年 9 月接掌閣揆之後，於 11 月 10 日提出一例一休制度再修法重點，一是「四不變」：正常工時不變、週休二日不變、加

班總工時不變、加班費率不變；二是「四彈性」：加班彈性、排班彈
性、輪班間隔彈性、特休運用彈性。（李欣芳，2017）2018 年 1 月 10
日完成三讀修正案主要是關於鬆綁七休一、延長每月加班上限、有條件
縮短輪班間隔、工時核實計算與特休假遞延等共五條文。（馮建棨，
2018/1/10）對照蔡政府上任後兩次修訂《勞基法》的修法重點如表 1。

　　一例一休制度修法意圖固然在維護勞工休假權益，或許有助於工作
效率、家庭生活和消費，但在國內工會組織不健全、不普及之情況下，
刪除 7 天國定假日，讓目前仍未週休二日的勞工們收入減少，特休假事
實上是看得到吃不到，輪班間隔可經勞動部認定後，由 11 小時縮短為
8 小時，每月加班上限可協商增加到 54 小時，由是觀之，勞工過勞現
象將會依舊。

表 1　《勞基法》於 2016 年、2018 年兩次修正重點

修法重點	現行舊制	修法新制
例假日彈性（鬆綁7休1）	例假日不可挪移，每 7 天至少要有 1 例假	週休二日不變，但經勞動部指定特殊情況，可調整每 14 日至少有 2 例假
輪班間隔彈性	至少 11 小時休息	原則至少 11 小時，但經勞動部指定特殊情況，可縮短為 8 小時
休息日加班工時、工資	未滿 4 小時以 4 小時計 未滿 8 小時以 8 小時計	依實際工時、工資計算
加班費換補休	無規定	依勞工意願可選擇補休，以加班時數 1 比 1 計算
每月加班工時上限	每月 46 小時	單月上限可協商達 54 小時，但 3 個月總時數 138 小時不變
特休假遞延	年度終結未休完，應結算工資	經勞資協商可遞延 1 年，未休畢仍要結算工資

資料來源：邱琮皓，2018。

註：現行舊制是 2016 年 12 月 6 日立法院三讀通過、2017 年 1 月實施；修法
　　新制係一例一休制度再修，於 2018 年 1 月 10 日三讀通過、3 月 1 日生效。

參、產業界之立場

　　我國《勞基法》自 1984 年公布實施以來歷經 19 次修正，以漸進之制度性方式保障勞工權益、改善勞動條件與環境，促進勞資關係之穩健發展，兼顧經貿之投資和創業。（紀俊臣，2017：16-17）然侷限於絕大多數之臺灣中小企業之經營不易，學者認為「中小企業幾乎是《勞基法》絕緣體」。（劉梅君，2017：12）實際上，《勞基法》已經讓資方有彈性工時與責任制來因應法定工時漸減的影響，反之，勞工仍是面臨長工時、低薪資之就業環境。雇主面對一例一休制度的反應，有調查顯示，資方不滿於勞動成本增加與人力調度問題，尤其是對占臺灣產業家數九成七之多（97.73%）、就業人數約占全國總就業人數 [5] 七成八左右（78.44%）的中小企業而言，其中又以民生服務業、傳產製造業、百貨量販業影響最大。（陳碧芬，2017/7/5；邱柏勝，2017/1/4；經濟部，2018：99）若是刪 7 天國定假日，可以讓資方一年省去 630 億（唐鎮宇，2016）；臺灣經濟研究院評估，企業會因一例一休制度於 2017 年實施而使成本增加：980.4 億的加班費支出、156 億的休假支出。（李沃牆，2017：45）

　　本節係從產業角度剖析勞動之法定工時與延長工時（加班）政策，即一例一休制度對其之影響與因應，主要是參考中華民國全國工業總會（以下簡稱工總）於 2016～2018 年發表之白皮書，以及中華民國全國商業總會（以下簡稱商總）在 2016～2017 年提出之建言書為主。

一、工總對一例一休之立場

　　工總於 2016 年 6 月底出版之白皮書，已明確指出全面落實週休二日是偏向勞方之作為，因其將減少 20% 的勞動供給量在月薪制之下「等同實際加薪 20%，……反而會降低資方增聘員工的誘因及調薪能力」，

將「直接衝擊國內中小企業之負擔能力與競爭力企業」，面對此政策修改，資方若非歇業就是外移，工業製造業業者國內接單卻在海外生產的比例，在 2015 年高達 59%；因此，對每週 40 小時的新法定工時，工總建議政府，希望能讓資方對延長工時（加班）有彈性化安排，以因應「急單、淡旺季、生產異常，或定期性之歲修保養工作等」之人力需求，尤其是延長工時是否可以「年」為單位進行總量管理，延長工時原訂一個月不得超過 46 小時，是否能放寬到 72 小時，或是次佳方案：延長工時一個月不得超過 60 小時，同時，國定假日應全國一致，否則若是每週工時 40 小時仍維持 7 天假，資方之人事成本將增加 633 億新臺幣。（工總，2016：72-73、75-77）

一例一休制度於 2016 年 12 月 21 日修正公布，對產業衝擊頗大，工總 2017 年 6 月底的白皮書一開始即指出，一例一休造成全民皆輸，修法過程充滿了政黨的政治盤算、忽視社會對話，推動前欠缺完善評估與溝通，更未考量不同產業間的差異與特性，「尤其是對人力密集的行業及規模別較小的企業」，嚴重影響企業經營與投資意願；依據工總商總等公會組織對其會員之調查，「約有 24.6% 受訪者表示成本增加 10% 以上，21.3% 受訪者表示成本增加 3%～5%」，因此，有 53.7% 受訪廠商表示會以調整售價來因應。（工總，2017：4、6、1-12）工總對一例一休的進一步批評，在白皮書第三章對政府建言的第六節勞資關係暨人力資源，以企業負擔的總稅率占 34.5%、法定勞動成本占薪資近 20% 來看，企業負擔更加沉重，再加上彈性工時加班費計算與特休假「均毫無彈性可言」，業者除了調價之外，只好「凍結工資、限制員工休息日加班、縮短休息日營業時間、外包、增聘人力或採僱用臨時、短期及派遣人力等方式」。（工總，2017：69）對此，工總建議政府最佳解決方案是「參考目前先進國家『延長工時』機制，以每月最少可以延長工時 72 小時方式，或是以 4～6 個月總量管控延長工時，每月加班總工時為 60～66 小時，利於廠商因應急單、旺季及歲修等人力需

求」；在休息日加班費方面，建議「支付加倍（1+1）工資即可，並取消休息日加班 4 小時以內者，以 4 小時計等規定，應以實際工作時數為準」；至於特休假安排，「應由勞資協商，且應以全部休畢或遞延休畢為原則，必須是可歸責於雇主之原因，方可領取未休日數之工資」，而且對於延長工時之適用行業，建議政府「應重新檢視各行業特性，放寬行業規定，使勞工得連續出勤 12 日」，還要「延長輔導期，並加強勞檢人員訓練」、「建立《勞基法》服務業專章及主管人員例外規範」、「建立例行性的勞資對話」；工總認為「政府在謀求勞工福祉」之同時，「應兼顧企業在臨時性或短期性之人力及工時之需求」。（工總，2017：73-74）

工總在 2018 年的白皮書依然認為，再次修正的一例一休制度（2018年 1 月 10 日）缺乏彈性，如每工作七天應休一天[6]、以及輪班換班間距的例外規定嚴格認定適用之行業[7]，若是勞檢人員訓練不足，企業將動輒得咎，故建議政府以下四點，以完善相關配套措施：1. 加強勞檢人員訓練，勞檢認定標準齊一化；2. 擴大《勞基法》第 34 條第二項（輪班換班間距例外）之公告範圍；3. 增加《勞基法》第 36 條第四項（例假七休一鬆綁）之指定行業；4. 月薪逾基本工資三倍半（約新臺幣 7 萬 7千元）者，即納入《勞基法》第 84 條之 1 的適用對象，不受工時、休（例）假等限制。（工總，2018：61-63）

二、商總對一例一休之立場

商總於 2016 年 11 月出版對政府產業政策之建言書，在總體發展環境上對服務業是不利的，一則是一體適用全國勞工的《勞基法》是以「工業製造業基本之思維與內涵，迥異於服務業運作模式」，建議政府應儘速制定「服務業勞動專章」；再者，當時正在爭論得沸沸揚揚的工時與特休草案，無論是兩例或是一例一休，對服務業之營運有重大影

響，因為「服務業行別包羅萬象，衍生不同的工作樣態……修法時若多考量國情、人文及社會需求，甚至依勞資雙方需求來協商訂定，而不是僵化無彈性的勞動法規」，故建議政府應放寬延長工時之規定，特別指定一例一休制度上應排除印刷業之適用，「以符合產業現況，避免增加產業之成本負擔」。（商總，2016：42、82）

2017 年 10 月商總發表的產業建言書中，賴正鎰理事長在其序言中即明言，一例一休大增企業成本；前言中首先指出當前產業政策思維明顯的「重工輕商」，商業及服務業整個經營環境面臨五大障礙[8]，發展政策則有八大失能[9]之現象；進一步說明國際原物料上漲，加上國內一例一休一再壓縮了產業之獲利政策；而強行推動錯誤的勞動政策，錯失修法原意在降低勞工總工時、改善勞動環境，更破壞勞資和諧，以至於成長停滯，勞工不但沒增加收入，資方面臨人事成本上升與員工加班排班等之困擾，結果是「官、勞、資三輸，並重創政府威信」；所以，商總建議政府應「於今年內完成一例一休修法」。（商總，2017：1、5-6、8、12）至於修法建議有以下幾點：1. 應放寬勞工延長工時，每月最高 54-60 小時，得以六個月予以總量管理，年度特休假得以兩年為期計算之，於休息日之工資計算，應核實計算時間，適用彈性工時之行業應予擴大；2. 在一例一休政策修法之前，政府應以勸導替代開罰，且在重視勞工團體意見之外，亦須納入資方方案，並同政策修訂考量。（商總，2017：35-40、45）

三、小結

中華經濟研究院於 2017 年底發布經理人營運之展望調查結果，製造業與非製造業有八成以上業者認為，《勞基法》修法衝擊應運成本，而且業者對「勞動成本與人力資源短缺」之關注排在第三位，是首次進入前三大議題之內，而修法影響之層面最大的是勞動成本，第二是工作人力調度，再者是勞資和諧，參見表 2。（潘姿羽，2017/12/20）

表2　勞動法規對公司營運成本影響調查

項目		製造業（％）	非製造業（％）
對公司勞動成本會造成影響		83.7	80.8
影響層面排名	勞動成本	88.4	90.7
	工作人力調度	77.2	73.1
	勞資和諧	29.3	30.6

資料來源：中華經濟研究院，轉引自潘姿羽，2017/12/20。

　　綜合工商業界對一例一休政策的反應與看法，固然商總已經看到政府在管控總工時方面的用心，有利於臺灣企業在國際上的形象，[10] 但也的確衝擊到企業的競爭力，首先就是增加人事成本與人力需求（正常工時下降、延長工時之工資調漲、特休假放寬給年資淺的勞工），例如對營建業之工程人力需求增加 5% 以上的人事成本。（施義芳、莊均緯，2017：80）製造業大廠如和大集團、上銀科技、宏全國際等，未來將朝向加重智慧自動化生產比重（即機器人採購），關燈工廠之生產型態似乎將成為趨勢，以節省人事支出。（李沃牆，2017：46）

　　賴正鎰在產業建言書發表的記者會上憂心地表示，旅行業、旅館業、遊覽車、不動產等，將成為「服務四大慘業」，會員們對政府的一例一休政策最不滿意、比例高達 61.2%。（陳政錄，2017/10/16）以客運業為例，係提供大眾交通運輸之服務，為因應人事成本增加與排班需求，首都客運於 2016 年 12 月 23 日宣布欲調漲臺北與宜蘭往返之票價，但在行政院與交通部公路總局協調後暫緩，統聯客運亦配合過年疏運維持現行票價。（吳美蓮，2016/12/31）有七家客運業者[11] 於 2017 年 3 月起陸續漲價，國光客運於 2017 年 3 月 1 日公告將於 3 月 8 日調漲 37 條路線價格，漲幅從 11.5% 到 100% 不等，統聯客運調漲北中南國道路線票價，調幅在 9% 到 21% 之間（鄭瑋奇，2017/3/1；臺灣好新聞，2017/2/22）。

　　醫療產業更是依賴專業人力的行業，醫療保健服務業從業人員（醫

師除外）於 1998 年 7 月 1 日納入適用《勞基法》[12]，且是八週彈性工時之指定行業，在一例一休制度通過之後，人事支出與人力調度整晚更是雪上加霜，現有護理師執照者 26 萬 9 千多人，實際從事者是 15 萬 8 千多人，預期未來的護理人力需求更吃緊，恐怕犧牲的是民眾就醫權利，因為各家醫院多以縮減門診、縮床或是漲掛號費方式因應，即便是獲利佳的臺大醫院，亦是計劃減少週六門診，但是榮總則維持週末門診不變，主因在其以停車場與美食街之業外收入彌補。（林雅萍，2017；陳光輝、陳淑玉，2017：30、33）但有一篇碩士論文研究一例一休制度對護理人員工作環境與休息時間的影響，其結論是影響為正向的，因為醫院考量假日門診與夜間門診之人事成本增加而寧願停診，所以「一例一休只不過是讓不正常的醫療服務模式回復到正常而已」。（葉菁芳，2018）餐飲、零售、美髮業、購物中心等，亦會以減少加班、增聘臨時工或漲價來因應，而製造業也因此提高其商品價格，有可能會引起成本推動的通膨，會不利於經濟成長。（李沃牆，2017：47）

檢視經濟部 2018 年 10 月出版之中小企業白皮書，可知 2017 年中小企業僱用臨時性或派遣人力共計約 55 萬 3 千人，比 2016 年增加2.41%，其中以營建工程業僱用最多，其次為住宿餐飲業，第三多的是批發零售業；若以僱用人數變動來看，整理如表 3，製造業於 2017 年增加全日工作者人力、減少臨時性與部分工時人力，營建工程業則是略增全日工作人力、增加臨時性人力、略減部分工時人力，批發零售業則是增加全日工作與臨時性人力、減少部分工時人力，運輸倉儲業 2017 年全日工時人力略減、其餘兩者之人力不變，住宿餐飲業在人力運用上，除增加全日工作人力、其餘兩者持平；不動產業和醫療保健與社會服務業在三種人力運用上均是增加的。（經濟部，2018:110-111）對照前述，其中只有運輸倉儲業在人力運用上是減少的，似與報導不符，唯一可能就是缺工。觀察中小企業 2017 年有酬就業者之收入和週工時，整理如表 4，上述 7 個行業的週工時均是減少的，有酬就業者收入在製

表3　2016年及2017年中小企業臨時性或派遣人力使用狀況

單位：千人

	2016			2017		
	全日工作	臨時性或派遣人力	部分工時	全日工作	臨時性或派遣人力	部分工時
製造業	2167	66	50	2188	58	43
營建工程業	857	181	30	859	200	27
批發及零售業	1690	70	76	1721	81	67
運輸及倉儲業	319	7	7	313	7	12
住宿及餐飲業	714	91	85	721	94	85
不動產業	94	0	0	98	1	3
醫療保健與社會服務業	195	10	12	215	12	10

資料來源：經濟部，2018：110-111。

註：行政院主計總處「人力資源調查」統計定義，在非屬季節性（即旺季或淡季）之期間，大致平均每週工作時數超過35小時者，即歸為「全日工作者」；反之，則屬「部分時間工作者」。

表4　2016年及2017年中小企業有酬就業者收入與週工時情況

單位：千元；小時／週

	2016		2017	
	月收入	週工時	收入	週工時
製造業	36.39	42.20	36.43	40.97
營建工程業	38.78	40.75	38.11	40.75
批發及零售業	35.73	44.30	35.94	42.61
運輸及倉儲業	39.10	45.10	38.77	43.45
住宿及餐飲業	30.75	44.74	30.60	42.58
不動產業	38.54	45.12	39.07	42.90
醫療保健與社會服務業	39.56	42.42	41.18	40.85

資料來源：經濟部，2017：107-108；2018：113-114。

造業、批發零售業、不動產業和醫療保健與社會服務業是略增，營建工程業、運輸倉儲業與住宿餐飲業則是收入略減。

肆、OECD總工時與工時制度

　　勞工工時縮短與工時彈性化是國際趨勢，我國於 2016 年 1 月起，《勞基法》規範勞工每週工時 40 小時開始實施，以達到國際勞工組織長期以來的訴求，但學者提醒政府與企業，在一例一休制度的同時，亦要關注年總工時的變動。因此，本文整理 OECD2016 年與 2017 年的勞工年總工時（即年均工時 Average annual hours worked）之變化（見圖 2、圖 3）後發現，德國是年總工時最低之國家，荷蘭排第四低，整體平均是 1,765 小時和 1,759 小時；[13] 鄰近的大韓民國（以下簡稱韓國）在 2016 年年總工時是 2,071 小時，2017 年縮減了年總工時 47 小時，

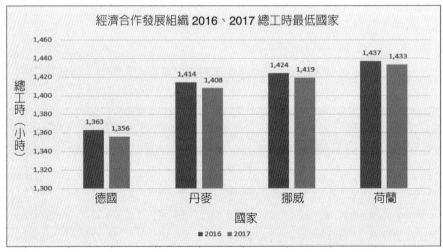

圖 2　經濟合作發展組之 2016、2017 年總工時最低國家

資料來源：經濟合作發展組織。取自 https://data.oecd.org/emp/hours-worked.htm

　　　　（瀏覽日期：2018/9/27）。

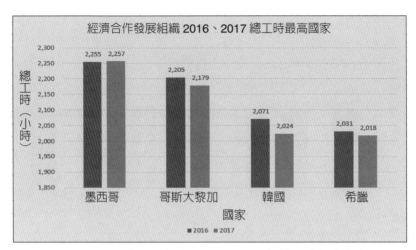

圖3 經濟合作發展組之 2016、2017 年總工時最高國家

資料來源：經濟合作發展組織。取自 https://data.oecd.org/emp/hours-worked.htm
（瀏覽日期：2018/9/27）。

在 OECD 是排第三高；臺灣 2016 年年總工時是 2,034 小時，2017 年則
是 2,035 小時，部分工時者比例是 3.3%。[14] 然而若納入兼職現象觀察勞
工之勞動條件（見圖 4），荷蘭勞工兼職率卻是最高的，則美國和日本
的勞工並不輕鬆。本節先彙整 OECD 會員國 2017 年年總工時最高與最
低的前四名，再進一步介紹德國、荷蘭與韓國的工時制度及其對工時的
彈性安排，如：變形工時、彈性工時，給予雇主在人力運用上之彈性空
間，還有就是工會組織的角色。

一、德國工時

　　德國現行規範勞工工作與休息時間之法令是 1994 年制定的《工作
時間法》（以下簡稱《工時法》），立法目的在保護勞工健康，但也賦
予企業有彈性工時因應其經營與運作；1984 年即訂立每天工作不超過 8
小時，延續至今，企業無延長工時之工資補償之義務，也無規定每週工

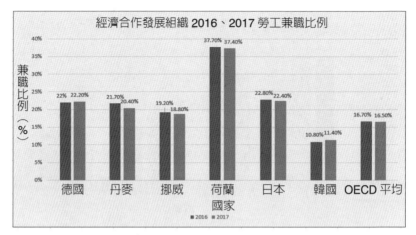

圖4　經濟合作發展組之 2016、2017 年勞工兼職比例

資料來源：經濟合作發展組織。取自 https://data.oecd.org/emp/part-time-employ-
　　　　ment-rate.htm.（瀏覽日期：2018/9/27）。

註：1. 美國數據係 2018 年 8 月勞工之兼職率。取自 https://tradingeconomics.com/
　　　united-states/part-time-employment.（瀏覽日期：2018/9/27）。

　　2. 韓國勞工兼職率 2016 年是 10.8%，2017 年是 11.4%。

時 40 小時之上限，而是由團體協約或企業內勞資協定去規定，夜間工
時不得超過 8 小時，若一個月內或 4 週內平均每日工時不超過 8 小時，
得將工時延長爲每日 10 小時；超時工作若非勞工本人意願；則須是非
常狀況，如原料或日用品有腐敗可能，或勞動成果有失敗之可能時，資
方才能延長工時；除外適用，可經由團體協約或企業協定來排除正常工
時、休息時間與間隔、夜間工時等等，《工時法》明文排除一些工作性
質特殊的行業，如：企業主管、醫生、航空公司機組員等之適用。（邱
駿彥、李政儒，2015：34-35）

　　德國企業有變形工時與彈性工時來安排勞工工作與休息時間，前者
是以 6 個月或 24 週爲一期間，若平均每日工時不超過 8 小時，得將工
時延長爲每日 10 小時，前述之期間可經由團體協約或企業協定予以增

減，一年做多可有 60 日的每日工時 10 小時；後者可再分為低度與高度彈性工時，低度彈性工時是針對每天的到班與下班時間，企業會有一全體員工均在崗位上的核心時間，高度彈性工時則是指每天工時的長度在一定期間工時不足或超過，可以再調整，以達到總工時標準，如此之工時增減多寡，德國人是以工時帳戶來管理，由團體協約或個別勞動契約約定之，一般會有一結清時間；至於休息與特休，勞工每日工時 8 小時或 10 小時之後，至少要有連續 11 小時之休息時間，雇主不得使勞工在週日與國定假日工作，若勞工持續工作 6 個月以上，每年至少享有 24 日的特休。（邱駿彥、李政儒，2015：36-38）

從德國工時法內容可以得知，即使德國勞工年總工時是最低的，企業是以變形與彈性工時彈性運用人力調度，尤其是個人工時帳戶制，是 2002 年當時德國施洛德總理推出勞動市場改革法案中的一項政策，讓企業在淡季或訂單少時不必裁員，可以縮短勞工工時，等人力需求增加產能滿載之際運用，無須再費力找工人，也無須支付加班費，有助於提升出口競爭力，也是德國企業撐過 2008 年金融海嘯與之後的歐債危機的重要關鍵。（梁國源、馬珂、馬慧如，2007：4；邱駿彥、李政儒，2015：39；賀桂芬，2011；辜樹仁，2017）但也必須說明的是，變形與彈性工時是由團體協約或企業內勞資協定，德國工會組織過去是頗為強勢地保障勞工權益，卻也使得勞動市場僵化（工資與僱用），如今工會僅訂定一些原則性條款，細節由勞資雙方協定，參加工會的勞工由過去的八成降到現在五成。（賀桂芬，2011）然而德國勞工的兼職率在 2016 年到 2017 年之間一直維持在 22% 多一點，這是必須一併留意的。

二、荷蘭工時

荷蘭的年總工時在 OECD 各國中是第四低，但其勞工之兼職率——即部分工時 [15] 者之比例高達 37.4%，主因當然是在於《工作時間法》中

對勞工工時的彈性安排；只是早在 1980 年代，荷蘭政府為因應高失業率與高社會福利支出的衝擊，即已著手改革勞動市場政策走向積極和彈性化。（陳湘芬，2008：15）

現行法令是《工作時間法》規定，勞工每日工作不超過 12 小時，每週工時最高不超過 60 小時，夜間工時每日不得超過 10 小時，無超時上限，亦無超時之薪資報酬，除外適用之情況有：發生無可預期避免的危險或是必須進行危機處理、維持公共秩序，像是政府國防、特情、警務人員，還有就是教堂之工作人員，除外適用的行業則是：薪資至少是最低薪資三倍的員工、職業運動員、科學研究者、領養收養機構的工作人員、舞臺工作者、醫療人員、學校督導及假日營隊工作者、當職中的軍人、自願工作者等；彈性安排方面有四週變形工時，每週平均工時最高 55 小時，勞資可協議調整工時，最高不可超過 60 小時，16 週變形工時則每週平均為 48 小時，彈性工時意指受僱者可在不違反公司利益下，自行調整上下班時間，此政策相當有利於婦女進入勞動市場，此也解釋了為何荷蘭勞工之兼職率是全球最高；休息時間每一工作天之後，至少要有連續 11 小時休息，每五個工作天後，至少要有連續 36 小時休息，每兩週工作之後，至少要有 72 小時休息，但可分開使用，每一段不可少於 32 小時，週日是固定休假日，除非勞資均同意，否則即便週日可以工作，但一年仍要有 13 個週日的休息日，若勞資合議，則可以縮減週日的休息次數。（邱駿彥、李政儒，2015：46-49）

三、韓國工時

韓國勞工之工時頗長，跟 OECD 會員國相較，只比墨西哥和哥斯大黎加少一點。在 1997 年亞洲金融風暴之後，韓國政府每週工時已由 48 小時減為 44 小時，朝向再縮短每週工時到 40 小時，2003 年再次修改《勤勞基準法》，每週工時是 40 小時，延長工時不超過 12 小時，

惟修法後的前 3 年以 16 小時為限，延長工時工資為平日的 50%，惟修法後的前 3 年，最初 4 小時以 25% 計；變形工時之期間，2 週期間與 3 個月期間，前者係指週平均工時在 44 小時之內，得於週工時定為 48 小時，3 個月變形工時則為最高限度每日不超過 12 小時、每週不得超過 52 小時；並依企業僱用員工之規模大小分階段實施，2004 年 7 月先適用於 1,000 人以上之企業或事業單位，2005 年 7 月適用於 300～1,000 人之內的企業，隔年再適用於 100～300 人之內之企業，再來是 50～100 人之內的企業，再來是 20～50 人以及未達 20 人之企業和地方自治團體，除外之事業是未達 5 人者；除外適用之行業是：運輸業、商品販賣及儲藏業、金融保險業、電影製作及演藝業、教育研究業、顧問業、醫療衛生業、旅館及餐飲業、焚化及清潔業、美髮與美容業，其他由總統令之行業特性與公共便利者；休假方面，凡工作滿一年出勤率達 80% 之勞工享 15 日之特休，每增加 2 年年資，特休假再加一天，最多 25 日特休，若年資未滿一年者，該月全勤的話，應有 1 日的帶薪特休假；2014 年韓國政府實施「代替假日制」與「時間選擇制僱用」，以促進就業和提高勞工生活品質，前者是假日與週日若為同一天，則週一補休 1 日，後者則是勞工得與雇主協議選擇工作時間、工作之起訖和工作日，以利於兼顧工作與家庭或工作與學習。（李玉春，2014：199-205、208-209；邱駿彥、李政儒，2015：93-103）。

　　由德國、荷蘭、韓國三國之工時制度，可知名列 OECD 各國年總工時最低的德國與第四低的荷蘭，勞工工時是趨向縮短、所得則是漸增，然而為顧及生產力的供需平衡，因應各自國內之經濟波動與改革需求，其配套措施充分配合勞動市場彈性化之趨勢。（陳月里，2012：10、18）工時與工資的平衡，是交由資方與勞團或勞工個人協商而定（卓佳芬，2017），兩國經驗是有其國家發展之歷史脈絡與民情，包括工會組織、勞工意識、企業經營理念與政府角色等在支持。社會富裕之後，對工作、金錢與生活家庭之間的平衡，像是荷蘭社會的生活哲學

是：「工作是爲了有錢能過生活，生活有許多更重要的事」，彈性工時不僅是爲企業營運，對勞工而言，是可以善加利用以平衡調配公私的時間。（Lin, 2014）

伍、結論

　　蔡英文總統很清楚地在其競選期間提出之勞動政策——全面落實週休二日——是要維護勞工健康與避免過勞死之悲劇，但卻修法出臺了一例一休制度，並指出一例一休制度即是在實踐週休二日的完整配套安排，回應了資方降低營運成本與人力調度之衝擊的要求，然而對社會大眾而言，又是一波民生消費的增加。可以說蔡政府爲一例一休制度兩度修法，擺盪在勞工保護與產業競爭力之間，先後耗損兩位閣揆、兩位勞動部部長與一位勞動部政次，政治代價不可謂不大。

　　以 OECD 德荷韓三國經驗來看，國際趨勢是朝向縮減勞工工時與勞動市場彈性化發展，的確各自有其國家發展之歷史脈絡與民情的差異，如工會組織、勞工意識、勞資關係、企業經營理念與政府角色等不同作用，也就是社會發展程度不同，社會各界對生活與工作間的價值取向大不相同，充分表現在各國政府企業與勞工之間。

　　韓國與臺灣都是過勞的社會，政府目前也都朝縮減工時修法，然而韓臺兩國的資方立場多是認爲增加人事成本與人力調度困難，亦擔憂因此會不利於競爭力與經濟成長，勞方則是認爲會因此減少收入。

　　然而，若以人的角度來說，爲高效率的服務而犧牲他人健康，是要檢討誰呢？若是爲了賺錢而犧牲生命呢？從醫療產業、餐飲業、住宿業、運輸業等，勞工是消費（需求）者，也是（勞力）供給者。

　　對臺灣而言，是因爲製造業之產業型態多屬代工、利潤微薄，若是中小企業和服務業的話，那更是反對一例一休與加班費調高，再加上臺灣的工會組織少且弱，掌握公權力的政府勢必要保障勞工權益，期望追

求勞工在生活、家庭與工作間之平衡，而提升企業競爭力，亦是政府施政目標；但面對經濟全球化之發展，一國之經濟、貿易、社會、文化、教育等政策會因內外部因素而有所減損，尤其是經貿政策；一國縮減工時之勞動政策看似內政，卻會因企業之移動性高而效果打折，此舉將大不利國內就業環境與政府稅收；同時，國內也已面臨缺工問題，宜提高工資、減少加班來留住本國人才，但企業有其因應缺工危機——以科技來補充，對我國而言，政府部分在國家發展扮演重要引導角色，如何創造雙贏而非三輸，是政府部門應深思與檢討其政策規劃與協調手腕。

註 釋

* 唐玉禮，國立政治大學國家發展研究所助理教授、陳守仁孫學研究中心副主任。

1. 「一例一休」一詞依網路媒體看法，應是由民進黨不分區立委李應元所提出，以因應週休二日難被雇主接受之下，仍有彈性空間可讓雇主運用人力。（《新新聞》第1565期，20170304。）

2. 勞團先於2016年7月19日第一度絕食進行3天，共有8位參與，分別是桃園市產業總工會榮譽理事長毛振飛、桃園市環保局工會藍志銘、石油工會第六分會廖嘉鴻、新竹縣產業總工會總幹事范玉梅、華航修護工廠工會發言人劉惠宗、桃園市電子業產業工會監事黃春安、桃園市空服員職業工會祕書黃敬文、桃園市環保局工會兼任祕書陳宗欣；第二度絕食則是在同年11月4日持續到12月6日立院通過民進黨版勞基法修正案，有7位參與，分別是桃園市產業總工會顧問毛振飛、桃園市產業總工會常務理事彭瑞驚、桃勤企業工會徐錦順、新竹縣產業總工會祕書長范玉梅、桃園市產業總工會理事陳雨媗、桃園市環保局工會理事藍志銘、臺灣國際勞工協會成員許惟棟。（鄭佑漢，20161104；王顥中，20160719。）

3. 7天假係依據勞基法第37條和其施行細則第23條：1/2開國紀念日隔天、3/29青年節、9/28教師節、10/25臺灣光復節、10/31蔣公誕辰紀念日、11/12國父誕辰紀念日、12/25行憲紀念日。

4. 蔡英文總統於2016年11月14日接受《蘋果日報》專訪的說法。（陳郁仁、林修卉、陳雅芃，20161114）

5. 2018年中小企業受僱者人數的前五大為製造業、批發及零售業、營建工程業、住宿及餐飲業，以及金融及保險業，中小企業受僱

人數為656萬人，占全國受僱人數的72.84%。（經濟部，2018：99）

6. 工總在爭取勞基法第36條第四項雇主若要勞工在休息日工作，若因天災、事變或突發事件，其工作時數不受第32條第二項之限制，即延長工時一日不得超過12小時、一個月不得超過46小時，但經工會或勞資會議同意後，一個月不得超過54小時，每三個月不得超過138小時，適用第36條第四項之行業由18個（2018年2月27日公告）增加為28個（2018年8月6日公告）。（瀏覽日期：2018/9/24）取自https://www.mol.gov.tw/topic/34395/35026/35030/

7. 勞基法第34條第二項是關於輪班換班間距規定之例外適用，勞動部勞動條件及就業平等司於2018年2月27日公告適用之行業都是國營事業，如交通部臺鐵乘務人員，經濟部的臺電、中油、臺糖之輪班人員，適用期間自2018年3月1日至2019年12月31日；經濟部的中油、臺水之設備管線搶修、原料與產品生產、輸送、配送及供銷人員因天災事變或突發事件之處理期間而適用。（瀏覽日期：2018/9/24）取自https://www.mol.gov.tw/topic/34395/35026/35032/

8. 五大障礙分別是：1.物價機制失靈，犧牲服務產業權益，2.行政效率低落，阻礙服務產業經營，3.消費權利濫用，曲解服務產業精神，4.觀光市場蕭條，加深服務產業困境，5.人才供給斷鏈，衝擊服務資源供給。（商總，2017：5-8）

9. 八大失能之現象為：1.勞動政策破壞勞資和諧，2.投資建設凸顯政治算計，3.財經政策壓抑市場動能，4.財經政策壓抑市場動能，5.能源政策背離產業需求，6.外貿政策弱化海外布局，7.南向政策輕忽風險控管，8.兩岸政策欠缺宏觀格局。（商總，2017：8-11）

10.文化大學法律系教授邱駿彥接受記者訪談時表示，勞工工時長會「被視為以低廉人事成本作為不公平貿易競爭的手段。」（王宣

珮，2017）

11. 七家客運業者是：葛瑪蘭客運、國光客運、亞聯客運、基隆客運、統聯客運、日統客運、首都客運。

12. 勞動部公告各行業適用勞基法時間。（瀏覽日期：2018/9/25）取自 https://www.mol.gov.tw/topic/3066/5834/22675/

13. 日本2016年總工時是1714小時，2017年再減4小時。並請參見經濟合作發展組織。取自 https://data.oecd.org/emp/hours-worked.htm

14. 勞動部，民國106年國際勞動統計。（瀏覽日期：2018/9/29）取自 http://statdb.mol.gov.tw/html/nat/%E8%A1%A86-2.pdf

15. 荷蘭的部分工時制度在1982年勞方、資方與政府三方訂定的〈瓦森納協定〉（Wassenaar Agreement）中明文規定，勞方對工資爭取會有節制，資方則是縮短工時但不裁員，政府部門會保障部分工時者的社會福利與專職者相同，但不提供失業給付，此與一般所說的彈性契約之工作不同，後者是指臨時性工作與仲介勞動。（陳湘芬，2008：15、17）

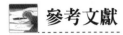 **參考文獻**

1. 中華民國全國工業總會，2016，《2016年全國工業總會白皮書——對政府政策的建言》，臺北。（瀏覽日期：2018/9/22）取自https://drive.google.com/file/d/0B7Srh1VrhBDIUlN1UnYyZ2xGQUk/view

2. 中華民國全國工業總會，2017，《2017年全國工業總會白皮書——對政府政策的建言》，臺北。（瀏覽日期：2018/9/22）取自https://drive.google.com/file/d/0B7Srh1VrhBDIN25Od3pTMlA4ZDQ/view

3. 中華民國全國工業總會，2018，《2018年全國工業總會白皮書——對政府政策的建言》，臺北。（瀏覽日期：2018/9/22）取自https://drive.google.com/file/d/0B7Srh1VrhBDIYkZBZFFiSUk5WVRJM0VMdUlTUUlEbWNNTlYw/view

4. 中華民國全國中小企業總會，2018，《107年報》，臺北。（瀏覽日期：2019/2/11）取自http://www.nasme.org.tw/front/bin/ptdetail.phtml?Part=AnnualReport&PreView=1

5. 王宣珮，2017，〈「一例一休」出發點是好的，為什麼被抱怨連連？法律系教授的觀察〉，《經理人月刊》。（瀏覽日期：2018/9/25）取自https://www.managertoday.com.tw/articles/view/54168

6. 王顥中，2016，〈綠擬臨時會強過勞基法勞團今起發動絕食〉，《苦勞報導》。（瀏覽日期：2018/9/26）取自https://www.coolloud.org.tw/node/85972

7. 生活中心，〈一例一休制影響　多家國道客運業者3月起漲票價〉，《臺灣好新聞》，2017/2/22。（瀏覽日期：2018/9/26）取自http://www.taiwanhot.net/?p=424893

8. 江永發，2017，〈解析一例一休的盲點：從政府與勞資三方治理關係談起〉，《中國行政評論》，23卷4期，頁86-110。

9. 吳美蓮，〈臺國道客運票價過年前暫時凍漲〉，《大紀元》，2016/12/31。（瀏覽日期：2018/9/26）取自http://www.epochtimes.com/b5/16/12/31/n8650024.htm

10. 呂雪彗〈7/1起一例一休勞檢期林全：以輔導為主〉《工商時報》20170626。（瀏覽日期：2019/2/10）取自https://www.chinatimes.com/newspapers/20170626000029-260202

11. 邱柏勝，2017，〈一例一休衝擊！調查：6成8企業受影響　服務業甚鉅〉，《中央社》，20170104。（瀏覽日期：2018/9/10）取自http://www.cna.com.tw/news/afe/201701040091-1.aspx

12. 邱駿彥、李政儒，2015，《各國工時制度暨相關配套措施之比較研究》，新北市：勞動部勞動及職業安全衛生研究所。

13. 邱莉燕，2016，〈「以價制量」卻兩邊不討好勞資信任崩盤〉，《遠見》第362期（20160808）。（瀏覽日期：2019/2/10）取自https://magazine.chinatimes.com/globalviews/20160808002953-300105

14. 邱琼皓，2016，〈勞動部長準備交棒陳雄文：小心！〉，《中國時報》20160410。（瀏覽日期：2019/2/10）取自https://www.chinatimes.com/realtimenews/20160410003084-260407

15. 邱琼皓，2018，〈勞基法三讀通過三月一日上路〉《工商時報》20180111。（瀏覽日期：2019/2/10）取自https://www.chinatimes.com/newspapers/20180111000211-260202

16. 余天琦、陳瑞敏，2015，〈我國工時制度實務及實施40工時制度之影響〉（20151023）（理律法律事務所）。（瀏覽日期：2019/2/10）取自http://www.leeandli.com/TW/Newsletters/5500.htm

17. 李玉春，2014，〈我國實施週40小時工時制之必要性與可行性之研究——以日韓經驗為鏡〉，《國立中正大學法學集刊》45期，2014年10月，頁177-261。

18. 李欣芳，2017，〈「四不變、四彈性」政院通過「一例一休」修

法〉，《自由時報》，20171109。（瀏覽日期：2019/2/10）取自 https://news.ltn.com.tw/news/politics/breakingnews/2248048

19. 李沃牆，2017，〈一例一休對臺灣產業及總體經濟影響〉，《亞洲金融季報》，秋季號，頁43-50。

20. 李健鴻，2017，〈「勞動保護」與「產業彈性」之間的平衡難題：勞動基準法工時新制立法評析〉，《臺灣勞工季刊》NO.49，2017年3月，頁4-13。

21. 周康玉，2018，〈林美珠真的要下臺了？勞動部主祕罕見「不接電話」〉，2018/2/22。（瀏覽日期：2018/9/10）取自 https://www.ettoday.net/news/20180222/1117684.htm

22. 林雅萍，2017，〈談勞基法「一例一休」新上路對護理的衝擊與因應〉，《志為護理》第16卷第1期（慈濟大學），頁12-13。

23. 卓佳芬，2017，〈一例一休制度對企業及勞雇行為影響之研究〉，政治大學經營管理碩士學程碩士論文。

24. 施義芳、莊均緯，2017〈勞動法修正後工程界的衝擊與因應對策〉《技師期刊》78期，頁77-87。

25. 柯昱安，〈郭芳煜：我的任期注定因一例一休結束〉，《新頭殼newtalk》，2017/2/8。（瀏覽日期：2018/9/21）取自 https://newtalk.tw/news/view/2017-02-08/81671

26. 唐鎮宇，2016，〈堅持國假減7天　勞部長：你可以告我〉，《蘋果日報》2016/3/24。（瀏覽日期：2019/2/12）取自 https://tw.appledaily.com/new/realtime/20160324/823333/

27. 陳光輝、陳淑玉，2017，〈淺談一例一休對醫院管理之影響〉，《醫院》第50卷第3期，頁26-35。

28. 陳湘芬，2008，《荷蘭如何運用彈性化勞動政策提升國家競爭力》，行政院勞工委員會出國報告。（瀏覽日期：2018/9/29）取自 https://report.nat.gov.tw/ReportFront/PageSystem/report FileDownload/

C09702270/001

29. 陳碧芬，2017〈中經院公布一例一休影響極為顯著〉，《工商時報》，2017/7/5。（瀏覽日期：2018/9/10）取自http://www.chinatimes.com/newspapers/20170705000065-260202

30. 陳政錄，2017，〈商總：政府失能兩岸僵局釀臺新四大慘業〉，《旺報》，2017/10/26。（瀏覽日期：2018/9/22）取自http://www.chinatimes.com/realtimenews/20171026004979-260410

31. 陳月里，2012，〈彈性工作時間之勞資關係與人力資源管理〉，國立中央大學人力資源管理研究所碩士論文。

32. 陳郁仁、林修卉、陳雅芃，2016，〈專訪總統1例1休爭議我很痛苦「勞工是民進黨心裡最軟的那塊」〉，《蘋果日報》2016.11.14。（瀏覽日期：2019/2/15）取自https://tw.appledaily.com/headline/daily/20161114/37451060/

33. 辜樹仁，2017，〈傳統管理出局　德國：工作「彈性」才是關鍵〉，《天下雜誌》616期，2017/2/15。（瀏覽日期：2018/9/28）取自https://www.cw.com.tw/article/articleLogin.action?id=5080973

34. 賀桂芬，2011，〈德國奇蹟新彈性救了歐洲病夫〉，《天下雜誌》444期，2011/4/13。（瀏覽日期：2018/9/27）取自https://www.cw.com.tw/article/article.action?id=5000453

35. 葉菁芳，2018，〈護理人員工作時間制度實務之研究——以一例一休之影響為中心〉，世新大學法律學研究所碩士論文。

36. 新新聞，〈揭密「一例一休」，始作俑者竟是他們？〉，《新新聞》第1565期，2017/3/4。（瀏覽日期：2018/9/10）取自https://blog.hamibook.com.tw/%E6%96%B0%E8%81%9E%E6%99%82%E4%BA%8B/%E6%8F%AD%E5%AF%86%E4%B8%80%E4%BE%8B%E4%B8%80%E4%BC%91%EF%BC%8C%E5%A7%8B%E4%BD%9C%E4%BF%91%E8%80%85%E7%AB%9F%E6%98%AF%E4%BB%96%E5%80%91%EF

%BC%9F/

37. 經濟部中小企業處，2018，《中小企業白皮書》，經濟部。（瀏覽日期：2019/2/15）。

38. 梁國源、馬珂、馬慧如，2007，〈德國經濟現況與展望〉，《臺灣經濟論衡》5卷2期，2007年2月，頁1-35。

39. 馮建棨，〈勞基法修正通過後　來看企業大老怎麼說〉，《Ettoday新聞雲》，2018/1/10。（瀏覽日期：2018/9/22）取自https://www.ettoday.net/news/20180110/1089896.htm

40. 蔡英文，2015〈2016年蔡英文的勞動政策六大主張〉，2015/11/29。（瀏覽日期：2018/7/28）取自http://iing.tw/posts/337

41. 勞動部，〈公告各行業適用勞基法時間〉，取自https://www.mol.gov.tw/topic/3066/5834/22675/

42. 勞動部，〈勞動基準法第34條及第36條例外情形〉，取自https://www.mol.gov.tw/topic/34395/35026/35030/。

43. 鄭瑋奇，〈國光客運3/8調整票價漲幅最高達100%〉，《自由時報》，2018/3/1。（瀏覽日期：2018/9/26）取自http://news.ltn.com.tw/news/life/breakingnews/1990407

44. 鄭佑漢，〈反砍7天假勞團毛振飛等7人絕食抗議〉，《新頭殼newtalk》2016/11/4。（瀏覽日期：2018/9/10）取自https://newtalk.tw/news/view/2016-11-04/78775

45. 臺灣高等教育產業工會，2018，〈蔡英文政府二修《勞基法》對工時的影響〉（研究報告），2018/11/10。（瀏覽日期：2019/2/11）取自https://www.coolloud.org.tw/node/91888

46. 潘姿羽，〈一例一休衝擊企業成本〉，《經濟日報》2017/12/20。（瀏覽日期：2018/9/24）取自https://udn.com/news/story/7238/2884724。

47. 劉梅君，2017，〈一例一休，爭權利？討恩惠？：政治經濟學批判的觀點〉，《臺灣人權學刊》4卷2期，頁11-46。

48. 聯合新聞網，〈內閣改組換四人上臺下臺原因何在〉，2017.02.04。
（瀏覽日期：2019/2/10）取自https://www.gvm.com.tw/article.
html?id=36618

49. 戴安瑋，2018，〈換人如換衣！盤點蔡內閣下臺部長有幾位〉，《中
時電子報》2018/5/29。（瀏覽日期：2019/2/10）取自https://www.chi-
natimes.com/realtimenews/20180529002970-260405

50. 顏辰洲、蔡明政、陳妍伶、謝政霖，2017，〈林全請辭到底為什
麼？名嘴點出致命傷〉，《民視新聞》，2017.09.05。（瀏覽日期：
2019/2/10）取自https://news.ftv.com.tw/AMP/News_Amp.aspx?id=2017
904P06M1

51. Lin, Chao-Yi，2014，〈別當甘蔗渣：荷蘭的彈性工時哲學〉（原文出
處：CAREhER網站），2014/8。（瀏覽日期：2019/1/26）取自https://
www.cheers.com.tw/article/article.action?id=5060462&page=3

52. OECD, Hours worked,（瀏覽日期：2018/9/27）取自https://data.oecd.
org/emp/hours-worked.htm

53. OECD, Part-time employment rate,（瀏覽日期：2018/9/27）取自https://
data.oecd.org/emp/part-time-employment-rate.htm

Chapter *6*

政經主觀意向對臺灣社會衝突意識之影響：以宜蘭縣為例

林大森[*]
蕭瑞民[**]

壹、緒論
貳、宜蘭民眾社會衝突觀的基本分析
參、影響社會衝突意識之內在／外在機制
肆、結論與討論

* 實踐大學社會工作學系教授
** 國立宜蘭大學應用經濟與管理學系副教授

摘要

　　衝突是人類社會的本質，什麼原因造成不同群體之間的衝突，是社會學的核心議題。本研究將探討民眾的主觀政治、經濟、社會意向對於臺灣社會衝突意識的影響，分析資料為 2017 年「宜蘭社會變遷與永續發展第二次基本調查」之研究計畫。

　　本研究將社會衝突區分為四大類型，分析顯示民眾認為臺灣社會「族群地域型」衝突性最小、「貧富階級型」與「宗教國籍型」衝突次之、「政治立場型」衝突最嚴重。此外，對於整體社會前景評估的「外在社會意向」，則是民眾理解衝突的重要原因。本研究亦分析城鄉差異，以比較不同都市化程度之民眾對於社會衝突的認知。

關鍵詞：社會衝突意識、主觀意向、宜蘭研究。

The Influence of Subjective Political Economic Imagination on Taiwan's Social Conflict Consciousness: An Analysis of Yilan

Abstract

　　Conflict is the essence of human society. What causes conflicts between different groups is the core issue of sociology. This study will explore the impact of the subjective political, economic, and social imagination of the people on Taiwan's social awareness. The analysis is research project of "The 2'nd Basic Survey of Social Changes and Sustainable Development in Yilan county in 2017".

This study divides social conflict into four types. The analysis shows that the people of Taiwan believe that the "race and region type" in Taiwan has the least conflict, the "poor/rich and class type" and the "religion and country type" are the middle, the most serious conflict is "political position type". In addition, the "external social imagination" for the assessment of the overall social outlook is an important reason for the people to understand conflicts. This study also analyzes urban-rural differences to compare the perceptions of social conflicts among people with different levels of urbanization.

Keywords: social conflict consciousness, subjective imagination, Yilan study.

壹、緒論

一、研究議題

本研究試圖以「社會衝突意識」為主題，探討哪些主客觀因素會影響民眾對於臺灣社會衝突性的評估。有關臺灣 M 形社會的形成，或是貧富差距現象，政治與經濟學家已有很多討論（吳惠林，2007；翁誠志，2007；項冠鈞，2008；Hsueh & Ku, 2009; Qian & Xu, 1993），經濟取向的研究，大部分是基於客觀經濟面向的數據。本研究將以社會面向出發，從古典理論學家的傳統出發，Marx 以經濟條件為基礎，資產階級與無產階級產生對立，從自在階級（class in itself）到自為階級（class for itself），最終引發階級衝突甚至階級革命，「意識」（consciousness）扮演了非常重要的角色（Marx, 1967）。此外，Weber 認為階級是指所有處在相同「階級情境」（class situation）的人，階級情境是指透過商品或市場取得財貨，獲得生活機會（life chance）及主觀滿足感；

不止考量生產與勞動過程，Weber 更注重生活機會，依此概念來捕捉階級意涵（Weber, 1982）。由此可見，除了個人實質擁有的經濟財富外，「主觀意向」也是不容忽視的層面。

去年以來由於年金改革、一例一休等爭議，使臺灣社會有衝突性提高的疑慮，不同學者分別將這些議題以社會平等、勞資對立、階級衝突或世代正義來理解（紀俊臣，2017；黃志隆，2017；劉梅君，2017；龐寶宏，2017）。若依據不同的標準，一個社會有不同的社會類屬（categories）與群體（groups），這些群體彼此之間是對立還是互融？每個人的生命經歷過程未必與每一個社會類屬有貼近的互動經驗，但勢必有對這些群體間衝突性的主觀評估，反映的是內心對於社會平等性的認同，更可直接反映到臺灣整個社會的穩定程度。再者，影響民眾認定社會群體間和諧／衝突的內在因素爲何？是個人的客觀條件、還是他的主觀態度？是與自身密切相關、還是與社會整體有關的態度？這些因素都可能影響到其對臺灣社會衝突性的評判，值得深入探討與分析。

二、資料來源

本研究分析之資料爲「宜蘭地區社會變遷與永續發展第二次基本調查研究計畫」，該計畫的研究目的在於瞭解宜蘭縣在雪隧通車後各種現象的改變，此計畫由國立宜蘭大學應用經濟系蕭瑞民教授主持，多位宜蘭在地專家學者共同參與，分爲政治、經濟、社會與觀光四個主題設計問卷，調查於 2017 年完成，有效樣本數爲 1,203。

本研究分析該次調查中「社會衝突意識」題組，是一個包含 12 個題目的題組，主題幹爲「您覺得臺灣社會各個不同群體之間，彼此衝突程度爲何？」12 個子題分別爲：1. 富人／窮人之間；2. 老闆／勞工之間；3. 不同政治立場（藍／綠）之間；4. 政府／民眾之間；5. 不同階級之間；6. 不同宗教信仰之間；7. 同性戀／異性戀之間；8. 本國勞工／菲、越、泰勞、印傭之間；9. 本國人／新住民（外籍新娘）之間；10. 漢人／原

住民之間；11. 北部人／南部人之間；12. 本省人／外省人之間。此外，
尚有一個題目爲全面性地評估：「整體而言，您覺得臺灣社會整體的衝
突性如何？」所有題目皆以 1 至 5 分測量衝突程度，分數越高表示受訪
者感受的衝突感越強烈。

三、分析架構

本研究架構如圖 1 所示，探討個人背景對客觀事實與主觀評估的影
響，再進一步分析主客觀因素對於臺灣社會衝突意識之作用。其中自變
項爲個人背景，包括性別、世代、族群、宗教信仰，中介變項爲主、客
觀因素，考慮內在／外在兩個層面，細分如圖 2 的四個面向：1.「個人
內在－客觀事實」層面包括自身的職業、教育、收入；2.「外在環境－
客觀事實」層面包括居住地，即居住在宜蘭的哪個鄉鎮市；3.「個人內
在－主觀評估」層面是個人對於目前的政治（自己階級位置）、經濟
（自身經濟前景）、社會（生活與努力公平性）的主觀知覺；4.「外在
環境－主觀評估」層面則是對臺灣整體政治、經濟、社會發展的預期，

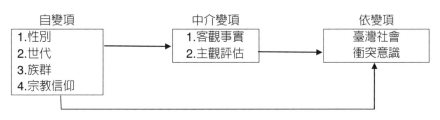

圖 1　本研究分析架構

	客觀事實	主觀評估
內在個人	·階層位置（職業） ·教育 ·收入	·主觀階級位置 ·主觀經濟分數 ·生活與努力相較公平性
外在環境	·居住地	·對臺灣政治前景 ·對臺灣社會前景 ·對臺灣經濟前景

圖 2　中介變項「主觀／客觀因素」

本研究分析重點在於「主觀評估」層面。此四個面向作為對於「臺灣社會衝突意識」的解釋變項。

貳、宜蘭民眾社會衝突觀的基本分析

一、「社會衝突意識」的社會圖像

　　本章節開始進行實證資料分析。分為兩部分進行，首先為單變項描述，圖 3 為「社會衝突意識」題組所有題目的次數分配，為清楚呈現，以長條圖顯示，並附上每一題之平均數與標準差，五個條形由左至右分別為「幾乎無衝突、很少有衝突、只有點衝突、有不小衝突、有嚴重衝突」。圖 3 第一題「富人／窮人」之間，受訪者回答第二個等級「很少有衝突」比例最高，若換算成 1 至 5 分，平均數為 2.668，低於理論上之期望值（3 分），可見民眾對於富人窮人間的衝突評估傾向於不嚴重。第二題「老闆／勞工」之間，圖形顯示極為完美的常態分配，平均數 3.062 也非常趨近於理論值。至於第三題「不同政治立場」，也就是

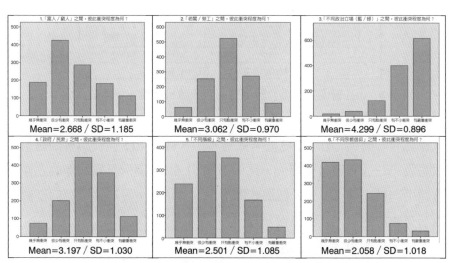

圖 3　「社會衝突意識」題組題目之次數分配圖、平均數與標準差

臺灣當前經濟與社會問題

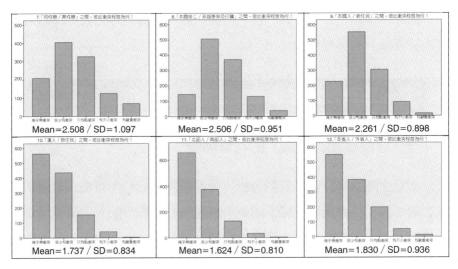

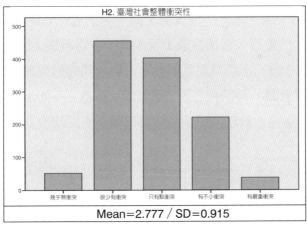

續圖 3 「社會衝突意識」題組題目之次數分配圖、平均數與標準差

藍綠之間的衝突，在 1,195 個有效樣本中，高達 615 個受訪者回答第五個等級——「有嚴重衝突」，比例高達 51.5%，圖形呈現明顯的左傾，該題平均數高達 4.3 分，標準差則很小（.896），表示民眾認為臺灣政治衝突非常嚴重，且觀感很一致。

接下來的第 4 至 12 題中，以第 4 題「政府／民眾」之間被認為衝突感最強烈，其平均數為 3.2，高於理論值。此外，「不同階級、同性

190

／異性戀、本勞／外勞」之間的平均分數約在 2.5 分左右，民眾認為這些群體間衝突並不會太嚴重。最後的「原／漢、北部／南部、本省／外省」，圖形顯示都已「幾乎無衝突」的比例最高，此三題的平均數也都在 2 分以下，由此可見，受訪民眾認為這三個群體相當和諧，衝突的情況少見。

此題組之後還有一個獨立的題目：「整體而言，您覺得臺灣社會整體的衝突性如何？」此題並非前一題組 12 題的加總，而是一個單獨的整體評估題目，該題回答兩極的比例皆在 5% 以下，39% 選擇「很少有衝突」、34% 認為「只有點衝突」，兩選項比例最高，另有兩成受訪者填答「有不小衝突」，平均數為 2.777。

相對於中外相關文獻，能夠細緻區隔出 12 個群體，一一檢視其衝突意識之研究尚少，難以與本文發現直接對話。較為相近者，有學者針對「中國城市居民社會觀念調查」進行分析，逐一探討貧富之間、幹部和群眾之間、農民和市民之間、國企管理者與普通職工之間、私營企業勞資之間、外資勞資之間、合資勞資之間等七項社會衝突。結果發現，受訪者認為私營企業勞資之間、貧富之間衝突最劇烈，約四成比例認為其「有嚴重／有不小的衝突」；反觀農民與市民之間衝突最輕微，超過六成民眾認為「沒有／很少有衝突」（張翼，2005：136）。臺灣與中國大陸類似之處在於兩者都認為勞資衝突嚴重，但中國大陸民眾也認為貧富衝突激烈，臺灣社會則不然。

另在臺灣的研究方面，直接針對社會衝突的研究不多，政治社會學者處理較多的是「認同」課題。例如吳乃德（2005）分析 1998 年 8 月至 2000 年 12 月的追蹤調查資料，指出臺灣民眾的民族認同非常不穩定，該文評估「族群文化認同」和「物質利益考量」這兩個因素對臺灣民族認同態度變動的影響，這篇論文討論臺灣民族主義／中國民族主義兩個認同之間的妥協與抗衡。此外則是檢視臺灣民眾對貧富差距的主觀認知，研究顯示在 2001 年以前與之後的發展十分不同，2001 年時，民

眾對貧富差距改善較爲樂觀；從 2003 年起趨勢逆轉，回答貧富差距非
常嚴重者飆高到 66%，在 2005 年與 2009 年更兩度超越七成，認爲貧
富差距不嚴重者則降低到一成以下。此外，共有高達六成以上的民眾回
答非常贊同與贊同自己趕不上有錢人，表示臺灣民眾整體主觀感受的相
對剝奪感有所提升（林宗弘，2013：707-708）。此兩研究皆以貫時性
資料呈現動態變遷，與本研究橫斷面成果相互對照。

二、個人背景因素與「社會衝突意識」的交叉分析

以上爲單一變項的描述，本小節開始進行受訪者個人背景與「社會
衝突意識」題組的交叉分析，亦即各項衝突意識是否因爲個人背景條件
的不同而有差異。表 1 爲個人背景與衝突意識題組之平均數差異檢定，
首先爲「性別」，分析顯示，兩性在 12 個群體衝突題目以及「臺灣社
會整體衝突性」上，幾乎都沒有差異。再者爲「世代」的考驗，分爲五
個年齡層，結果顯示每一題差異都達到 .001 的顯著，檢視其中數值，
幾乎都呈現「20～29 歲平均數最高，按年齡增長平均數漸低，65 歲以
上平均數最低」之現象，此表示越年輕的民眾認爲臺灣社會各群體間衝
突越激烈，越年老民眾感知社會群體間越平和，呈線性關係。

表 1　個人背景因素與「社會衝突意識」之平均數差異檢定

		1.富人/窮人	2.老闆/勞工	4.政府/民眾	5.不同階級	6.不同宗教信仰	7.同性戀/異性戀	8.本國勞工/外勞	9.本國人/新住民	10.漢人/原住民	11.北部人/南部人	12.本省人/外省人	3.政治立場(藍/綠)	H2.臺灣社會整體
性別	女	2.685	3.022	3.210	2.531	2.071	2.490	2.541	2.307	1.740	1.588	1.775	4.267	2.737
	男	2.651	3.101	3.184	2.473	2.046	2.525	2.472	2.215	1.735	1.659	1.884	4.330	2.816
	(差異檢定)											*		
世代	20～29 歲	3.000	3.424	3.535	2.826	2.413	2.988	2.767	2.558	2.029	1.959	2.244	4.413	3.088
	30～39 歲	2.970	3.355	3.410	2.690	2.345	2.753	2.705	2.425	1.985	1.824	2.025	4.470	3.046
	40～49 歲	2.791	3.240	3.380	2.699	2.144	2.682	2.571	2.324	1.820	1.673	1.912	4.449	2.865
	50～64 歲	2.535	2.940	3.166	2.392	1.928	2.340	2.418	2.191	1.611	1.510	1.682	4.303	2.765
	65 歲以上	2.292	2.615	2.694	2.114	1.708	1.995	2.238	1.972	1.456	1.363	1.536	3.962	2.296
	(差異檢定)	***	***	***	***	***	***	***	***	***	***	***	***	***

續表 1

		1.富人/窮人	2.老闆/勞工	4.政府/民眾	5.不同階級	6.不同宗教信仰	7.同性戀/異性戀	8.本國勞工/外勞	9.本國人/新住民	10.漢人/原住民	11.北部人/南部人	12.本省人/外省人	3.政治立場(藍/綠)	H2.臺灣社會整體
漢/原	原住民	2.007	2.768	2.669	1.795	1.616	2.356	2.119	1.894	1.503	1.351	1.430	4.344	2.252
	漢人	2.763	3.100	3.270	2.604	2.126	2.528	2.566	2.312	1.774	1.664	1.886	4.292	2.851
	(差異檢定)	***	***	***	***	***		***	***	***	***	***		***
宗教信仰	佛教	2.849	3.140	3.286	2.624	2.032	2.497	2.519	2.301	1.707	1.651	1.839	4.292	2.862
	道教	2.517	2.956	3.213	2.429	2.029	2.557	2.593	2.270	1.758	1.652	1.802	4.425	2.829
	民間信仰	2.857	3.119	3.337	2.759	2.222	2.453	2.646	2.405	1.785	1.652	1.967	4.249	2.833
	天主基督	2.134	2.785	2.730	1.878	1.651	2.437	2.161	1.906	1.530	1.376	1.483	4.376	2.404
	無信仰	2.663	3.162	3.170	2.436	2.081	2.590	2.413	2.212	1.784	1.674	1.830	4.232	2.783
	(差異檢定)	***	***	***	***	***		***	***	*	**	***		***
居住地區	原鄉	1.972	2.738	2.589	1.709	1.574	2.321	2.099	1.865	1.461	1.312	1.376	4.312	2.211
	一般鄉	2.749	3.093	3.184	2.548	2.109	2.461	2.523	2.298	1.808	1.659	1.840	4.259	2.871
	一般鎮	2.144	2.754	3.023	2.080	1.817	2.256	2.166	2.006	1.451	1.446	1.514	4.229	2.579
	羅東鎮	2.936	3.131	3.603	2.791	2.144	2.690	2.615	2.346	1.658	1.594	1.906	4.285	2.918
	宜蘭市	3.155	3.393	3.466	3.032	2.387	2.808	2.922	2.575	2.037	1.908	2.297	4.447	2.954
	(差異檢定)	***	***	***	***	***	***	***	***	***	***	***		***
教育	國小以下	2.192	2.585	2.673	1.981	1.634	1.960	2.234	1.954	1.444	1.348	1.470	3.978	2.280
	國初中	2.441	2.857	3.057	2.279	1.869	2.203	2.329	2.087	1.537	1.443	1.609	4.259	2.544
	高中職	2.667	3.076	3.287	2.594	2.222	2.637	2.586	2.316	1.816	1.660	1.885	4.352	2.844
	專科以上	3.139	3.507	3.564	2.911	2.334	2.901	2.734	2.531	1.997	1.895	2.170	4.499	3.199
	(差異檢定)	***	***	***	***	***	***	***	***	***	***	***	***	***
現職	無工作	2.576	3.007	3.074	2.408	1.954	2.385	2.410	2.212	1.676	1.562	1.746	4.201	2.663
	農林漁牧	2.456	2.838	2.857	2.120	1.800	2.086	2.278	2.026	1.525	1.400	1.663	4.215	2.480
	技術工	2.434	2.866	3.074	2.330	2.009	2.287	2.429	2.183	1.652	1.543	1.738	4.166	2.661
	服務人員	2.678	3.058	3.278	2.549	2.143	2.608	2.614	2.353	1.734	1.604	1.766	4.379	2.693
	事務工作	3.000	3.298	3.512	2.758	2.355	2.847	2.750	2.468	1.952	1.871	2.056	4.516	3.139
	助理專業	3.058	3.340	3.387	2.717	2.170	2.913	2.625	2.410	1.876	1.783	2.086	4.462	3.049
	管理專業	2.960	3.379	3.435	2.894	2.097	2.765	2.593	2.276	1.911	1.766	2.008	4.468	3.024
	(差異檢定)	***	***	***	***	***	***	***	**	***	***	***	***	***
收入	無收入	2.492	2.864	2.975	2.335	1.885	2.266	2.370	2.128	1.600	1.500	1.680	4.127	2.597
	三萬以下	2.708	3.081	3.241	2.514	2.126	2.518	2.578	2.311	1.749	1.654	1.861	4.375	2.770
	三萬以上	2.923	3.342	3.459	2.737	2.241	2.829	2.630	2.405	1.912	1.762	2.019	4.475	3.000
	(差異檢定)	***	***	***	***	***	***	***	***	***	***	***	***	***

　　接下來為「漢/原族群」的差異比較。表 1 顯示除了同性/異性戀、藍/綠之外，其餘各題皆顯著，漢人感受到的群體衝突，明顯甚於原住民，可見原住民族視臺灣整體和諧程度較高。另在「宗教信仰」部分，也是大部分題目都呈現了顯著差異，其中以信仰「天主教或基督教」者，認定臺灣社會較為和諧；而持「民間信仰」者，普遍認為衝突

程度較高。至於「居住地區」方面，本研究區分爲五個等級：1.原鄉（大同、南澳）、2.一般鄉（礁溪、員山、壯圍、五結、三星、冬山）、3.一般鎮（頭城、蘇澳）、4.羅東鎮、5.宜蘭市，大致依循著都市化程度劃分。分析顯示，宜蘭民眾感受到的社會衝突感會因爲居住地而有顯著差異，除了政治立場不顯著外，其餘各題幾乎都以「宜蘭市」民眾認定社會衝突最強烈、「原鄉」民眾認爲衝突最輕微；隨著都市化程度越高，民眾感受的衝突感越嚴重。表1末最後三個檢定分別爲教育、職業、收入，也就是所謂「社會經濟地位」，雖然表中有三個類屬，每類有13個題目，細緻的平均數很多，但大致上呈現「教育程度、職業地位與收入越高者，主觀認定社會衝突感越激烈；反之，社經地位越低者認爲衝突越緩和」之現象。

經由表1的分析，本研究提出三個有趣的發現。首先，不同「宗教信仰」者認定的衝突性有差異，但是在「同性／異性戀」檢定結果並不顯著。換言之，認爲臺灣同性／異性戀之間衝突高低，並不會因爲他信奉哪個宗教（甚至沒有信仰）而有差異。其次，社經地位與民眾感受的社會衝突成反比，教育職業與收入越高者，越覺得臺灣社會不和諧，群體之間並不相容。最後，民眾感知的衝突類型，以「政治立場」的差異性最小，也就是說，儘管不同背景條件者對於群體衝突有不同的理解，但對於不同政治立場間的衝突，民眾的觀感最爲一致。表1中以性別、原漢族群、宗教信仰、居住地區來檢定「藍／綠衝突」，其差異是不顯著的，但仔細觀之，除極少數外，所有群體之平均數都在4分以上。這說明了不管受訪民眾的個人背景爲何，都相當一致地認爲臺灣藍／綠間的衝突非常之嚴重。

本研究分析的「社會衝突意識」題組共有12個題目，若進行後續的多變量分析（如迴歸模型），眾多依變項會使得分析太過瑣碎。因此，此處先以因素分析（factor analysis）簡化題組，抽出共同因素，讓後續的討論可以更簡潔。

表 2 為因素分析結果，經由主成分分析法抽出共同因素，並採最大變異法因素轉軸後，總共抽出四個因素，表中數值為因素負荷量（factor loading）。分別為因素一，反映在北部／南部人、本省／外省人、漢／原族群，可命名為「族群地域」因素，可解釋題組 23.60% 之變異量。第二個因素反映在貧／富、勞／資、政府／民眾、不同階級，可命名為「貧富階級」因素，解釋題組 22.19% 之變異量。第三個因素反映在同性／異性戀、本勞／外勞、本國人／新住民、各宗教信仰，可命名為「宗教國籍」因素，解釋題組 20.25% 之變異量。至於第四個因素，僅反映在「政治立場（藍／綠）」一個題目，解釋題組 10.16% 之變異量，四個因素累積可解釋題組變異量達 76.20%。此外，前三個因素之信度（Cronbach's α 值）分別為 .891、.852、.832，顯示有極高的內部一致性。

表 2 「社會衝突意識」題組之因素分析

	族群地域	貧富階級	宗教國籍	政治立場
11.「北部人／南部人」之間	.862			
12.「本省人／外省人」之間	.850			
10.「漢人／原住民」之間	.802			
1.「富人／窮人」之間		.829		
2.「老闆／勞工」之間		.731		
5.「不同階級」之間		.726		
4.「政府／民眾」之間		.596		
7.「同性戀／異性戀」之間			.798	
8.「本國勞工／菲越泰勞印傭」之間			.676	
6.「不同宗教信仰」之間			.648	
9.「本國人／新住民」之間			.595	
3.「不同政治立場（藍／綠）」之間				.932
Cronbach's α	.891	.852	.832	----
解釋變異量	23.60%	22.19%	20.25%	10.16%
累計解釋量	23.60%	45.79%	66.04%	76.20%

三、「主觀內／外在評估」對社會衝突意識的相關分析

　　以上爲個人背景變項與依變項的交叉分析，依據圖 1 之研究架構，中介變項之「主觀評估」與社會衝突意識間的關係也極爲重要，其中又分爲「內在個人／外在環境」兩個面向，社會衝突意識就以上述因素分析簡化的四個因素代表，表 3 爲主觀評估與衝突意識之間的相關係數。表格左上方區塊爲內在／外在主觀評估之間的相關，大致達到顯著，但內在社會面的評估與外在評估間的關聯性微弱，意思就是，對內在的社會公平性樂觀者（即認爲「自己的生活和努力相較之下，覺得公平」），並不會關聯他對於外在面向的評估。

　　再看表 3 右上方區塊，爲主觀評估與社會衝突之間的相關，其中內在政治、經濟評估與各類社會衝突間的關係多呈現正向顯著，亦即對自己，的政治地位與經濟現況越樂觀，反而越認爲社會各群體之間的衝突性高，但個人內在的社會評估並不影響社會衝突感。再者，外在評估項目中，以社會面向與各項衝突的關聯性最高，五個相關係數皆達 .001 的負向顯著，表示對於臺灣社會整體發展樂觀者，也覺得臺灣社會各群體間的衝突較爲和緩。

　　最後爲表 3 右下方區塊，爲五個社會衝突項目之間的關聯分析。結果顯示彼此間呈現極爲顯著的正相關，認爲某些群體之間不和諧，連帶也會認定另一些群體對立嚴重，以及臺灣整體社會的衝突性高。綜觀表 3 的分析，本文發現幾個有趣的現象：第一、對自己政治與經濟越樂觀，反而認爲社會衝突嚴重，此與個人客觀條件的分析結果相近，教育、職業與收入越高者，認定社會各群體越具衝突性；對於外在經濟評估也近似，看好臺灣整體經濟發展，反而覺得臺灣各群體衝突感升高（除政治立場外）。第二、臺灣社會整體衝突感的嚴重性，對於社會整體發展樂觀，第三、雖然各群體間的衝突感彼此關聯性都達到顯著，但強弱之間存有差異，如貧富階級與宗教國籍之間相關高達 .711，可是族

政經主觀意向對臺灣社會衝突意識之影響：以宜蘭縣為例

表 3　內／外在主觀評估與社會衝突類型之相關係數

	內在—政治	內在—經濟	內在—社會	外在—政治	外在—經濟	外在—社會	貪富階級間	宗教國籍間	群族地域間	政治立場間	社會整體衝突
內在—政治		.235***	.173***	.081**	.029	.066*	.093***	.074**	.051	.053	.097***
內在—經濟			.283***	.235***	.298***	.247***	.142***	.163***	.160***	-.010	.083**
內在—社會				.023	.057*	.054	-.007	-.013	-.005	-.042	-.010
外在—政治					.197***	.393***	-.052	-.041	.012	-.117***	-.074*
外在—經濟						.165***	.082**	.091**	.169***	-.061*	.058*
外在—社會							-.186***	-.116***	-.116***	-.149***	-.159***
貪富階級間								.711***	.564***	.394***	.660***
宗教國籍間									.663***	.313***	.606***
群族地域間										.161***	.484***
政治立場間											.323***

群地域與政治立場間的相關僅爲 .161。

　　以上相關分析得出了一些有趣的分析結果，但仍僅爲雙變項分析，尚未排除個人背景因素的作用，因此，以下建立迴歸模型，分析更細緻的影響效果。

參、影響社會衝突意識之內在／外在機制

一、個人背景、內外在主觀因素對於「社會衝突意識」之迴歸分析

　　以上分析已得出許多有意義的發現，本節開始以更嚴謹的多變量迴歸模型，檢視在納入了背景變項之後，客觀事實與主觀評估對於社會衝突意識的影響。表 4 爲全體樣本的分析，依變項爲不同衝突類型，模型 (1) 顯示，民眾對於臺灣「貧富與階級之間衝突」的知覺，性別、世代、宗教信仰、居住地、教育、主觀的內在與外在評估，都是顯著的影響因素：女性、年紀較輕、信仰佛道民間信仰、居住地都市化程度較高、教育程度較高者，認爲衝突性高。林宗弘（2013）在分析臺灣民眾「主觀階層評分」以及「自覺趕不上有錢人（相對剝奪）」的穩健迴歸（robust regression）模型也顯示，性別、年齡、族群、教育程度以及階級位置等自變項與控制變項，對於依變項有顯著影響力，與本研究有類似發現。

　　在主觀評估方面，對個人內在經濟狀況與其認定社會衝突感成正比；反觀社會面向，對內在公平性或外在發展前景樂觀者，則認爲臺灣的貧富與階級衝突性小，呈現了截然不同的影響方向。

　　模型 (2) 爲「宗教與國籍之間衝突」之分析。若只看主觀評估的六個變項，其結果和模型 (1) 近似，內在經濟評估呈正顯著、外在社會評估呈負顯著。再者，(3)「族群地域之間衝突」模型除了此兩變項外，外

在經濟評估也呈現正向影響力；最後 (4)「政治立場之間衝突」模型則是內在評估變項皆無影響，外在政治與社會評估兩變項達顯著，皆為負向影響力。

在此針對以上四個模型進行綜合討論。先討論四個模型一致的部分：「內在經濟」評估對於社會衝突嚴重性有正向影響，也就是說，評估自己經濟前景樂觀者，認為臺灣各群體間衝突嚴重。一般狀況而言，對於內在經濟前景樂觀者也是職業與收入較高、經濟條件較佳者，有不錯的經濟能力，通常有較強的競爭性格，因此不在意社會衝突，甚至覺得衝突嚴重。此與張翼 (2005) 研究發現不同，該研究指出中國大陸居民如果認為近五年生活水平提高，對於貧富衝突的感知較不敏銳；反之若感覺自己近五年生活水平下降很多，即感受衝突激烈。自身經濟條件如何影響到其對於貧富之間衝突的考量，其中涉及了頗為複雜的思考過程。除此之外，四個模型的「外在社會」評估都呈現負向影響力，意即對臺灣社會發展抱持樂觀態度，連帶地認知各群體間的衝突性小，此分析結果十分容易理解。

細究四個模型，指涉衝突的類型並不一樣。模型 (1) 包含貧／富、勞／資、政府／民眾、不同階級等四個群體，此四者是「自致地位」（achievement status），也就是靠著自身努力可以改變的地位（Giddens and Sutton, 2017）。分析顯示，除上述內在經濟、外在社會兩因素外，「內在社會評估」也達負向顯著，意味著自己的努力程度和生活水準相較，覺得越公平者，越覺得臺灣貧富與階級間不具深刻衝突，此結果十分合理。認為投入與獲得相稱，預設自致地位符合公平的邏輯，才會擁有向上攀爬的動力。

模型 (2) 囊括各宗教、同性／異性戀、本勞／外勞、本國人／新住民，與模型 (1) 四群體的差異是，這四個類屬不一定在每個人周遭的生活情境中。沒有宗教信仰、對於同性戀不表態度者比比皆是，工作性質不與外勞或新住民互動者也比比皆是。接下來模型 (3) 包括原／漢、北

表 4 個人背景、內外在主觀因素對於「社會衝突意識」之迴歸分析

	(1) 貧富階級間		(2) 宗教國籍間		(3) 族群地域間		(4) 政治立場間		(5) 整體衝突性		(6) 整體衝突性	
	B	Beta	B	Beta	B	Beta	B	Beta	B	Beta	B	Beta
男性 a	-.117	.065*	-.117	.072*	.018	.012	-.013	.007	-.006	.003	.064	.035
20~29 歲 b	.455	.179***	.529	.231***	.449	.204***	.282	.113*	.370	.144***	.000	.000
30~39 歲	.404	.167***	.415	.191***	.365	.175***	.275	.116*	.414	.169***	.087	.036
40~49 歲	.361	.154***	.302	.143***	.242	.119**	.273	.118**	.283	.120**	.020	.009
50~64 歲	.155	.078*	.153	.086*	.059	.034	.215	.109**	.237	.117**	.112	.056
漢人 c	-.137	.051	.009	.004	-.315	.137	-.255	.097	.120	.044	.201	.073
佛教 d	.261	.104***	.168	.074*	.143	.066	.178	.072*	.227	.089**	.051	.020
道教	.157	.065*	.213	.098**	.158	.076*	.308	.130***	.217	.088**	.065	.027
民間信仰	.337	.177***	.250	.145***	.180	.109**	.182	.097*	.261	.135***	.040	.021
天主基督教	.132	.049	.043	.018	.079	.034	.284	.108	.387	.141**	.293	.107**
原鄉 e	-.935	.343**	-.507	.207	-.875	.372**	-.468	.175	-.669	.239*	-.063	-.022
一般鄉	-.223	.123***	-.253	.154***	-.248	.157***	-.160	.089*	.034	.019	.221	.120***
一般鎮	-.455	.176***	-.432	.185***	-.456	.204***	-.142	.056	-.177	.066	.168	.063*
羅東鎮	.011	.004	-.154	.063	-.247	.106**	-.144	.054	.119	.044	.192	.071**
教育年數	.049	.248***	.029	.163***	.023	.136**	.017	.089	.057	.282***	.028	.137***
職業地位	-.002	.005	-.008	.019	.000	.001	.017	.037	-.003	.005	.002	.004
月收入	.002	.006	.011	.037	-.005	.016	.017	.052	-.009	.025	-.013	-.038

政經主觀意向對臺灣社會衝突意識之影響：以宜蘭縣為例

續表 4

	(1) 貧富階級間		(2) 宗教國籍間		(3) 族群地域間		(4) 政治立場間		(5) 整體衝突性		(6) 整體衝突性	
內在—政治	-.018	.021	-.024	.031	-.031	.042	.013	.016	.008	.010	.024	.027
內在—經濟	.105	.079**	.135	.113***	.099	.086**	.004	.003	.059	.044	-.018	-.013
內在—社會	-.057	.054*	-.051	.054	-.027	.030	-.034	.033	-.056	.052	-.017	-.016
外在—政治	-.014	.015	-.032	.040	.015	.019	-.067	.077*	-.048	.053	-.034	-.038
外在—經濟	.024	.024	.018	.021	.086	.101***	-.045	.046	.029	.029	.008	.008
外在—社會	-.167	.160***	-.077	.082**	-.102	.113***	-.090	.088**	-.123	.115***	-.025	-.024
貧富階級衝突											.386	.379***
宗教國籍衝突											.279	.247***
族群地域衝突											.069	.059*
政治立場衝突											.045	.044
常數	2.744		2.061		1.175		4.641		2.108		.146	
R square	.316***		.225***		.209***		.096***		.247***		.528***	
N	1,109		1,108		1,109		1,104		1,078		1,073	

註：對照組：a—女性；b—65 歲以上；c—原住民；d—無宗教信仰；e—宜蘭市。

* p < .05; ** p < .01; *** p < .001。

部／南部人、本省／外省人，這三個類屬傾向「先賦地位」（ascribed status），即與生俱來不能改變的事實（Giddens and Sutton, 2017）。先前圖 3 顯示，這幾個群體的衝突平均數都才一點多分，相當低，可見民眾大多認為臺灣族群與區域間的衝突相當輕微。此模型顯示「外在經濟評估」也達顯著，對經濟大環境越樂觀，覺得臺灣族群和地域間衝突較大，如此反映出民眾認為族群與區域間的資源不均，是事實存在並非僅是主觀上的衝突與對立。

若說模型 (3) 指涉的是衝突輕微，那麼模型 (4) 則是衝突激烈。模型 (4) 僅分析「不同政治立場」一個群體，圖 3 得知其平均數為 4.3 分（最高為 5 分）、標準差 .896（比大多數題目為低），可見民眾感受臺灣政治衝突十分嚴重，而且此一認知很普遍。表 4 的模型 (1) 至 (5) 都置入一樣的預測變項，其解釋力（R square）都在 20% 以上，唯有模型 (4) 解釋力僅 9.6%，可見自變項能夠解釋依變項變異的程度有限，換言之，民眾對於臺灣藍／綠衝突的觀感十分一致。在此模型分析中，除了先前提及的外在社會因素外，「外在政治評估」也達負顯著，亦即對於臺灣民主政治樂觀者，認為藍綠衝突沒那麼嚴重。

以上四個模型是「社會衝突意識」題組，此外尚有一單獨題目，模型 (5) 顯示「臺灣整體社會衝突性」的影響因素中，僅外在社會評估一個變項達到顯著。最後模型 (6) 進一步納入四個衝突變項，以評估對臺灣整體衝突性的作用。模型顯示在控制了四個變項後，六個內外在評估變項都不顯著，而四個衝突變項僅政治立場不顯著，其餘三個都達正向影響力，以其中又以「貧富階級衝突」的影響力最大（Beta=.379），此意味著越是覺得貧富與階級衝突嚴重者，也認為臺灣整體社會衝突性高。整體模型解釋力高達 52.8%。

綜觀上述，已細緻討論了內在／外在政治、經濟、社會評估對於社會衝突的影響。但進一步觀之，「居住地區」似乎也不容忽視，模型中以宜蘭市為對照組，檢視原鄉、一般鄉、一般鎮、羅東鎮等四個變項的

作用，表 4 中除了模型 (4) 之外，其餘皆顯示地區變項有或多或少的影響力。職是之故，以下再將原模型依都市化程度拆解成五個子模型，進行分析與比較。

二、民眾社會衝突意識之地區差異

「居住地區」為本研究模型中客觀的環境因素，此因素對於臺灣社會衝突意識也有重要的影響，本章節將考量地區差異進行比較分析。表 5-1 之被解釋變項為「貧富階級間衝突」，五個模型分別為居住在原鄉、一般鄉、一般鎮、羅東鎮、宜蘭市五個次群體，象徵著都市化程度的高低。綜觀表 5-1，(1) 原鄉、(3) 一般鎮、(5) 宜蘭市迴歸模型皆顯示，外在社會因素有顯著影響，此三地區居民對社會整體發展感到樂觀，會降低其認定貧富階級之間的衝突性；但 (2) 一般鄉模型則顯示除了外在社會因素外，內在的經濟與社會因素也達顯著，此與先前總樣本之分析結果類似；(4) 羅東鎮模型則六個變項都不顯著。

表 5-2 為針對「宗教國籍間衝突」之迴歸分析。其中內外在評估僅在 (2)、(3) 兩個模型達到顯著，(2) 一般鄉模型之內在經濟達正顯著、內在社會負顯著；(3) 一般鎮模型則是外在社會變項達正向顯著。與前述分析相較，除了達到顯著影響力的變項較少之外，影響的效果差不多。接下來為對「族群地域間衝突」之迴歸模型，表 5-3 分析顯示，依舊是 (2) 一般鄉模型中達到顯著影響力的變項較多，為內在經濟、社會評估，以及外在社會評估；再者，(3) 一般鎮及 (4) 羅東鎮模型也顯示內在經濟評估有顯著的正向影響，(5) 宜蘭市模型則是外在經濟評估達正顯著。

表 5-4 為「政治立場間衝突」之分析，表中僅有前兩模型有顯著影響因子，(1) 原鄉模型之內在政治評估有負面影響；(2) 一般鄉模型外在政治、社會評估兩因素都達到負向的顯著，此為少數政治評估變項達顯著效果之模型。表 5-5 為「臺灣社會整體衝突性」分析，(2) 一般鄉模

型內在社會、外在政治與社會變項達負向顯著，(5) 宜蘭市模型外在社會變項也達負顯著。最後表 5-6 分析進一步控制四項衝突之後，對臺灣整體衝突性的預估，在模型納入了四個衝突類型之後，原本的六個主觀評估變項幾乎都不再顯著；四項衝突中，以「貧富階級衝突」的影響力最大，在五模型中都呈現了顯著的影響力，此外，「宗教國籍衝突」在(2) 一般鄉、(4) 羅東鎮與 (5) 宜蘭市模型中，也有顯著的影響力，顯示民眾對這些衝突的強弱，直接連結到對臺灣整體衝突的感知。

綜觀表 5-1 至 5-6 之分析，得出三個重點：第一、相較於表 4 未區分居住地區之前，總樣本模型的六個主觀評估變項對於社會衝突意識的影響力較爲顯著，可見「居住地」因素對於社會衝突性具有不容忽視的影響，經由模型解釋力比較也可獲致類似的發現。第二、比較五個不同都市化程度之地區，以「一般鄉」民眾，主觀內外在評估對於社會衝突的影響力較大。此群體包含礁溪、壯圍、員山、五結、三星、冬山等鄉，乃是除了大同、南澳原住民部落外，都市化程度較低的區域。在影響因素方面，一般鄉民眾的內在經濟與社會評估，或多或少對於社會衝突有顯著作用；然而相對於都市化程度較高之羅東鎮、宜蘭市，僅外在社會評估有影響，甚至完全不顯著。第三、控制了四個衝突類型後，六項內外在評估的影響力變得不明顯，但四衝突變項達顯著作用，且其中有城鄉差異。以都市化程度最高的羅東鎮、宜蘭市觀之，「宗教國籍衝突」是形塑臺灣整體衝突感最大關鍵；而在都市化程度相對較低的其他鄉鎮，則是「貧富階級衝突」最關鍵，此差異甚爲明顯，值得討論。

肆、結論與討論

本研究採 2017 年近期的調查資料，以「臺灣社會群體衝突」爲題，進行了一個題組 12 個題目的衝突分析，面對今日爭議性議題眾多、民眾之間難有共識之臺灣社會，本研究的分析有其重要性。過去並無細緻

政經主觀意向對臺灣社會衝突意識之影響：以宜蘭縣為例

表5-1 個人背景、內外在主觀因素對於「貧富階級間衝突」之迴歸分析（按地區分）

	(1) 原鄉		(2) 一般鄉		(3) 一般鎮		(4) 羅東鎮		(5) 宜蘭市	
	B	Beta	B	Beta	B	Beta	B	Beta	B	Beta
內在—政治	-.064	.117	-.019	.022	.013	.018	-.094	.114	.035	.040
內在—經濟	.075	.079	.192	.137**	-.044	.037	.070	.051	.055	.043
內在—社會	-.039	.064	-.148	.135**	.010	.012	-.167	.136	-.020	.021
外在—政治	-.009	.015	-.033	.036	-.004	.005	-.049	.058	.042	.053
外在—經濟	.124	.160	.050	.046	.013	.015	-.082	.095	.033	.042
外在—社會	-.206	.308**	-.159	.145***	-.155	.178*	-.104	.092	-.217	.244***
常數	2.287		2.512		3.147		2.060		2.680	
R square	.188*		.278***		.247**		.339***		.358***	
N	138		468		155		141		207	

註：以上模型皆已控制了性別、世代、族群、宗教信仰、教育、職業與收入等項，為精簡表格起見，不呈現數據。

* p＜.05; ** p＜.01; *** p＜.001。

表5-2 個人背景、內外在主觀因素對於「宗教國籍間衝突」之迴歸分析（按地區分）

	(1) 原鄉		(2) 一般鄉		(3) 一般鎮		(4) 羅東鎮		(5) 宜蘭市	
	B	Beta	B	Beta	B	Beta	B	Beta	B	Beta
內在─政治	-.052	.106	.004	.005	.071	.121	-.097	.118	-.085	.099
內在─經濟	.040	.047	.254	.199***	.033	.035	.075	.055	.009	.007
內在─社會	-.014	.027	-.147	.146***	.034	.051	-.042	.034	-.075	.079
外在─政治	.029	.056	-.052	.062	.062	.102	-.006	.007	-.044	.056
外在─經濟	.062	.090	.044	.044	.017	.026	-.120	.139	.026	.034
外在─社會	-.124	.209	-.065	.064	-.138	.196*	-.030	.027	-.059	.068
常數	1.795		1.757		1.572		1.527		2.151	
R square	.183		.221***		.117		.300***		.270***	
N	138		467		155		141		207	

註：以上模型皆已控制了性別、世代、族群、宗教信仰、教育、職業與收入等變項，為精簡表格起見，不呈現數據。

* p < .05; ** p < .01; *** p < .001。

表 5-3 個人背景、內外在主觀因素對於「群族地域間衝突」之迴歸分析（按地區分）

	(1) 原鄉		(2) 一般鄉		(3) 一般鎮		(4) 羅東鎮		(5) 宜蘭市	
	B	Beta	B	Beta	B	Beta	B	Beta	B	Beta
內在─政治	-.012	.022	-.010	.013	-.025	.042	-.074	.089	-.018	.022
內在─經濟	-.073	.078	.161	.137**	.220	.228*	.247	.181*	-.061	.051
內在─社會	.038	.063	-.096	.104*	-.024	.035	-.094	.076	-.079	.087
外在─政治	-.029	.050	.027	.035	-.026	.042	.034	.040	.036	.048
外在─經濟	.032	.041	.079	.087	.082	.120	.017	.019	.112	.153*
外在─社會	-.122	.183	-.107	.116*	-.090	.128	.033	.029	-.092	.111
常數	1.392		1.425		2.645		.590		2.040	
R square	.130		.186***		.237**		.296***		.281***	
N	138		468		155		141		207	

註：以上模型皆已控制了性別、世代、族群、宗教信仰、教育、職業與收入等項，為精簡表格起見，不呈現數據。

* p＜.05；** p＜.01；*** p＜.001。

表 5-4 個人背景、內外在主觀因素對於「政治立場間衝突」之迴歸分析（按地區分）

	(1) 原鄉		(2) 一般鄉		(3) 一般鎮		(4) 羅東鎮		(5) 宜蘭市	
	B	Beta	B	Beta	B	Beta	B	Beta	B	Beta
內在—政治	-.150	.188*	.033	.038	.009	.011	.052	.051	.044	.056
內在—經濟	-.102	.074	.057	.042	-.065	.050	-.045	.027	.026	.022
內在—社會	.003	.003	-.073	.067	-.057	.062	-.106	.069	.011	.012
外在—政治	-.140	.162	-.109	.122*	.024	.029	-.077	.072	.038	.052
外在—經濟	.015	.014	-.026	.024	-.136	.146	-.093	.085	-.005	.007
外在—社會	.119	.122	-.185	.173***	.115	.119	-.116	.082	-.120	.150
常數	3.504		4.705		4.926		4.650		3.850	
R square	.261**		.148***		.126		.196		.132	
N	138		465		155		139		207	

註：以上模型皆已控制了性別、世代、族群、宗教信仰、教育、職業與收入等變項，為精簡表格起見，不呈現數據。

* p＜.05;＊＊p＜.01;＊＊＊p＜.001。

政經主觀意向對臺灣社會衝突意識之影響：以宜蘭縣為例

表5-5 個人背景、內外在主觀因素對於「臺灣社會整體體衝突」之迴歸分析（按地區分）

	(1) 原鄉		(2) 一般鄉		(3) 一般鎮		(4) 羅東鎮		(5) 宜蘭市	
	B	Beta	B	Beta	B	Beta	B	Beta	B	Beta
內在－政治	-.034	.056	.018	.020	-.052	.068	.004	.005	.022	.023
內在－經濟	.048	.048	.107	.075	.031	.026	-.020	.013	.011	.008
內在－社會	-.044	.066	-.125	.113*	.043	.051	-.036	.026	-.052	.049
外在－政治	.021	.033	-.088	.094*	-.117	.152	-.094	.099	.048	.054
外在－經濟	-.029	.034	.037	.034	.132	.158	-.047	.048	.042	.049
外在－社會	-.120	.164	-.116	.104*	-.071	.079	.001	.001	-.211	.217**
常數	2.022		2.610		1.213		1.113		1.647	
R square	.190		.198***		.212*		.371***		.367***	
N	130		458		144		140		206	

註：以上模型皆已控制了性別、世代、族群、宗教信仰、教育、職業與收入等變項，為精簡表格起見，不呈現數據。

* p＜.05; ** p＜.01; *** p＜.001。

表5-6 個人背景、內外在主觀因素對於「臺灣社會整體衝突」之迴歸分析（按地區分）—控制四項衝突、類型

	(1) 原鄉		(2) 一般鄉		(3) 一般鎮		(4) 羅東鎮		(5) 宜蘭市	
	B	Beta	B	Beta	B	Beta	B	Beta	B	Beta
內在—政治	.004	.007	.019	.021	-.058	.077	.075	.081	.050	.052
內在—經濟	.012	.011	-.030	.021	-.010	.008	-.069	.046	.009	.006
內在—社會	-.045	.068	-.011	.010	.034	.041	.007	.005	-.004	.004
外在—政治	.020	.030	-.050	.054	-.139	.181*	-.084	.088	.052	.059
外在—經濟	-.092	.110	.006	.005	.100	.120	.012	.013	.003	.004
外在—社會	.021	.028	-.012	.011	.023	.026	.035	.027	-.122	.125*
衝突—貧富階級	.570	.518***	.420	.418***	.386	.362***	.248	.219*	.178	.163*
衝突—宗教國籍	.212	.165	.255	.231***	.202	.159	.409	.362**	.425	.378***
衝突—族群地域	.072	.065	-.002	.002	.162	.132	.025	.022	.189	.160*
衝突—政治立場	-.086	.116	.121	.117**	-.018	.019	-.037	.041	.080	.066
常數	.555		.539		-.618		.160		-.442	
R square	.549***		.517***		.456***		.559***		.627***	
N	130		454		144		139		206	

註：以上模型皆已控制了性別、世代、族群、宗教信仰、教育、職業與收入等變項，為精簡表格起見，不呈現數據。

* p＜.05; ** p＜.01; *** p＜.001。

探討各群體衝突的題目，經由本文一連串分析，可以整合出三個重要發現，進一步討論如下。

一、臺灣社會群體衝突的類型學

本研究分析的社會衝突題組雖然有 12 個題目，經由因素分析精簡為四大類型，各自有其特性。以第一種類型爲「貧富階級型」，乃是可以靠個人改變的自致地位（如貧者／富者，勞方／資方或政府／民間）。第二類「族群地域型」屬於難以改變的先賦地位（如原／漢、本省／外省）。第三類「宗教國籍型」未必涉及每一位群眾（如各宗教信仰、同性／異性戀、本勞／外勞、本國人／新住民）。最後一類是「政治立場型」，指涉民眾對於藍／綠的區隔。依照本研究分析結果，民眾評估四類型衝突平均數分別爲：貧富階級型—2.86 分；族群地域型—1.73 分；宗教國籍型—2.33 分；政治立場型—4.30 分。

以社會學角度觀之，族群身分是無法改變的先賦地位，民眾認爲臺灣社會基於族群的對立並不嚴重，「族群地域型」僅 1.73 分，爲四類之末，此爲可喜之現象，足見民眾對於臺灣社會基底的平等性有普遍的認同。對於民眾並非切身相關的「宗教國籍型」，衝突分數爲略高的 2.33 分，但低於「貧富階級型」的 2.86 分。總之，此三類型衝突平均數皆低於期望值 3 分，可見民眾認知的衝突性並不高。

唯獨「政治立場型」衝突分數爲 4.3 分，凸顯了民眾對於臺灣政治立場對立的感知，這樣的分析結果並不令人意外，其實，臺灣民眾願意表達自己政黨傾向的比例不高：「認爲自己政黨傾向偏國民黨的有 15.5%，偏民進黨的 12.7%，其餘政黨都在 1% 上下，自認政黨中立者高達 56.6%」（中時電子報，2018/5/7）；「26.2% 對民進黨有好感，50.6% 對民進黨反感；26.8% 民眾對國民黨有好感，44.1% 對國民黨反感」（美麗島電子報，2018/8/1）——這兩個親藍親綠媒體的民調，不

約而同顯現出民眾對於「政黨認同」保持些許距離,既然民眾對於政黨認同不願涉入太深,但情感上(當然某種程度也是理智上)認定臺灣政治立場衝突十分慘烈,實在是很值得深思的現象。

Evans and Kelley(2004)認為會參與同樣社會團體或組織的人,其身分差異有限,團體裡總有比自己經濟條件更差或更好的人,因此個人的主觀判斷都有趨中性(central tendency)。但以本研究觀之,民眾對於各群體間衝突分數高低參差,不見得很趨中,這樣的發現比較近似於 Gurr,他重視人們社會心理意識的變化,關注人們在心理感知過程中的參照群體(reference-group),Gurr 認為個人把自己的命運和另外一個既得利益群體參照比對,若感覺到強烈的相對剝奪感;而且這些具不滿想法的人,希望減輕此剝奪感的願望又落空,那麼反抗意識就可能出現,認為社會處於不平等及衝突狀態,甚至被喚起集體行動的能動性(Gurr, 1970; Walker and Pettigrew, 1984)。本研究並未處理因衝突意識連結到集體行動的面向,實證資料也不允許作此分析,但不失為將來可進行的研究題材。

二、解釋臺灣社會衝突的機制——外在社會評估之影響

除了描述統計外,本研究的重點在於探索臺灣社會衝突成因,也就是哪些原因造就了民眾認為某些群體「衝突嚴重/衝突不嚴重」的感受。解釋變項包含了受訪者對於個人內在/外在環境的政治、經濟、社會,一共六個主觀評估因素。經由一連串的迴歸模型分析,我們發現,對於上述四個衝突類型,「外在社會評估」有穩定且顯著的負面影響力;也就是說,「民眾對於臺灣社會發展持樂觀態度,可明顯降低其對於社會各類衝突的感受」——此一分析結果看來平淡無奇、理所當然,其實不然。綜觀政治、經濟、社會三個面向,民眾對於政治與經濟前景樂觀,皆無法有效降低他們對於社會群體的衝突感;以內在/外在觀

之，個人覺得「自身」的社會公平性，也不如外在「整體環境」社會樂觀，對於削減群體衝突感來得有用，甚至在「政治立場」的模型，分析結果也類似。由此可見在解釋臺灣群體衝突時，民眾「社會整體評估」的重要性。

此外，尚有兩個現象值得提出。在貧富階級型、族群地域型、宗教國籍型三類衝突分析時，「個人內在經濟評估」皆達正向顯著，亦即對於個人未來經濟發展正向者，認為此三類群體的衝突性比較強。一般而言，對自身經濟前景樂觀，通常也具職業與收入較高、經濟條件較佳特質，此特質者較具有競爭性格，視群體間有衝突或許不足為奇。另一個現象是，在分析「臺灣社會整體衝突性」時，將四個類型的群體衝突皆納入解釋變項，結果呈現僅「政治立場」不顯著；此即表示，無論民眾認為藍／綠衝突是強還是弱，都不會干擾其對於臺灣整體衝突的評估。值得玩味的是，民眾認為臺灣政治衝突很激烈，但這個態度卻不至於影響到其對臺灣整體衝突性的評斷，可見民眾心中有一把尺，把政治鬥爭和社會衝突明顯分隔開來。

三、臺灣社會衝突的區域差異──城鄉之比較

在圖 2 分析架構中，除了主觀評估外，中介變項也有客觀事實的部分，本研究側重於外在環境面，即是「居住地區」，民眾對於社會衝突認知也存在著區域差異，於是將宜蘭 12 個鄉鎮市依都市化程度區分為五個等級，進行不同居住地的差異比較。經由多元迴歸模型之解析，我們發現以「一般鄉」民眾較為獨特，這群除了大同、南澳原住民部落外，都市化程度較低的居民，在認定社會群體間衝突時，主觀內外在評估的解釋力較為顯著。相對地，頭城、蘇澳、羅東三個鎮以及宜蘭市民眾在評估社會衝突時，較少把內在、外在的政治、經濟、社會因素納入考量。

另一個值得提出的區域差異在於「臺灣社會整體評估」。四種衝突類型對於整體衝突有顯著影響，都市化程度最高的羅東鎮、宜蘭市中，宗教、國籍等「宗教國籍型」衝突是顯著的解釋因子，但在都市化程度較低的其他鄉鎮，則是貧富、勞資等「貧富階級型」最為關鍵。推估其因，高都市化民眾政經條件較好，與自身相關的衝突意識較不會當成對社會整體衝突的評判準則；可是低都市化區域，民眾的社經地位較低，仍會將與自身密切相關的階級因素當成是評估社會衝突或和諧的依據，兩者間有明顯的差異。然而整體來看，人民評估臺灣社會整體衝突並不以「族群地域型」與「政治立場型」兩類衝突視之，呈現了臺灣民眾理智與成熟的一面。

四、研究限制與後續研究建議

本研究分析細緻的「社會衝突」題組，歸納為四種衝突類型，並獲得一些有意義的研究成果，然而仍有無法克服的研究限制，最主要的限制即在於本文採用的分析資料來自於宜蘭縣，而非全國性的調查。我們認為，宜蘭各鄉鎮的都市化程度與臺灣各縣市鄉鎮市區，其實有類似可比擬之處。

由中研院社會所執行的「臺灣社會變遷基本調查計畫」，抽樣時，對於臺灣鄉鎮市區的分類，採用七個集群的分類，從高而低分別為：（一）都會核心（如臺北市大安區、高雄市苓雅區等）；（二）工商市區（臺中市西屯區、臺南市安平區等）；（三）新興市鎮（如新北市樹林區、桃園市蘆竹區等）；（四）傳統產業市鎮（如苗栗縣苑裡鎮、雲林縣林內鄉等）；（五）低度發展鄉鎮（如彰化縣二林鎮、苗栗縣卓蘭鎮等）；（六）高齡化鄉鎮（如雲林縣水林鄉、屏東縣車城鄉等）；（七）偏遠鄉鎮（如花蓮縣秀林鄉、臺東縣太麻里鄉等）。依其分類架構，宜蘭縣的 12 個鄉鎮市，宜蘭市、羅東鎮屬於（二）集群；五結鄉、冬山

鄉、蘇澳鎮屬於（三）集群；頭城鎮、礁溪鄉、壯圍鄉、員山鄉屬於（五）集群；三星鄉屬於（六）集群；大同鄉、南澳鄉屬於（七）集群，除了（一）與（四）集群外，宜蘭的 12 個鄉鎮市遍及其他五個都市化集群，足見其多元性。因而用來推估全國，理當沒有太牽強之偏誤。

　　本研究僅是初步嘗試，希望能達拋磚引玉之效。如果後續研究者能夠以全臺灣為抽樣施測對象，進行大樣本調查；且「社會衝突」題組設計也能基於前述四個類型，再予擴充更細緻的題目，應可進行更深入的分析，精確地掌握臺灣民眾對社會衝突的認知，進而尋求消弭對立、建立共識的途徑。

註 釋

* 林大森，實踐大學社會工作學系教授，專長領域為社會階層與流
  動、社會工作倫理、社會心理學、區域研究等。
** 蕭瑞民，國立宜蘭大學應用經濟與管理學系副教授，專長領域為
  運籌管理、網路行銷、作業管理等。

 參考文獻

1. 中時電子報，2018年5月7日，〈政黨惡鬥撕裂臺灣！六成民眾不滿藍綠〉。（瀏覽日期：2018/9/23）取自http://www.chinatimes.com/news-papers/20180507000374-260118

2. 吳乃德，2005，〈愛情與麵包：初探臺灣民眾民族認同的變動〉，《臺灣政治學刊》，9卷2期，頁5-39。

3. 吳惠林，2007，〈M型社會下企業的危機與轉機〉，《永豐金融季刊》，38期，頁1-33。

4. 林宗弘，2013，〈失落的年代：臺灣民眾階級認同與意識形態的變遷〉，《人文與社會研究集刊》，25卷4期，頁689-734。

5. 紀俊臣，2017，〈勞資關係與公共政策的制定與執行：一例一休政策的社會互動〉，《中國地方自治》，70卷4期，頁3-32。

6. 美麗島電子報，2018年8月1日，〈美麗島民調：2018年7月國政民調〉。（瀏覽日期：2018/9/23）取自http://www.my-formosa.com/DOC_136632.htm

7. 翁誠志，2007，〈M型社會的形成與M型消費的潛在商機〉，《彰銀資料》，56卷6期，頁10-24。

8. 張翼，2005，〈階級階層間社會衝突感的差異〉。收錄於李培林，張翼，趙延東等著《社會衝突與階級意識：當代中國社會矛盾問題研究》，頁131-162。北京：社會科學文獻出版社。

9. 項冠鈞，2008，〈「M型社會」消費型態之探討──以臺灣為例〉，《商業職業教育》，110期，頁25-36。

10. 黃志隆，2017，〈臺灣年金改革基礎的重構：新社會公民地位之社會平等觀點〉，《社會政策與社會工作學刊》，21卷1期，頁197-236。

11. 劉梅君，2017，〈一例一休，爭權利？討恩惠？：政治經濟學批判的觀點〉，《臺灣人權學刊》，4卷2期，頁11-46。

12. 龐寶宏，2017，〈年金改革之另立基金與世代正義〉，《聯大學報》，14卷1期，頁103-118。

13. Evans, M. D. R. and Kelley, J., 2004,"Subjective social location: Data from 21 nations," *International Journal of Public Opinion Research*, 16,1, PP. 3-38.

14..Giddens, A. and Sutton, P. W. ,2017, *Sociology (8th)* (UK: WILEY ACADEMIC).

15. Gurr. T.,1970, *Why Men Rebel.* NJ: Princeton University Press. 1970.

16.Hsueh, J. C.-T. and Ku, Y-W.,2009, «Social Change and Social Policy in Taiwan: New Poverty, M shaped Society and Policy Implications,» *International Journal of Japanese Sociology*, 18,1, PP. 45-59.

17. Marx, K, 1967, *Capital: A critical analysis of capitalist Production*(NY: International Publishers).

18. Qian, Y. and Xu, C.,1993, "Why China's economic reforms differ: the M form hierarchy and entry/expansion of the non state sector," *Economics of Transition*, 1,2, PP. 135-170.

19. Walker, I. and Pettigrew, T. F.,1984, "Relative deprivation theory: An overview and conceptual critique," *The British Psychological Society*, 23,4, PP.301-310.

20. Weber, M. ,1982, Selections from economy and society, vols.1 and 2. PP. 60-89 in A. Giddens & D. Held (Eds.), *Classes, power and conflict: Classical and contemporary debates*(Berkeley, CA: University of California Press).

Chapter 7

「意識形態」對立的臺灣社會

姚蘊慧[*]

林奕辰[**]

* 中國文化大學國家發展與中國大陸研究所助理教授

** 華南理工大學IPP公共政策研究院兼職研究員

摘要

臺灣人口除極少部分原住民與新住民外，絕大多數為由中國大陸來的漢人移民，先來與後到。然而，這五百年的移民史中，經歷了異族佔領統治、殖民、戰爭。二次戰後，臺灣以極快的步伐發展經濟，成就了備受世人矚目的「臺灣經驗」，然而 1990 年之後，臺灣社會意識形態的對立越演越烈，政治與社會的惡鬥成了跳不出的迴圈，使得各項發展停滯，社會衝突甚或仇恨犯罪不斷。

本文探討臺灣意識形態的重要面向，包括意識形態對立的起源、過程與發展。國家認同與民族情感如何認同與歸類。

研究發現，臺灣的意識形態對立，從最初的省籍情結到後來對國族的想像，係因臺灣特殊的歷史背景與冷戰時期二元世界觀，以及藍綠兩黨對我群、他群的刻意操作所逐步形成的。政治民主化後，政治人物為吸引其基本盤的注意與支持，採取仇恨語言，將對方打為「邪惡極端」，並否認對方的一切論據，進行有你無我的「仇恨政治」操作，以鞏固其意識形態極其選票。

藍綠惡鬥最糟糕的影響，是當雙方針對不同的政治、社會、經濟、文化議題幾乎也進行相似的操作，使得統獨／藍綠對抗的思維滲透到各個社會議題中，全面影響民眾對於公共議題的思索模式。政黨立場框定市場，豢養選民，卻也同時固化成我群形象，受到我群的設定所限制，輿論與社群網站則又增強了這種觀點，而這樣的結構性問題則又造成政黨自身的理性空間被排擠，政黨及政治人物菁英為迎合選民的「反智」傾向，而無法真正帶領選民思考。而兩大黨操作的結果，也造成政黨自身意識形態的固化，從而被自己的選民綁架，無法跳脫框架，終構成對抗的固化，陷入彼此互為表裡又相互綑綁的惡性循環。

本文認為，打開臺灣困局之方在於力行政治除魅與促進政黨良性競

爭，重視「公共人」的啓蒙與養成，以及鼓勵平等接觸、去除偏見、增加臺灣的社會資本。

關鍵詞：意識形態、民粹政治、本省人／外省人、統獨、藍綠。

壹、前言——意識形態的發展與民粹政治

意識形態（ideology）一詞在學術界有著各種不同的解釋。常被提及的，如政治學者華爾澤（Herbert Waltzer）下的定義是：「意識形態是一個信仰的體系，它爲既存或構想中的社會，解釋並辯護爲人所喜好的政治秩序，並且爲實現其秩序提供策略。」（恩格爾等，1981）。不同意識形態對同一種事物的認知、理解亦不同，並影響一個人的生活模式與對事物的思維與觀感，從而組構其世界觀，形成個人的政治取向，以及其面向社會的態度。

學者華特金士（Frederick M. Watkins）與克蘭尼克（Isaac Kramnick）也認爲，政治意識形態是指信仰的型態，這些信仰將規範性的見解，諸如天賦人權、自由與平等，導入政治生活中。簡言之，意識形態是一套促使社會變遷的構想、信仰或觀念（Frederick M. Watkins and Isaac Kramnick，1989）。華特金士並分析意識形態有三大特點：所致力的目標是烏托邦色彩、習慣簡化「我群」與「他群」、對人類前途多抱持進步與樂觀的看法。

在衝突論觀點中，比較廣泛採用的意識形態解釋是馬克思理論中的上層建築：意識形態的上層建築（ideological superstructure），即制度的意識形態、觀念和信仰的體系（ideology of the systems，body of ideas and belief）。這個體系包括社會輿論、道德觀念、理論體系、政治思

想、哲學、宗教、文學、藝術等（Tom Bottomore, 1991）。在有階級的社會裡，意識形態與統治階級的利益相關。這個社會的主流意識形態表現為統治階級的意識形態，而對統治階級意識形態的批判與被統治階級的利益相關，亦即，被統治階級有不同的意識形態。更因為社會裡存在著多種階級、階層和群體，它們各有自己的意識形態。故當今世界各國的社會裡，意識形態總是多元的。

意識形態雖屬哲學範疇，但與社會、經濟和政治直接相聯繫，形成社會、經濟、政治意識形態種類。西方傳統上，除偏向左派的共產主義、社會主義、社會民主主義等，還包含一般納入右派範疇的資本主義、自由主義、保守主義等，其他像是歷史上的法西斯主義、納粹主義、普羅大眾較少知悉的無政府主義，與現下時興的社群主義等等，皆各自解釋社會應運作的原則、劃分並規範權力的運用，且提供社會秩序的藍圖。

在九一一事件還沒有發生以前，有不少學者認為，冷戰結束後，共產主義陣營的瓦解意味著意識形態衝突的結束。先進國家以資本主義的經濟模式運作，經濟帶來財富，大大提高了人們的生活質素，自由民主的政治模式，似乎已經是最優越、最能照顧民眾需要的政治制度。學者法蘭西斯 · 福山（Francis Fukuyama）更認為，歷史已經走到盡頭了，再沒有比自由民主的政治模式和資本主義經濟模式更優越的體系，各國將會朝這個方向發展，趨向同一，而當大家均採納相同的體系時，將有助各國之間的理性溝通，達至世界和平。

然而學者杭廷頓（Samuel Huntington）認為，冷戰結束雖然意味著意識形態衝突的終結，但並不表示會帶來和平，反而是另一場衝突的開展，就是文明之間的衝突，他說：「要預期不同文明之間的斷層——如西方社會與東亞儒家社會及穆斯林世界之間的文化衝突，是有充分理由的。」（Samuel Huntington, 1997）杭廷頓說的文明的衝突，其本質上就是意識形態的矛盾。杭廷頓以文明解釋當今政治局勢雖有其洞見，文

明卻不能完全解釋一切，利益、歷史背景等因素亦不可被忽視。

　　近年來，不論是富裕的西方國家或是貧窮的國家，幾乎都產生「民主倒退」或「疲憊民主」的現象。全球性經濟不平等加劇所突出的階級對立問題，使諸多國家陷入危機；而越來越嚴重的政策與意識形態的分歧，造成民間社會的碰撞；而在政治人物為求取選票最大化的情況下，頻頻製造衝突與對立。因此，一個幾乎是世界性的「民粹時代」已然到來。

　　美國白人盎格魯撒克遜新教徒（White Anglo-Saxon Protestant, WASP）的焦慮，使新保守主義重新崛起，造就川普旋風，其中低學歷及低就業率白人男性民眾因有日趨貧困化的趨勢，試圖藉由「美國優先」的訴求與「美國至上」的「普世價值」，欲搶回對國家的主導權，並對主流建制集團，乃至於偷走他們工作的「外國」（主要是中國大陸）進行全面反擊。

　　在英國，則由於保守陣營對原有歐洲政策抱持著批判的態度，而低收入、高年齡、低學歷的勞動階級，在與歐盟的經濟整合中因獲利最少而產生被遺棄的情結，也就造成英國社會分裂的檯面化，進一步促成「脫歐公投」。

　　事實上整個歐洲的民粹都在反撲，因為歐盟各國各自的經濟與社會問題，開始重新強調民族國家的價值，反對歐盟的「多元一體」與權力的集中化。而在難民問題上，即便最初接納移民的德國也不得不修正政策，與「德國另類選擇」妥協，往反移民的主張靠攏，而這也當然造成支持文化多元主義、信奉普世價值的民權人士之不滿，與反對移民、反對自由民主的民粹主義者形成了尖銳的對立[3]。

　　至於南韓，經過長達數月的燭光示威扳倒朴槿惠政權，而繼任的文在寅較為左傾，並打著清算弊端與恢復社會正義的口號上臺，表示其「擺脫了過去由政府主導的慣例，首次實現國民參與的形式」[4]，但也正因為如此，使得文在寅政府現階段推動改革的方向紊亂、效果不彰，甚

或可能帶來南韓經濟的衰退，而原有的保守陣營亦對文在寅政府的一切施政抱持負面評價，在經濟發展、勞動改革與對北關係上持反對態度。

但在臺灣語境下，因為臺灣特有的歷史與社會因素，加上政黨、政治人物、媒體及網路社群平臺的推波助瀾，所謂的意識形態與西方呈現出不同的樣貌，甚至有著更為複雜的對立狀態。特別在面對全球化世界快速變動所產生的焦慮，同樣也產生民粹的反撲與意識形態的衝突，也使臺灣內部呈現出更為嚴重的分裂問題，並造成臺灣現今內耗的困境。

臺灣意識形態衝突之根源為何？如何演變？如何累加形成二元對立的陣營？而臺灣政治人物與政黨如何操弄意識形態並從中獲利？這麼多年來，又在哪些領域轉化成不同的面貌？這樣的問題有沒有可以解決的方式？使之得以在制度上，或針對社會結構進行調整，本文希冀能探討臺灣意識形態與民粹政治的重要面向，並嘗試透過公民社會、心理探究與溝通理論的觀點，找出問題的癥結與解決方案。

貳、臺灣社會形成意識形態對立的歷史根源與其演變

臺灣的意識形態對立，從最初的省籍情結到後來對國族的想像，係因臺灣特殊的歷史背景與冷戰時期二元世界觀，以及藍綠兩黨對我群、他群的刻意操作所逐步形成的。

一、殖民與後殖民歷程的影響

臺灣的意識形態對立，最初與最顯著的體現是在省籍與國族認同上，其遠因始自 1895 年，清廷因甲午戰爭戰敗，將臺灣割讓給日本。丘逢甲在逃離臺灣前感慨：「宰相有權能割地，孤臣無力可回天」，體現了「孤臣孽子」之情與身為「棄子」的無奈。其後不同族群在這塊島嶼上的抗日作為最終都以失敗收場，更為這塊土地增添了悲劇色彩。臺灣人民一方面遭受殖民政權的壓迫欺凌，一方面又得不到祖國大陸的支

持奧援，在殖民地和祖國之間飽受欺壓與排擠，逐漸浮現了一種「亞細亞孤兒」的悲情（汪宏倫，2012）。

二戰結束後，臺灣重回祖國懷抱，由於經歷過日本統治，臺灣居民不受前來接收的國民黨陳儀政權所待見，不時指控臺灣人受「奴隸化教育」、「量氣狹小」，將他們排斥在新社會的建設行列之外，飽受歧視（陳翠蓮，2013）。而接收部隊的素質亦參差不齊，且時有衝突，也使得「光復」的喜悅隨即消散，並引發居民更多的不滿。最終，由於戰後中國大陸地區經濟崩潰的連帶影響，加上臺灣的國民黨政府貪腐敗壞，「狗去豬來」（楊逸舟，1991）[5] 一說充塞民間，導致民怨日益積累，官民衝突不斷，終於爆發二二八事件與隨之而來的大規模肅清鎮壓。除了對「祖國」的嫌惡與幻滅達到高潮，也埋下此後數十年間本省人與外省統治階級間的不信任。

二、國府來臺初期的差別身分與差別待遇

國民黨政府撤退來臺後，根據日治時期的戶籍資料開展戶籍調查，在戶籍與身分證上皆註明省籍，也加強了不同省籍間的分化。地方自治初期，即便縣以下民意代表與行政首長、省議會議員由民選產生，但為保留「法統」，中央機關及中央民意代表並不開放，其中大多數為外省籍（若林正丈，2014）[6]；至於高普考因按省區「分區定額」錄取，是以對外省籍考生產生極大優惠（駱明慶，2003）。加以對社會推行國語運動、壓制臺灣方言及本土電影、電視節目，乃至於臺語布袋戲須以國語演出，無形中也就加強了本省／外省間的分立與我群與他群的凝聚。即便多年後在蔣經國擔任閣揆，採取了「吹臺青」政策，拔擢臺灣省籍精英成為閣員，甚至在就任總統後選任謝東閔、李登輝為副總統，宣稱「我是臺灣人，我也是中國人」以明志，但省籍情結仍潛藏在社會底層，國民黨「外來政權」的形象仍根植人心。這也使得 2000 年國民黨丟失中央政權後開始與中國大陸方面進行交流，反對者相當容易能將

其視爲「中共同路人」的原因之一，因爲對他們來說，中國從來只是屬於外省群體的祖國，而不是他們的。

三、冷戰二元思維的影響

二次世界大戰之後，以美、英爲首的資本主義陣營，與蘇聯爲首的社會主義陣營之間進行長達半世紀的冷戰，兩個互相對立的政治體系由於社會制度與政治價值觀的差異，兩陣營對彼此互不信任，採取政治對抗的態勢，也塑造了冷戰話語中的正邪之辯，都相信自身是絕對的正義，也都將對方視爲絕對的邪惡，也因爲這樣非黑即白、正邪對抗的思維，導致兩陣營無法進行合作。

這種始自冷戰之正邪對抗的二元世界觀，也同時劃分出「保守」、「落後」與「進步」之間的分野，深化大眾一個非黑即白的價值觀，影響著當代臺灣的各方面，而對立的兩端採取對抗的心態，無論其論點如何極端，也都堅信自己的正確，無法換位思考或與對方取得妥協的模式，也一直影響至今。

而在冷戰架構下，臺灣隸屬於西方陣營，因而意識形態偏重新自由主義、新保守主義等偏向右派的思想，造就臺灣長期在「左」的理念與價值判斷缺位，缺乏更深刻的辯證，無法採取更多元之理路，也就無法對公共政策產生更多想像，使臺灣政黨、政治人物及社會大眾長期無法判別左右意識形態，而政黨也缺乏中心思想，導致政策方向經常前後矛盾，僅憑政黨利益行事，反而造成臺灣嚴格意義來說是「過度缺乏意識形態」[7]，大眾亦僅習慣以藍綠而無法用左右進行思考。

四、政治反對運動中的省籍、國族與藍綠

在戒嚴時期，臺灣須獨立方能自救的訴求基本是被禁止的，人民的政治空間受限，沒有集會結社的自由，言論及參政權利也被嚴重壓縮。1969 年修改「動員戡亂時期臨時條款」，進行國會增額補選，給

在野反對勢力提供了民主運動的空間，這使得整個 70 年代，政治運動的主軸，圍繞在尊重人權、爭取言論自由、開放黨禁報禁、解除軍事戒嚴、國會全面改選、司法獨立等等。這個時期，是黨與「黨外」[8]、獨裁與民主之間的抗爭，其欲改變的「現實體制不公義」，主要是以民主與理性原則為基礎，追求的是「民主化」而不是「本土化」（王甫昌，1996）。

但是顯然地，普羅大眾對於民主認知尚未真確的狀況下，迴響有限，更經常被黨國宣傳為「暴力分子破壞治安」[9]。是以黨外的反對運動需要進一步建構更能激起民憤的劇本與訴求，於是在臺灣政治發展的歷史脈絡中尋找，訴諸於「族群」，將國民黨政權視為「外來政權」，以「遭受外來者壓迫」的悲情合理化「臺灣人當家作主」的正當性，使反對運動的主軸逐漸從原有的追求民主、自由人權，轉為訴諸本省人的悲情，強調外省人壓迫本省人的「族群傳說」，或認定外省人幫助獨裁的黨國體制對在地人進行迫害（周婉窈，2014），從而使得島內區分本省／外省的對立情結在 80 年代獲得更大的反響，也使得「臺灣主體性」訴求被建構出來，形成新的意識形態。

在這個過程中，無論是將國民黨視作「外來政權」，或者架空國民黨的論述，強調民進黨具備國民黨所沒有的「臺灣主體意識」，都加強了政治對立的氛圍，而這樣決絕的論述，使得在民主政治轉型當中所需要的對話、包容與妥協被扼殺了，仇恨意識充塞，也使得臺灣政治發展的過程有所缺失。

蔣經國過世後，本省籍的李登輝成為國民黨主席，為鞏固其黨內的領導權威，善加利用其省籍優勢，拉攏黨內本省籍人士形成「主流派」，讓外省籍人士為主的派系被邊緣化為「非主流派」，並爭取民進黨的支持，從而完成七次修憲，進一步推動《動員戡亂時期臨時條款》廢止及萬年國會改選，並促成總統直選。特別在其接受日本作家司馬遼太郎專訪時，強調「生為臺灣人的悲哀」，將本省籍「無法當家作主」

的悲情表達出來,並造成極大迴響。

但既然連國民黨都已經由本省籍人士領導,反對陣營舊的意識形態建構也就逐漸失去說服力,甚或對政黨之前途感到茫然,因而意識形態的再一次轉化,從擁有主體性的「臺灣認同」出發,將省籍情結進一步化作統獨意識形態對立。

這樣的轉變始自 90 年代才真正開始[10],以民進黨為例,也是直到 1991 年才在《基本綱領:我們的主張》開宗明義論述:「建立主權獨立自主的臺灣共和國」[11],正式取得臺灣獨立的話語權,並進一步爭取臺灣獨立訴求的政治市場,與彼時國民黨「似統」的立場,以至於後來的「九二共識,一中各表」論述分庭抗禮,統獨與潛藏的藍綠意識形態的對抗,也就成為臺灣社會衝突的重要部分。

五、兩岸因素對族群認同的增強

而後經歷兩岸開放探親、開放投資、深化交流所產生的制度隔閡與文化衝突,加上在 1996 年李登輝訪美與總統直選時各種文攻武嚇的動作,以及李登輝第二任期兩岸間的外交對抗,使得臺灣國族情緒中的那個對立面得以顯現,「中華人民共和國」承接了原有正邪對立思維中那個造就臺灣悲情的壓迫者角色,特別在經歷了數十年的反共、恐共、仇共教育之後,臺灣民眾對於中共本身便無好感,很容易受自身的情感與慣性思維所影響。加以民粹政治方興未艾,朝野政黨也樂於將中共政權描述為一個像土匪一樣窮兵黷武、從不放棄武力犯臺、對臺灣人民生命安全極有威脅的負面形象。而臺灣的政治人物與國家領導人極不負責任的地方則在於此,基本是放任或直接製造統獨對立,雖然建構出臺灣民族與「想像的共同體」論述,卻也同時加強了臺灣內部在中國人 / 臺灣人身分認同與統獨意識形態上的對抗。

2008 年之後,兩岸的交流快速加溫,也更加發現彼此的差別巨

大，身分的界限也一次又一次不斷增強。而當中國大陸成功舉辦奧運、向世界輸出「文化軟實力」並展示它的富裕強大，臺灣原先自豪的中華文化的連結反而變成「中國」政治符號下的一環，「臺灣」與「中國」的界線也就越來越清楚。

這自然也是因為不成熟的政黨政治競爭所促成的，為更好地區分出我群與他群，使政治市場得以明確劃分並使其最大化，必須爭奪對話語權的完全控制，以壓制甚至是排斥其他話語。而在這樣的情況下，政黨的根本目標在於重構支持者的價值系統，強化自己價值的正當性，方能實現其永續執政的目的。

六、憲政制度缺失使大黨恆大而小黨生存不易

由於長期以來，臺灣對憲政主義的認識缺乏，並沒有真正合理地規範政府與人民的權力運用，而七次增修憲法的過程中，除不尊重憲法法理，對程序正義也有所忽略，修憲的過程混淆不清，除造成國人對憲法變遷之內容與沿革不易捉摸，第三、第四次（1992年、1997年）修憲有為特定政治人物與政治目的而為之的嫌疑，從而造成各種憲政亂象與政治僵局，影響至今。至於第七次修憲（2004年），關於立法委員人數減半，以及選舉方式由「大選區」改為「小選區」，「一票制」改為「二票制」，即「單一選區兩票制」的施行，更是嚴重影響我國的政治生態。

在此次修憲中，國、民兩黨置民主精神於不顧，以近乎「威權式」的手段修憲，比如在「贏者全拿」的規則下，由「大選區」改為「小選區」，對於得以投入更多資源的現有兩大黨更為有利，而在臺灣民眾的選舉行為上，選民為不浪費選票，亦多將票投給當選機會較大的政黨，至於政黨票上採取「並立制」而非「聯立制」，更有利於大黨的空間。如此硬性將原來逐漸成形的「多黨體制」調整為「兩黨體制」，從而扼

殺了小黨存在的可能，進一步更削減弱勢團體的生存空間，即便在太陽花運動後，諸多政黨成立，卻僅有少數能進入國會殿堂，即便稍有成事，也始終存在著發展瓶頸，或被看作兩大黨的附庸，未有能真正撼動兩大黨體制者，且非兩大黨主流的政見不易成勢，也使原有兩大黨各擁群眾，各有政治話語權且各自對立的結構更為穩固。

七、網路時代社群媒體的發達對民眾政治社會化過程的影響

政治社會化是經由各種不同的社會化機構，學習與政治有關的態度及行為模式的歷程，其途徑包含家庭、學校、同儕團體、職場或其他參與的組織、大眾傳播媒體、網際網路、社群網站，或在選舉等政治場合所見聞與其遭遇到的政治事件等等，個人從中獲取政治知識，確定政治定向與學習政治行為，形成政治自覺並培養政治興趣，而社會則在政治社會化的過程中，進行政治體系「共識」之維護與整合、政治世代之培養與維持及政治思想之維繫與更新，是社會政治體系的自我延續機制和功能運行機制。

其中，進入網路時代，隨著大眾媒體影響力逐漸式微，網際網路已成為大眾獲取資訊最普遍而有力的工具，是最直接的政治社會化管道。

但社交媒體的興起未有真如本世紀之初曾有的預言，成為新政治的創造者，反成為政治秩序的破壞者，腐蝕與影響民主社會的根基。

因為網絡為求及時，傳遞信息迅速而短暫，使得資訊碎片化、去脈絡化，變得片段而淺薄，且不利於議題的深度探討，也教我們失去看全局的能力，而網路酸民文化的崛起，透過 PTT、Facebook 等網路論壇或社群網站的傳播，也成為我們生活中的重要資訊源，並影響傳統媒體，媒體為了收視率／點擊量，也自願放棄原有的價值，弱化應有之「深化討論」功能，從而使得整個臺灣社會對於公共議題的思考都傾向於平面化、淺碟化。

或誠如紐約時報專欄作家 Thomas　Friedman 所認為的：「社群媒體體驗被設計為利於傳播而不是參與，利於淺薄的觀念而不是深度的討論。就好像我們認為自己是來這邊說教而不是與他人對話。」[12]

　　至於藍綠政黨或相關利益團體則將社群網路作為動員工具，並進行政治與社會的動員，卻因社群網站演算法所構建出的「同溫層效應」，反在我群「你的社會不是我的社會，你的價值不是我的價值」中的強大想像中自溺，導致越來越難以控制，也逐漸失去與他群對話的可能。

　　更教人擔憂的是，網紅與民粹政治的興起，使民粹網紅替代了傳統政治精英與公共知識分子的角色，透過虛擬網路上的發言，實際影響整個社會輿論的導向，而藍綠政治人物為求生存，也都尋求新網紅加持。

　　但從新聞中不難發現，許多網路上的發聲者對於公共政策與政治實踐都知之有限，但只要言詞犀利，即使內容再扁平空洞，甚或有些反智傾向，都能召喚支持者，而在網友的推波助瀾之下，更形成霸凌與盲從的現象[13]，難以管控，畢竟網路特質之一就是情緒、非理性，這也使得理智的聲音被相對削弱，形成嚴重的沉默螺旋效應。

　　當彼此都不願意深入思考，都採取敵我分明的態度看待對方，也就扭曲了人與人之間的關係，關閉了公共領域的溝通大門。

參、臺灣意識形態對立之轉化

　　如前所述，臺灣意識形態衝突的演變從外省、本省區隔而到統獨之爭，即便如今的臺灣社會，普遍認知無須過度背負七十年前國共內戰的歷史債務，但社會上藍、綠國族認同的紛爭，又因為政黨競爭，為主導議題並取得政治市場的話語權高地，各依循其政治市場進行操作。

　　而為了吸引其基本盤的注意與支持，藍綠政黨與政治人物各採取仇恨語言，將對方打為「邪惡極端」，並否認對方的一切論據，進行有你無我的「仇恨政治」操作，對他人投射「恨意」，並加以「仇恨語言」

攻擊，終究我群與他群的對立與仇恨相加，在政治人物眼中即是跑不掉的選票[14]。

藍綠惡鬥最糟糕的影響，是當雙方針對不同的政治、社會、經濟、文化議題幾次進行相似的操作，也使得統獨／藍綠對抗的思維滲透到各個社會議題中，全面影響民眾對於公共議題的思索模式，通常未能對於問題有清楚全盤的瞭解，即按照個人經驗／偏見，甚至一種近似於「捷思」的方式，進行直觀的推論與判斷，從而決定自己的立場，也更加深彼此的對立。

在這樣的現象下，藍綠意識形態已不僅代表外省與本省、統一與獨立，同時也成為保守與進步，甚至是表面上的右派與左派、大資本家與勞工階級立場，再擴展到對個別公共政策的思考上，各有所屬又各為其主，從而激化臺灣形成兩個民間社會，彼此二元對立，互不相容也互相傷害。

而兩大黨運用政治市場的概念，並用「仇恨語言」來運作民主政治的結果，也造成政黨自身的意識形態的固化，從而被自己的選民綁架，再也無法跳脫原先框定的思考邏輯，而由於民主的訓練不足，使選民亦太過於習慣將思考委託給習於支持的政黨、政治人物與利益團體，終構成對抗的固化，陷入彼此互為表裡又相互綑綁的惡性循環。

「國民黨－外省－統－保守－右－藍」、「民進黨－本省－獨－進步－左－綠」是兩個清楚的符碼與界限，這本質上則是民主精神的弱化。即社會大眾不再仰仗邏輯判斷與理性思考，對公共議題僅是採納個人經驗，甚至是超驗所產生的慣性思維，逐步侵損公共領域中民主、自由等理念的最重要基礎。於是，我們的社會變成「不問是非，只有藍綠」。

我們可以發現，晚近對環境保護、都市更新、媒體壟斷、服貿爭議、同志婚姻、課綱爭議與反核議題，甚至最近的促轉條例等等，都可以讀出左右、階級、世代、國族、城鄉認同的種種對立，但只有扭曲的

價值判斷，處理議題也往往沒有足夠的公共溝通，盡是「我說了算」的強行通過，撕扯臺灣社會因藍綠對抗而分裂的現狀，使整個社會沒有真正的贏家[15]。

一、《海峽兩岸服務貿易協議》與太陽花運動

2014 年 3 月 17 日下午立法院內政委員會中，國民黨籍立法委員張慶忠以 30 秒時間宣布完成《海峽兩岸服務貿易協議》（簡稱《服貿協議》）之審查，引發部分大學生與公民團體反對，於隔日 18 時在立法院外舉行「守護民主之夜」晚會進行抗議，並於 21 點進入立法院占領議場，開啓 24 天的「太陽花運動」。

不諱言太陽花運動的重大歷史意義，在於促進臺灣公民社會的演進，也改變了臺灣青年世代與普羅大眾對於現狀的認知。其公民不服從的積極公民觀，使世代群體因反對現存秩序而結合，並且把試圖更改政治進程當作使命。另外，其以新媒體作爲動員模式，與其最高峰時有近五十萬人在國會周邊街道上聚集支援學生，都創造臺灣社會運動史的新紀錄，至於其運動影響，也在事實上造成國民黨在 2014 年選舉的崩盤與 2016 年的第三次政黨輪替，並使臺灣政壇世代得以交替[16]。太陽花的運動模式，也爲華人社會的年輕人起了示範作用[17]。另外，當然它也造成兩岸關係倒退，除《服貿協議》在運動後被擱置，對地緣政治格局也產生若干效益，讓中、美、日強權的臺灣布局不能再倚靠傳統對國、民兩黨的私相授受，而必須重新調整，達成以公民力量改變政經結構的里程碑（吳鴻昌、林峰燦、湯志傑，2016）。但我們也顯而易見地，能夠看到在運動中左右、階級、國族、世代意識形態衝突的影子。

而在運動參與者的眼中，相對於秉承上意，半分鐘內決定《服貿協議》之反民主、保守的國民黨政權，自己所扮演的，則是守護民主的、前進的，甚至是革命的角色，於是「當獨裁成爲事實，革命就是義務」[18]。

只是我們也不能忽略一點，即便再強調「公民不服從」與「積極公民觀」等「公民賦權」的各面向，但在實踐上，若缺乏文明理性，缺乏與整個社會的溝通，「積極公民觀」就可能是民粹。而在過程中，對其訴求採取不願意妥協的姿態，亦沒有採取真誠說服支持《服貿協議》的藍營民眾之動作，甚或在陷入僵局後，採取占領行政院的社運戲碼，也是缺乏民主人格的表現。

　　另一個無法否認的是，雖然太陽花運動中，確實有反新自由主義的論述，但事實上只是包覆著反全球化外衣的反中運動，所討論的雖是經濟議題，但實際上顧慮的卻是對於被中國大陸有可能之「政治整合」的疑慮，與對「中國因素」影響經濟與社會發展的抵抗，屬於前述對中國大陸的敵我重新建構，以及一種自卑的防衛，因此抗議現場充滿了「反中」、「恐中」或對中國大陸不信任的符碼。

　　而雖然運動參與者認定自己沒有明確的藍綠，但操作全面的反藍情緒，也使得泛藍民眾大多認知太陽花們是偏向綠色的，並將其勾連原有的「暴民」論述。至於運動多數從政的參與者，最後也多在綠營任職幕僚亦是事實，而運動要角與社會團體在 2016 年民進黨執政後，無論對勞基法修法或一例一修爭議，也都沒有發揮如反對《服貿協議》之動能。

二、課綱與反課綱

　　2015 年 5 月，臺灣多所高級中學及高級職業學校學生發起「反高中課綱微調運動」，或稱「反黑箱課綱運動」，這場活動主要是針對馬政府就 103 年高中課綱對歷史、國文、地理及公民社會科的調整，訴求則分成程序跟內容兩方面，前者認定國教院「檢核小組」未經教育部授權便自行展開微調，並只花兩天便在北、中、南完成三場公聽會，於課審大會上以不記名表決方式通過，通過得太草率，決策代表性不足，是為缺乏民主程序的「黑箱課綱」[19]，而內容層面主要集中在歷史與公民社會科上，比如光是臺灣史便更動了高達總字數 60%，並將「明鄭」

取代「鄭氏」、「清廷」取代「清代」、「光復」取代「接收」，另外，也刪減日本在臺灣的基礎建設之敘述，強調對人民的剝削等等，而公民課綱則去除人權章節中二二八事件和白色恐怖的內容，而強調中華傳統文化的內容分量卻增加[20]，整體來說體現去臺灣化、中國化、反民主自由思想等。

抗爭行動造成一名反課綱的學生自殺，為彌平爭議，當年7月教育部宣布將新舊教科書並行，讓爭議回歸教師專業自主決定[21]，等同不再堅持新課綱，至2016年4月民進黨勝選後，則以內容「充滿文化霸權論述，違臺灣多元民主社會共識，也意圖為威權統治卸責」[22]通過撤回，並於隔月蔡政府上臺後，正式廢止103年高中社會及國文課微調課綱。

然而諷刺的是，即便當時民進黨與反課綱人士皆表示「教育並不是政治的工具」，並提出「多元課綱」的概念，但2018年8月，已由民進黨主政的教育部仍提出對課綱進行調整，也再一次出現贊成與反對的聲浪。只是這一次雙方陣營的立場反過來，而藍軍也同樣指責綠營修改之手段粗糙、代表性不足，且「過往課綱都會提前2年定案公告，而今距離新課綱上路僅剩下11個月，內容卻尚未定案，完全來不及」[23]，而對於歷史教育將中國史納入東亞史的做法，欲將「對中國史的理解，將從過往漢唐明清朝代編年史，轉變成主題式的理解」[24]，是在內容上的「去中國化」，也是綠營「同心圓」史觀的再進化。

批評者認為課綱審查大會是「司馬昭之心」，其「最終目的則是希望藉由淡化中國史來進一步切割中國大陸與臺灣5000年一脈相承的歷史文化觀，希望讓臺灣學生從小就習慣一套沒有『中國史』的史觀。」，形同是搞『去中國化』的文化臺獨，而這種把歷史教育當作「捏麵人」的做法，進一步更將撕裂臺灣社會[25]。

兩次課綱與反課綱操作都有相似的邏輯，也一樣是選擇性面對歷史的態度，兩方面都強壓自身的「國族」價值予另一陣營，也都懷疑對

方修改課綱的動機，而不願意與對方討論，誠如學者葉浩所言：「無限上綱『國族』價值的後果，就是對於歷史解釋的偏頗，以及罔顧許多事實，而這正是兩岸關係上所有爭議的源頭。其偏頗來自於以『自我族類』爲中心，既不願意傾聽他者的聲音，也不尊重非我族類的實際歷史經驗。」（葉浩，2012）這使得原先專業的教育議題，無法眞正回到課堂上去討論，而僅僅是充滿藍綠與統獨對抗的政治語言，無助於族群融合與臺灣社會的和解，這只會加強社會對立，進一步爲臺灣帶來災難。

三、同志婚姻合法化與反同志婚姻合法

近年來，同志相關的議題爭議，主要起因於 2011 年教育部委請性別教育學者爲國小、國中與高中的老師編纂關於性別平等教育與同志教育的補充教材，引起廣大家長與宗教團體的關切。緊接著，同志團體「臺灣伴侶權益推動聯盟」及支持者在 2013 年連署提交「多元成家」三法立法草案，其中關於婚姻平權法案得到特定立委支持，正式進入立法院一讀通過，爲攔阻該法案，同年 11 月「臺灣宗教團體愛護家庭大聯盟」發動反對同性婚姻的連署，以 15 萬人以上的遊行，成功阻攔法案的推行，也提升反對同性婚姻的民調支持度，成爲此後領導臺灣社會反對同性婚姻的主要力量[26]。

至 2016 年民進黨爲立法院多數後，婚姻平權法案重新提上議程，並經立法院一讀交付司法委員會審查，蔡英文亦在個人 FB 首度以總統身分表達支持態度，而在民進黨內部，則通過《中央黨部黨務工作人員服務辦法》，黨工和其伴侶可註記爲「同性伴侶」關係[27]，法案訂於同年 11 月在立法院表決，而在立法院外，同運團體組成的「婚姻平權大聯盟」與反同的宗教團體、社會團體之間，多次聚集數萬人表達各自的聲音，最後法案未能過關。

2017 年 5 月，大法官宣布釋字第 748 號《同性二人婚姻自由案》，

宣告臺灣將成為亞洲第一個同性婚姻法制化的國家，但因相關法律繁多，唯恐立法不及，大法官會議也提出兩年緩衝期給立法院擬定合適的法案，對挺同人士造成鼓舞。再到 2017 年底，以基督徒為班底的「北北基安定力量聯盟」針對支持同性婚姻的立法委員黃國昌發起罷免投票，雖然終究因選罷法的規定未能成功，卻也對其餘支持同婚的立法委員產生遏制，並再次加強社會上挺同婚與反同婚兩種價值觀的嚴重對立[28]。

在這場運動的對立中，我們基本可以發現，越晚出生的世代，皆越支持同性婚姻，且不論出生世代，高教育程度者皆比低教育程度者支持同性婚姻[29]，另外都會地區似乎較能接受同性婚姻伴侶，非都會地區幾本都反對[30]，因而這樣的對立確實是屬於世代，甚至是城鄉與階級的。

不過同樣的，在整個同志婚姻合法化的修法過程中，也一樣看到藍綠對立的軌跡，比如 2016 年民進黨立委尤美女提案修改民法讓同志婚姻合法化，如前所述，基本獲得全黨的支持，而民進黨基本 2015 年、2016 年都參加同志大遊行的活動，泛綠陣營的時代力量等政黨，也基本上是自政黨成立以來便參與至今，甚至在遊行隊伍中也經常可見「臺灣獨立建國」的旗幟隱身其中，但 2016 年立法院國民黨團則堅決反對修正民法 972 條，甚至認為修改民法是匪夷所思，僅同意另立專法或特別法[31]，並始終採取保守路線的「不直接支持」說詞，包含黨主席吳敦義曾對婚姻平權議題的「態度大轉彎」，都凸顯該黨黨內的保守思維，而 2017 年國民黨青年團參與婚姻平權遊行，似乎也只是使得青年團與國民黨內保守派、老前輩發生衝突[32]，而除了世代上的差異，也是在認定上對固有傳統國民黨支持者的選票不利之緣故[33]。

就 2016 年立法院修法時，依「同志人權法案遊說聯盟」所提供的數據，大致能看出藍綠區隔，即藍軍反同志婚姻，而綠營則支持同志婚姻[34]。而受政黨引導下，其支持群眾也就操持著相同的立場，這也是同志遊行隊伍中也經常可見中高年齡民眾，卻手持「臺灣獨立建國」旗幟

穿插其間的原因。

另外還有一個極諷刺的地方，國民黨青年團 2017 年參與同志遊行的舉動，不僅沒得到多數同志族群的讚賞，反得到更多同志族群懷疑；認為國民黨主流一直以來對同志議題是持反對立場，因而這些青年的動作只是表面上的，不過是「騙選票」，就算真支持，也不過是「概念上支持」，對於真實存在的同志族群及婚姻平權外的議題，並沒有太多的實質瞭解。而多數同志族群恐懼由國民黨掌握政權，自己的伴侶權、就業就學權、醫療權，甚至生存權與人身安全會不會被剝奪[35]。而如今民進黨縱使未有實現其同志婚姻平權的承諾[36]，甚至擱置已久的婚姻平權遭到民進黨多數委員封殺，無法在院會處理，但輿論的刻板印象都還是認定民進黨對於同志族群採取支持、友善的態度。

最後，一個值得觀察的點則是，在 2018 年合併縣市長選舉所舉行的公投中，反同婚團體提出「民法婚姻限定一男一女」、「國中小不應施同志教育」、「以專法保障同性伴侶而不修改民法定義的婚姻形式」三項公投，導致挺同婚團體提出「民法保障同性婚姻」、「國中小性別平等教育明定入法」兩項公投相抗衡。最終反同志婚姻派三項公投通過。

若僅從結果來看，或可視為前述提及的，在冷戰體制與國民黨黨國教化下，臺灣傳統右派保守主義的思維根深柢固，即便向來是深綠陣營支持者的長老教會，許多教友也呈現分裂投票，即「可能依然投給較接近臺灣主體意識的市長或市議員候選人，但在婚姻平權的幾個公投案，則是投下不支持婚姻平權的公投票。」[37]也雖然近期《司法院釋字第748 號解釋施行法》通過，已賦予同性別二人得向戶政機關辦理結婚登記之權利，但對於該議題，社會的對立仍是持續中。至於其成因究竟是基於世代差異，抑或是如前述是意識形態的衝突對立，保守主義反撲的緣故，可能還有待更深入研究。

四、反核四與擁核

　　1978 年臺電籌建核能四廠，會勘後認為貢寮最優，並於 1980 年提出核四計畫經行政院同意。1985 年 7 月，核三廠發生大火、1986 年 4 月蘇聯車諾比核電廠爆炸，核能安全問題開始被重視。2011 年，日本因地震、海嘯導致福島核災，反核、廢核議題再起，這使得執政的馬英九公布能源政策，即「核一二三不延役，核四 2016 前商轉」。2012 年 4 月核二螺栓斷裂，環保團體要求公布真相並停止運轉；5 月間，知名導演柯一正、吳乙峰和陳玉勳等人士發起「我是人，我反核！」的運動[38]。至 2013 年 3 月，綠色公民行動聯盟等 150 個民間團體，共計 20 多萬人發起「終結核四，核電歸零」大遊行，而 2014 年林義雄為訴求核四停建，開始禁食，「遍地烽火」呼應林義雄，全國發起廢核行動，反核聲浪達到最高點[39]，終使政府宣布核四進入為期三年的「封存期」，在安檢完成後不放置燃料棒、不運轉，留給後代公投決定，確保能源供應[40]。

　　到 2017 年，民進黨執政後首次的 311 反核遊行，過往動輒上萬人參與的臺北場，僅 3,000 人上街訴求「非核低碳、永續能源」[41]，人數上的銳減與馬政府受迫於民意封存核四有關，但顯然也因為民進黨已達成其執政目的，無須再如過去數年般強力動員。只是真要檢視民進黨的能源政策與本次遊行訴求，「非核」目標似已確立，但「低碳」未真正施行，這也使得部分環保團體有再次遭到民進黨背叛之感。

　　2018 年 7 月民進黨政府將核四燃料棒運到美國拆解，另外堅持「2025 非核家園計畫」，透過尋找替代能源、提升發電效率、節約能源、產業結構調整和電業自由化解決。因而於彰化地區推行離岸風力發電計畫，並於臺北地區重啓深澳電廠，另外則是加強臺中火力發電廠的運轉，以增加發電量。

　　這同時也導致大臺中空汙問題，被網民形容成是「用肺發電」，國民黨立委盧秀燕、江啓臣等人，以及多名國民黨籍市議員也要求火力

發電廠立即降載，改善臺中空汙，並表示臺中市民拒絕當「人體空氣清淨機」[42]，即便迫使臺中的林佳龍市長退回臺中火力發電廠的機組展延申請，但仍引發臺中、彰化和美鎮地區民眾發起「減燃煤反空汙還我藍天」運動[43]。另外同樣的，這也使得預備要建造深澳電廠的大臺北地區民眾對未來環境品質產生疑慮，因而在 2018 年底的縣市長選戰中，對於臺中空氣汙染問題以及臺北重啟深澳電廠的問題，成為藍綠陣營在兩地攻防的重點。

反核、擁核雙方都提出對自己有利的見解，也都藉由不同立場的學者專家提出對自己有利的言論。不過顯然地，選舉時談公共政策向來都不是容易的事，而政黨、政治人物也樂於利用議題的熱度，開拓選票及其政治市場。於是核四廠及核能發電問題無論是原先的開發議題，而後成為環境保護議題與能源議題，卻自始至終無法擺脫政治化，成為藍綠惡鬥的另一戰場，也使得「國民黨－擁核」、「民進黨－反核」印象深植人心。

環保議題向來牽連甚廣，包含空氣汙染、核能廢棄物、環境破壞，甚至是氣候變遷，都在這個範疇中，整體來說並不易認定，且很多時候只是你選擇哪一種汙染、須耗時多少才能解決的差別。而關於核能發電議題當中牽涉的專業問題亦相當繁複，導致大多時候個人能取得的資訊都會有所不足，也才出現大多數民眾提起核能議題都是人云亦云、似是而非，充滿自身所支持政黨、政治人物及所屬利益團體所提供的觀點。而這個時候，應當由政黨之間透過政策辯論來為人民做出梳理，以促進社會理性思考，不應該用一種「非此即彼」、「有我無他」的態度，透過政治手法，甚至是仇恨操作，比如反核人士的「我是人，我反核」口號，其中就隱含排除與汙衊，而藍營以簡單邏輯論述廢核影響國家經濟復甦，或經常以「用愛發電」嘲笑蔡英文與綠營人士[44]，而兩方的行為，都無益於政策的溝通及討論，於是民進黨當政一套，國民黨當政採取相反的另一套，也使得臺灣社會在擁核／反核的困局裡越陷越

深。

　　而同樣在 2018 年縣市長選舉合併的公民投票中，通過「廢止核電停運」，即「以核養綠」公投，原有機會解決現存僵局（並如同婚公投的結果，亦可視爲臺灣民眾根深柢固的右派保守主義與發展主義所造就的結果），卻由於不符執政黨長期以來的「非核神主牌」與當前政策，民進黨政府僅表示「尊重」而非「遵守」公投結果，僅形式上廢除電業法第 95 條第 1 項的「2025 非核家園」條款，仍執意執行原有太陽能光電及離岸風電之計畫，無視人民之複決權與公投理應擁有的拘束力，非但對臺灣民主發展有嚴重損害，也在環保及核能議題上持續藍綠意識形態對立的僵局。

肆、臺灣意識形態對立的解決方案

　　透過前述例子，我們可以發現，臺灣在公共領域，無論是公共行政議題，抑或是國家的施政，幾乎都全方位進入藍綠意識形態的對立中，即便 2016 年政黨三度輪替，民進黨全面執政，國民黨似若已陷入頹勢，但對抗的社會現象仍舊存在，成爲臺灣社會無法躲避的困局。即便晚近有人提出超越藍綠的無色覺醒，這當然是個好的轉變，但若社會大眾的心態不轉變，無色覺醒也不過就是一場二元分立的標籤戰。究竟該如何打開困局呢？

一、政治除魅與促進政黨良性競爭

　　所謂「除魅」、「袪魅」，係指剝除在事物表面附著的虛假之物。亦即透過理性化、文明化、世俗化，徹底排除原本不經理性即相信之事物，「除魅」以政治上來說，即是懷疑舊有的政治傳統信仰，臺灣過往除掉了威權政治的魅影，使政治霸權文化與一元化價值觀受到質疑，但

並沒有讓臺灣走向更理性的社會，主要還是社會上無論藍綠，都還依賴著政治權威意識形態，導致我們雖然「解構」、「除魅」威權的幽靈，內在精神卻沒有「除魅」，未能眞正民主化、理性化，我們仍活在「威權」價值體系裡，無論對政黨、對政治人物及各種政治主張皆是如此。如前所述，隨著媒體傳播、網際網路的發達，又因爲網絡資訊碎片化，導致我們失去看全局的能力，加上社群網站演算法所構建出的同溫層，使政治參與日趨朝向光譜的兩極化、激進化的趨勢。

但這其實是一種民主精神的弱化，如前所述，我們太習慣將思考託給其他人、政黨或利益團體，太輕信那些加諸於我們身上的權威價值觀，唯有經歷政治上的除魅，才沒有過往「打倒魔鬼黨，接下來怎麼辦？」的困惑，可以就事論事地進行價值觀與公共政策的辯論，而除魅後沒有光芒，不再是偶像或救世主的政治人物，也就不再能輕易運作民粹。

而臺灣的政黨，也必須負責任的重構其施政意識形態，國民黨必須清楚說明其與三民主義、新自由主義或新保守主義間的關係，民進黨也必須說明其遮蓋於左派福利國家布幕下卻眞實右傾的態度。沒有一個政黨會是全民政黨，不是每個政策都對全民有利。請清楚讓我們看到政黨在意識形態中的定位，讓人民有理性投票的依據。也就能逐漸終止選舉亂象（選帥的、選可憐的、選會罵人的），讓政黨政治回歸理性政策辯論。

二、「公共人」的啓蒙與養成

好的公民社會條件，就是有足夠的「公共人」，理性思辨、關心公共議題而非私利。當一個社會有足夠關心公共事務並投身協助公共事務的人，該社會的社會資本會增加，政治的運作也才能平順。

在理性思辨上，即便臺灣在制度上走向民主化，但我們的公民文化

與民主人格一直沒有被建立起來，我們對於公民教育，乃至於公民教育中人文社會學科的基礎理論，諸如左右意識形態的介紹，一直都是殘缺的，才會導致在諸多問題上失去評判標準。因而當政治人物提出增加年金卻同時減少稅收的政策，人們無法分辨這樣一個非左非右的主張究竟有沒有可行性，抑或就是一場災難？

臺灣的哲學思想與公民教育，甚至是歷史教育中，除了背誦之外，幾乎沒有別的。導致幾乎所有人對政策與意識形態問題認識得過於淺碟，遏阻了自主思考的能力，無法從批判的角度去審視整個社會體制，容易墮入人云亦云的窘境。至於缺乏社會學的想像力與對人事物的同理心，也就喪失與人溝通、建立和解的可能性。

在關懷公共事務上，應該善用學校與社會團體來養成從事社會公益的公共人。研究社會資本的普特南（1993b）如此認為，美國政治學界也認為，讓培養好公民的任務交給民間社團來承擔（McAdam, 1982），並且應由傳統私人關係連結，轉變為現代性的公共事務的參與與討論，以培養公共討論技巧與培養公民德性。（吳乃德，2004）研究顯示，參加公民組織，會使參與者對公共生活（如投票）更積極參與。也在與成員互動之中，培養出信任人也值得信任的特質。參與者比一般社會大眾更願意關懷他人並伸出援手（Putnam, 2000）。社會信任會使成員願意與他人合作，為共同的目標努力。（Putnam, 1993）

三、鼓勵平等接觸、去除偏見、增加社會資本

接觸增加理解，理解帶來和解，對臺灣相互對立的藍綠族群而言，數十年間兩個族群接觸的機會頗為頻繁。然而頻繁的接觸並未帶來社會敵意的消解，反而增添了敵意的挑釁與對抗。

心理學家 Gordon W. Allport（1954）在其研究族群偏見的名著中指出，單是社會接觸並不能帶來偏見的消失和友善的態度。同樣重要的是接觸的情境和條件，如接觸的頻率和持續性、接觸者社會地位的相對

高低、接觸的性質是競爭還是合作、接觸的社會氛圍是鼓勵還是懲罰等等。當不同的群體能夠為達到共同目標而合作時，彼此的敵意和偏見就會減弱或消除。使先前相互隔離的群體成員進行平等的交流和接觸。此交流和接觸在一定條件下會打破原先形成的刻板印象，消除原有的偏見。此外，在認知上將外群體的成員個體化。如果以他人所隸屬特性的群體來解釋個人行為，就不會以個體的獨特性來看待他，而常常會以該群體的刻板印象來看待，這是造成偏見和歧視的重要原因之一。如果把外群體的成員當作個體來瞭解，就能打破刻板印象，進一步消除偏見和歧視。

因此我們發現，而當彼此都不願意深入思考，都採取敵我分明的態度看待對方，也就扭曲了人與人之間的關係，關閉了公共領域的溝通大門。社會需要重新學習相互尊重、敞開胸襟、深度溝通，需要更多的合作目標讓大家共同參與，在合作中丟棄成見，重塑信任。這個社會必須形成優質的公共領域，開放且平等。在形式上，每個人都可參與討論；在實質內容上，沒有預存的偏見，每個人都隨時準備修改調整自己的意見；在平等性上，完全不考慮到社會地位的問題，雖然每個人發言的內容豐富程度未必相同，但論點的好壞不是以社會地位或權力為依歸，也不是以權威或投票來主宰，乃是取決於理性的論述來說服他人。

這是每個人的功課，重新養成民主人格，學會公共溝通。哈伯瑪斯認為（1989），一個人能在公共領域和其他人進行理性辯論，是來自一種特定的主體性，源自於核心家庭，在核心家庭的親密關係中，人可以愛，是超越一切政治、經濟或功利邏輯，是季登斯所說的純粹關係。在此種關係中，我們把對方當作獨一無二值得尊重的個體，面對、凝視、傾聽他的感覺、想法與需求（親密是一種私密的公開化，一個人的感覺與觀點唯有被聆聽與正視之後，他的存在才有意義）。唯有透過此種德行的轉化與擴充，私利才能會合成為公益；私人才能會合為公眾。

溝通行動是一種互為主體的努力，把對方當成「你」，而不是

「他」的一種努力。唯有如此,我們才會認眞的對待對方,把對方當作一個人,且努力想理解對方,嘗試從對方意見中找尋意義,並隨時準備調整自己,只有在此種細緻的狀況中才能完成相互對焦、相互指涉的溝通(Habermas, 1981)。

像 Taylor(1992)所說:「這種交換的發生,就像火車車廂一樣,一節接著一節,而慢慢達成一個共同的心靈狀態。」個人想法就在此會合成爲「一個」公眾意見,因爲大家已經銜接成「一體」了,公共理性得以建立起來。最民主的公共權威是遵照公共論述討論出的公共意見執行,而非仇視中的權威意識形態。

伍、結論

本文探討了臺灣意識形態的重要面向,包括意識形態對立的起源、過程與發展,以及試擬解決之方。研究發現,臺灣的意識形態對立,從最初的省籍情結到後來對國族的想像,係因臺灣特殊的歷史背景與冷戰時期二元世界觀,以及藍綠兩黨對我群、他群的刻意操作所逐步形成的。政治民主化後,政治人物爲吸引其基本盤的注意與支持,採取仇恨語言,將對方打爲「邪惡極端」,並否認對方的一切論據,進行有你無我的「仇恨政治」操作,以鞏固其意識形態及其選票。

藍綠惡鬥最糟糕的影響,是當雙方針對不同的政治、社會、經濟、文化議題幾乎也進行相似的操作,使得統獨/藍綠對抗的思維滲透到各個社會議題中,全面影響民眾對於公共議題的思索模式。本文舉出服貿爭議、同志婚姻、課綱爭議與反核議題等四個例子,發現社會大眾在公共論述場域缺乏眞正的理性思維,這樣的狀況即是政黨立場框定市場,豢養選民,卻也同時固化成我群形象,受到我群的設定所限制,輿論則又增強了這種觀點,使「國民黨-外省-統-保守-右-藍」、「民進黨-本省-獨-進步-左-綠」成爲既定印象,而這樣的結構性

問題，則又造成政黨自身的理性空間被排擠。政黨及政治人物精英爲迎合選民，只能發表符合自己選民期望的話，甚至帶有「反智」傾向，而無法眞正帶領選民思考，而兩大黨操作的結果，也造成政黨自身意識形態的固化，從而被自己的選民綁架，無法跳脫框架，最終構成對抗的固化，陷入彼此互爲表裡又相互綑綁的惡性循環。

　　本文建議，打開臺灣困局之方，在於力行政治除魅與促進政黨良性競爭，重視「公共人」的啓蒙與養成，以及鼓勵平等接觸、去除偏見、增加臺灣的社會資本。唯有當臺灣人民卸下族群與藍綠偏見，願意以個體身分理智參與對話，凝視對方生命歷程，並願在議題上對焦，理智思索。而政治人物也願意不再以仇視氛圍炒作議題成爲鞏固票的策略，而眞正提出有理想、有政策的意識形態方向，臺灣才能脫離族群內鬥困境，向前邁進。

註 釋

* 姚蘊慧，中國文化大學國家發展與中國大陸研究所助理教授。

** 林奕辰，中國文化大學國家發展與中國大陸研究所博士，現任華南理工大學IPP公共政策研究院兼職研究員，通訊作者，magician0123@yahoo.com.tw

1 周陽山（2018年09月13日），〈中時專欄：周陽山文明的衝突與民粹的反撲〉，中時電子報。（瀏覽日期：2018/9/29）https://opinion.chinatimes.com/20180913004816-262104

2 楊虔豪（2017年07月21日），〈應燭光而生（上）：文在寅國政報告，清算弊端與恢復社會正義〉，轉角國際。（瀏覽日期：2018/9/29）https://global.udn.com/global_vision/story/8663/2596628

3 臺灣當時的諺語：「走了狗，來了豬」，狗代表被趕走的日本人，豬代表新進來的中國人，狗還會看家，而豬只會吃跟睡（楊逸舟，1991）。這甚至影響到後來對於中國大陸地區人士與外省族群蔑稱為「中國豬」，另見李筱峰（2011年12月11日），〈【李筱峰專欄】從「狗去豬來」到三隻小豬〉，自由評論網。（瀏覽日期：2018/9/28）http://talk.ltn.com.tw/article/paper/545811

4 特別在後來戲稱為「萬年國民大會」的中央民意代表部分，為維持「法統」，讓大部分在原大陸各省選出的中央民意代表繼續存在，而第一屆中央民意代表選出時，臺灣省籍代表比例為國民代表大會0.37%、立法委員1.05%、監察委員2.78%（若林正丈，2014）。即便在1969年推動增額補選，中央臺灣籍民代略微增加，但整體而言仍以外省籍人士為主，這個情況一直到1992年「萬年國民大會」退職才真正改變。

5 Kyle（2017年01月13日），〈從勞工運動到「一例一休」，思考臺灣的政策為何會「前後矛盾」？〉，換日線。（瀏覽日期：

2018/9/28）https://crossing.cw.com.tw/blogTopic.action?id=505&nid=7488

6　在國民黨一黨專政之下，非國民黨籍而從事政治活動的人，因為外於國民黨，又無法自組政黨，約定俗成有了黨外這個說法（周婉窈，2009）。

7　一如「美麗島事件」，即為當時的蔣經國政府稱為「高雄暴力事件叛亂案」。

8　1989年鄭南榕因公開主張臺灣獨立並自焚而死時，臺灣獨立之訴求仍是禁忌，而縱使鄭南榕現今被視為烈士，但當時其激進言論是受到諸多黨外運動人士所質疑的。

9　〈黨綱─民主進步黨〉，民主進步黨。（瀏覽日期：2018/9/28）https://www.dpp.org.tw/upload/download/%E9%BB%A8%E7%B6%B1.pdf

10　湯馬斯・佛里曼（2016年02月16日），〈社交媒體是破壞者還是創造者？〉，紐約時報中文網。（瀏覽日期：2019/2/5）https://cn.nytimes.com/opinion/20160216/c16friedman/zh-hant/

11　張宇韶（2018年12月05日），〈臺灣正走向中國「單向度社會」的陷阱〉，UDN鳴人堂。（瀏覽日期：2018/12/5）https://opinion.udn.com/opinion/story/12561/3520113?from=udn-referralnews_ch2art-bottom

12　蘇蘅（2017年12月19日），〈蘇蘅／仇恨政治和語言不會有贏家〉，聯合新聞網。（瀏覽日期：2018/9/28）https://udn.com/news/story/11321/2884651

13　同上註。

14　比如在運動後民進黨大量起用太陽花運動的要角擔任幕僚，為年輕人打開了極佳的政治參與空間，另外出自太陽花世代的新政黨「時代力量」獲得國會第三大黨的席次，也加速原有的獨派「臺

灣團結聯盟」泡沫化。

15 之後2014年香港雨傘革命，及澳門的青年運動，多少也受到太陽花的啓發並進行修正。

16 引述自電影《里斯本夜車》的對白，也成為臺灣「反黑箱服貿」的行動宣言。

17 反黑箱課綱行動聯盟，〈「微調」事件〉，FACE THE FACT。（瀏覽日期：2018/9/28）http://whatyoucanthide.weebly.com/rewind.html

18 洪與成（2015年07月28日），〈公民課綱微調後白色恐怖不見了〉，風傳媒。（瀏覽日期：2018/9/28）https://www.storm.mg/cardstack/58980

19 林志成、洪欣慈（2015年07月31日），〈新舊課綱並行明起實施〉，中國時報。（瀏覽日期：2018/9/29）http://www.chinatimes.com/newspapers/20150731000416-260102

20 曾韋禎（2016年04月29日），〈立法院表決通過撤回課綱微調〉，自由時報電子報。（瀏覽日期：2018/9/29）http://news.ltn.com.tw/news/politics/breakingnews/1680137

21 洪安怡（2018年09月02日），〈新課綱不到1年勿促上路全教產批犧牲學生受教權〉，聯合新聞網。（瀏覽日期：2018/9/29）https://udn.com/news/story/7266/3344141

22 陳柏廷（2018年08月14日），〈中國史納入東亞史淡化一脈相承文化觀！新聞透視──分域偷天換日切不斷兩岸情〉，翻爆。（瀏覽日期：2018/9/29）http://push.turnnewsapp.com/content/20180814000632-260102

23 同上註。

24 王道維（2018年07月08日），〈臺灣同性婚姻法案推動過程中不同族群的核心關懷與法律爭議〉，筆震論壇。（瀏覽日期：2018/9/29）http://excaliburtaiwan.com/article/detail/513.html

25 〈同婚爭議：回顧臺灣爭取同婚合法化30年歷程〉（2017年05月24日），東網。（瀏覽日期：2017/5/29）http://hk.on.cc/tw/bkn/cnt/news/20170524/bkntw-20170524160305851-0524_04011_001.html

26 同註26。

27 農夫（2018年04月08日），〈誰支持同性婚姻？從出生世代與教育程度觀察〉，The News Lens關鍵評論。（瀏覽日期：2018/9/29）https://www.thenewslens.com/article/91572

28 據國民黨立委許淑華的觀察，見陳鈺馥（2016年11月25日），〈修民法讓同志婚姻合法國民黨團堅決反對〉，自由時報電子報。（瀏覽日期：2018/9/29）http://news.ltn.com.tw/news/politics/breakingnews/1897657

29 同上註。

30 吳柏瑋（2017年10月29日），〈挺婚姻平權，國民黨青年、老人不同調！？〉，蘋果日報。（瀏覽日期：2017/10/30）https://tw.news.appledaily.com/forum/realtime/20171029/1231213

31 甚至去年初，國民黨新北市議員林金結還有「支持同性戀的可以不用投給我！」的豪語。

32 立法院內113位立委中，有65位立委對同性婚姻表示支持、13位立委表示反對、35位立委未表態。而其中支持的部分，民進黨共45席，占該黨66.2%、國民黨共13席，占37.1%，時代力量則是5席立委全數支持，見〈支持或反對同婚？立委態度一覽表〉，（2016年10月25日），自由時報電子報。（瀏覽日期：2018/9/29）http://news.ltn.com.tw/news/politics/breakingnews/1866844

33 吳馨恩（2017年10月30日），〈吳馨恩：為何國民黨青年團參加同志遊行仍不得民心？〉，蘋果日報。（瀏覽日期：2018/9/29）https://tw.appledaily.com/new/realtime/20171030/1231899/

34 2016年總統大選前，民進黨候選人蔡英文的競選廣告即提到：

「在愛之前，大家都是平等的。我是蔡英文，我支持婚姻平權。
讓每個人，都可以自由去愛，追求幸福」。

35 鄭任汶（2018年11月28日），〈公投挫敗之後，「進步力量」
　　該如何省思？〉，the news lens關鍵評論新聞。（瀏覽日期：
　　2018/11/28）https://www.thenewslens.com/feature/2018-2020/109061

36 〈我是人我反核」　柯一正等導演號召反核〉，（2012年05月28
　　日），蘋果日報。（瀏覽日期：2018/9/29）https://tw.appledaily.
　　com/new/realtime/20120528/124807/

37 臺灣環境資訊協會（2018年03月10日），〈臺灣反核運動大事記
　　1978～2018〉，環境資訊中心。（瀏覽日期：2018/9/29）https://e-
　　info.org.tw/node/10598

38 馮建榮（2018年07月05日），〈一次看懂核四興建史峰迴路轉終
　　失敗〉，ETtoday新聞雲。（瀏覽日期：2018/9/29）https://www.et-
　　today.net/news/20180705/1206522.htm

39 同註39。

40 柳榮俊（2017年11月02日），〈拒絕當「人體空氣清淨機」　立
　　委、議員火力發電廠抗議〉，NOWnews今日新聞。（瀏覽日期：
　　2018/9/29）https://www.nownews.com/news/20171102/2637048/

41 趙容萱（2017年12月28日），〈還我藍天！2000彰化和美人
　　臺中火力發電廠前抗議怒吼〉，聯合新聞網。（瀏覽日期：
　　2018/9/29）https://udn.com/news/story/7314/2899498

42 事實上「用愛發電」一語並不出自蔡英文，而是2015年反核遊行
　　時主婦聯盟所提出的標語，目前所廣為流傳的既定印象是蔡英文
　　持「非核家園」的牌子被網友處理成「用愛發電」，在網路上
　　流傳的結果，董俞佳（2017年08月17日），〈「用愛發電」是靠
　　鄰居的熱情？小英當年到底怎麼說？〉，聯合新聞網。（瀏覽日
　　期：2018/9/29）https://theme.udn.com/theme/story/6773/2646968

 參考文獻

1. Frederick M. Watkins and Isaac Kramnick（1989）。《意識形態的時代》。張明貴譯。臺北：聯經出版社。

2. Samuel Huntington著（1997）。《文化衝突與世界秩序的重建》。黃裕美譯。臺北：聯經出版社。

3. 周婉窈（2009）。《臺灣歷史圖說（增訂本）》，臺北：聯經。

4. 周婉窈（2014）。《少年臺灣史：寫給島嶼的新世代和永懷少年心的國人》。臺北：玉山社。

5. 若林正丈（2014）。《戰後臺灣政治史：中華民國臺灣化的歷程》。洪郁如、陳培豐等譯。臺北：國立臺灣大學出版中心。

6. 恩格爾等（1981）。張明貴譯。《意識形態與現代政治》。臺北：桂冠圖書公司。

7. 陳翠蓮（2013）。《百年追求：臺灣民主運動的故事卷——自治的夢想》。臺北：衛城出版。

8. 楊逸舟（1991）。張良澤譯。《二二八民變》。臺北：前衛。

9. 王甫昌（1996，07），〈臺灣反對運動的共識動員：一九七九至一九八九兩次挑戰高峰比較〉。臺灣政治學刊，第1卷，第1期，頁129-210。

10. 駱明慶（2003，03）。〈高普考分省區定額錄取與特種考試的省籍篩選效果〉。經濟論文叢刊，第31輯第1期，頁87-106。

11. 吳乃德（2004）〈搜尋民主公民——社團參與的理論與實際〉，載於李丁讚編《公共領域在臺灣——困境與契機》，頁177-214。臺北：桂冠圖書公司。

12. 吳鴻昌、林峰燦、湯志傑（2016）。〈冷戰結構視野下的太陽花〉。《照破 太陽花運動的震幅、縱深與視域》，頁75-114。臺北：左岸文化。

13. 汪宏倫（2012）。〈淺論兩岸國族問題中的情感結構——一種對話的嘗試〉。《文明的呼喚：尋找兩岸和平之路》，頁181-231。臺北：左岸文化。

14. 葉浩（2012）。〈國際關係主流理論夾縫中的兩岸「和平」思考：一個價值多元論觀點的理論嘗試〉。《文明的呼喚 尋找兩岸和平之路》，頁83-124。臺北：左岸文化。

15. Bottomore Tom (Ed.). (1991). *A Dictionary of Marxist Thought* (2nd ed.). London, England: Blackwell.

16. Habermas, J. (1981). *The Theory of Communicative Action*. Boston: Beacon Press.

17. Habermas, J. (1989). *The Structural Transformation of The Public Sphere*. Cambridge, MA.: The MIT Press.

18. Held, David (1986). *Models of Democracy*. Cambridge: Polity Press.

19. Putnam, R. D (1993b). *Making Democracy Work: Civic Traditions in Modern Italy*. Princeton: Princeton University Press.

20. Middleton, A., A. Murie and R. Groves (2005). "Social Capital and Neighbourhoods that Work". *Urban Studies*. 42(10):1711-1738.

21. Putnam, R.D (1993a). "The prosperous community-social capital and public life". *The American Prospect*, 13, 1-11.

22. Putnam, R.D (1995). "Tuning in, Tuning out-The Strange Disappearance of Social Capital in America" *Political Science,* 28, 664-683.

23. Woolcock, M (2001). "The Place of Social Capital in Understanding Social and Economic Outcome". *Canadian Journal of Policy Research*. 2(1), 11-17.

24. Allport, Gordon (1954). "The Nature of Prejudice" New York: Basic Books; 25th Anniversary Ed edition (1 Jan. 1979)

25. Kearns, A. (2003) "Social Capital, regeneration and urban policy". In. Raco, M. and R. Imrie (eds.), *Urban Renaissance? New Labour, Community and Urban Policy*. PP. 37-60. Bristol: Policy Press.

26. Taylor, C (1992). "Modernity and the Rise of the Public sphere." *The Tanner Lecture On Human Value*. Cambridge University Press.

「意識形態」對立的臺灣社會

Chapter *8*

轉型正義、集體記憶與歷史論述

倪仲俊[*]

* 中國文化大學史學系副教授

摘要

　　依據「轉型正義國際中心」（The International Center for Transitional Justice, ICTJ）所揭，「達成和解」是轉型正義的最終目的。但是，以臺灣的案例來看，由於轉型正義是臺灣國族建構中的一環，在缺乏對國族建構與認同的共識之前提上，和解難以企及。本文由歷史記憶與歷史知識形成的結構來分析，認為轉型正義工作中所謂的歷史真相與國族建構過程中的集體記憶，都是一種在知識形成過程中可操作的介質，彼此可相互影響滲透，因使臺灣主體性建構過程所需要的「去蔣化」、「去中國化」等論述可以緣附在轉型正義的歷史真相上進行詮釋與再生產。這也促成了現階段轉型正義工作的困境，為了成就一種國族的線性歷史，臺灣多元社會下少數群體的歷史記憶頗受壓抑，其轉型正義的需求也遭到忽視，自然爭議不斷。

關鍵詞：轉型正義、集體記憶、歷史記憶。

Transitional Justice, Collective Memory and Historical Narration: A Case Study of Taiwan

Abstract

　　According to The International Center for Transitional Justice, ICTJ, advancing the cause of reconciliation is the ultimate aim for the transitional justice. However, Taiwan's case shows that such reconciliation should be a risky task. Once the transitional justice becomes a part of Taiwanese nation-making without a consensus among those disagreed national identities, it is still difficult to achieve social reconciliation. Basing on the study about the formula of the historical memory and historical knowledges, this paper explores that both the truths of the transitional justice and the collective memories of the nation-making are mediums to operate and then they adhere and influence each other in order to set up historical narrations. Thereafter, those concepts including de-Sinicization and de-Chiang-ification could stick on the transitional justice to reproduce the new historical knowledges, according to which a Taiwan nation could be imagined or established. This formation has led Taiwan's transitional justice into a difficult position. In order to achieve a Taiwanese linear history, the other collective memories are oppressed or ignored. Such situation has made strong noises.

Keywords: Transitional Justice, Collective memory, Historical memory.

壹、前言

　　「促進轉型正義」是民進黨於2016年重返執政後的優先施政項目，並且以前年（2017）年底通過的《促進轉型正義條例》（以下簡稱《促轉條例》）作為其法律工具。推動「轉型正義」的工作內涵，本應包括以下四個彼此呼應的重點：（一）對過去受到國家機關不義待遇者，恢復其名譽，甚至合理補償；（二）對運用公器從事不義行為卻未受究責者，能夠追訴；（三）調查事實真相，以為補償或究責之依據；（四）基於事實真相，從事歷史詮釋與再生產。[1] 惟推動轉型正義的過程中，之所以要在政治轉型後，對先前的受難者有所補償、追究相關責任，固然是在從恐怖暴力中覺醒時進行道德上的修補，[2] 或是透過政治與法律、

甚至可信任的機制（mechanisms）來恢復受創者的尊嚴，並建立一個通往真實正義的路徑；但是，其目的不僅僅於此，更重要者，乃是達成社會的和解。聯合國對轉型正義的定義就著重於「確保問責、得致正義與實現和解」。[3] 此外，依據「轉型正義國際中心」（The International Center for Transitional Justice, ICTJ）所揭，轉型正義還有以下目的：（一）確使女性及被邊緣化的群體在一個訴求正義的社會得以扮演積極的角色；（二）尊敬法治（rule of law）原則；（三）促進和平以及支持解決衝突的持續方案；（四）建立一個基礎，共同以解決造成衝突與邊緣化的深層原因；（五）達成和解。[4] 由此可見，轉型正義的終極目的，即在社會的和解。

同時，為了在法治破壞後能重建對「法治」原則的尊敬，轉型正義自不該用非常的手段或施用國家暴力的故技，應循和平、正當的方式為之，那麼才能形成一個可受信任的機制，來推動相關工作。

至於要使轉型正義具備可信任性的機制，除了著重該機制在運用所賦權力能自我約制外，也來自於「真實」的基礎。一方面為達到補償或究責，所以要有事實作為依據，固有調查真相之必要；另一方面，有了真相之後，即可從事歷史詮釋與再生產，藉以建構群眾的共識，並確定社會的新價值所在，以資進行公民教育與群體新生代的社會化。尤其，如果為了促進社會和解，應避免重蹈濫用國家暴力釀成衝突的覆轍。這種建構社會共識、確立新價值的工作，既是轉型正義的任務、也是其目的之一。

事實上，自臺灣民主化以來，無論是中國國民黨或第一次民主進步黨執政的時期，主政者皆有著力於過去發生在中國國民黨威權統治期間的「二二八事件」、「白色恐怖」等相關事件之賠償、恢復名譽、究責與真相調查，且皆有績效。所以，現在轉型正義的階段性任務，除了對先前工作未周之處——例如，仍有受難事實者未恢復名譽、尊嚴或領取補償者得依法補償，有未依法究責者，抑或是因過去轉型正義自我在時

空上設限，而仍有未及照顧之事實與受難者——亡羊補牢外，似應著重持續推動社會的和解。而正義與和解的工作，既植基於「真實」之上，那麼，這就與歷史知識產生了共相。本文的目地就在探討歷史知識與轉型正義工作之間的關係，並由此指陳、檢討現階段臺灣社會正在進行轉型正義時所產生的問題。

貳、轉型正義和歷史知識

要實踐轉型正義，必須恢復受難者的名譽、尊嚴並進行補償，而且還要追究可歸責者，但這些工作必須以事實為基礎。這些事實都是在「轉型」以前發生，必然為「過去」，既然如此，發掘過去之真實，本來就屬於史學工作的範疇之一。換言之，轉型正義工作需要運用歷史學的方法來考證與敘述過去，更需要史德，才能有「真實的過去」。為了進一步的討論，容筆者對歷史知識的形成先做說明。

眾所皆知，歷史是一門有關「過去事實」的知識，但是，過去的事實浩瀚無邊，僅有少數的過去事實能成為歷史知識，多數過去的事實則隨時間的逝去而湮沒無聞。而這些成為歷史知識的過去，都是經選擇之後，被認為對現時能產生意義者。質言之，過去的真實只有在對現在具有特定意義的前提下，才會被選擇成為歷史。英國史學巨擘艾瑞克‧霍布斯邦（Eric Hobsbawm, 1917～2012）就提出了「形式化的社會過去（formalized social past）」概念來詮釋這個過程：「過去感」是一種「集體性的經驗連續」，而「過去」在本質上是要作為現在所遵循的模範，人們會從他們已經記住或能記住的那些無窮資料中，選取對社會具有重要性的，來統合成為他們所意識到的歷史系統裡。[5] 在進行選擇與判斷意義的過程中，現時的人不斷地在現時與過去之間對話。此正如英國史家愛德華‧卡耳（Edward Hallett Carr, 1892～1982）的名言：「歷史是歷史工作者和事實之間不斷交互作用的過程，現在和過去之間無止境的

對話。」[6]

　　也就是說，歷史知識從來就不是絕對恆定的，會隨著現實社會、政治的需要而變動不居；政治的權力也會影響到知識的輸出。從而，涉及轉型正義的同一件事，在政治轉型的前後因爲時空環境的不同，循著不同的意義切面，當然可能產出截然不同的歷史「眞相」，形成了歷史敘事與解釋的翻轉。當然，在轉型過程中，不僅「新」的歷史知識——不只是新發掘的眞相，還有附著在新意義上的新歷史詮釋——有助於法律上的究責或補償，憲法在體制與條文內涵的變遷，也被用於去成就歷史知識的斷裂與新生，參與了歷史工作者和事實之間的對話。所以，在轉型正義的工作上，法律和歷史兩方面的工作是互補互濟、彼此支持的。

　　又，歷史知識雖然是建築在「過去」的龐雜事實之上，但其指向卻是現在與未來的，也就是借鑑過去的教訓，以指引人們現在或未來的行動，此即歷史知識的工具性。亦即如霍布斯邦所指陳：「歷史是過去、現在和未來三者的聯合」。[7] 錢穆也曾云：「過去者未過去，未來者早已來。」[8] 正是因爲「過去」可控制著「未來」。[9]

　　轉型正義的工作與歷史知識都指向要借鑑過去經驗以喻現在及未來，其目的論既有重合，就使兩者有另一層共相。新通過的《促進轉型正義條例》第二條就指轉型正義的工作包括「還原歷史眞相」，正如臺灣學者花亦芬指陳，對眞相的探討不僅止於司法的眞相，而是應該將相關的歷史記憶、歷史眞相「透過學術研究及教育內容來揭露，並繼而進行具有意義的討論」。[10] 這呼應了她先前指陳「歷史記憶」與「檔案開放」是轉型正義工作中在歷史領域的重點，要透過公共參與，促使公民社會展開更長期的價值重建工程，建構富有普世價值精神的歷史記憶框架。[11] 若從歷史知識形成的結構來看，轉型正義工作中所「還原」的歷史眞相，因爲具有警世的意義，而將被選擇成爲歷史知識，而進一步透過歷史敘述，產生對現時乃至於未來的指引功能。簡而言之，轉型正義工作就過去相關的事實，發掘並考證其眞相，一方面作爲政治暨司法

上遂行賠償、回復名譽與究責的基礎，另一方面，形成歷史知識。而轉型過程中所形成的歷史知識，本身就是一種「正義」。正如美國學者璐蒂·泰鐸（Ruti G. Teitel）的觀察：轉型正義過程中所「建構」出來的真相，改變了對過去事件的詮釋，為政治的轉變找到了合理性，並成為其他主張的標準。[12] 泰鐸並認為，在政治轉型的過程中，探究對過去邪惡過往的歷史和紀錄，是重建集體的必要手段，惟「轉型期的真相是在集體記憶的過程中由社會構成的」。[13] 這裡談到的「集體記憶」，與方才先提到的「歷史記憶」，雖然都指涉人類的群體性記憶，但內涵上有區別，卻又關係密切。以下進一步說明這兩者在內涵上的相異之處及其聯繫，既對理解以上所述歷史知識的形成結構有所助益，也能以此為切入點，進一步探討歷史記憶與轉型正義、歷史著述的關係。

參、歷史記憶、歷史著述與轉型正義

人類的記憶是對過往發生事物和活動所生之印象、感受或經驗的遺留、儲存與累積。人類留存的記憶多且龐雜，但一如事實與歷史知識之間的關係，人類的記憶將經過一個揀擇與意義賦予的過程，去蕪存菁，才能昇華為歷史記憶。

臺灣學者王明珂則將歷史記憶的定義再進行限縮，認為歷史記憶指的是社會的集體記憶（collective memories）中，「有一部分以該社會所認定的『歷史』流傳，人們藉此追溯社會群體的共同起源（起源記憶），及其歷史流變，以詮釋當前該社會人群各層次的認同與區分」。[14] 這個定義又揭露了兩點內涵。其一，歷史記憶與國族認同有關。其二，在所有留存下來的記憶（或可稱之為「社會記憶」）[15] 與歷史記憶之間，還有一個具可操作性的集體記憶——集體記憶向來被認為與國族建構有關。[16]

蓋近年來對國族暨國族主義的研究有趨於文化建構論的傾向，亦即

視國族爲一人造物，是被想像或被創發出來的，[17]而在國族建構的過程中，集體記憶適足成爲一個主觀的文化要件供想像國族的邊界。

以上王明珂對歷史記憶狹義定義的敘述，其實就是以知識形成的結構來討論「所有留存下來記憶中與特定群體有關的集體記憶，經現時需要的淘選後，找到可資用於辨別族群過去獨特發展的歷史記憶」的過程，而這樣的結構與歷史知識的形成如出一轍。或者，更清楚地說，歷史記憶其實就是歷史知識的一種，集體記憶則是從過去事實到成爲歷史知識間的一個具可操作性的介質——這也一如轉型正義工作中所驗證的歷史眞相，成爲過去事實到歷史知識之間可操作的介質。

至於歷史記憶、歷史知識成立後，則需要透過一個持續的知識再生產的過程，間以賦予意義的詮釋，這就需要進行歷史的著述。既然如此，轉型正義工作在揀擇與釋放歷史眞相並進行知識再生產時，就帶有一定的風險，一如歷史記憶之建構與再生產的過程所面臨者。所謂的風險，就源自於當代的歷史著述與國族建構常有的糾葛中，這往往使眞正的事實必須爲了成就國族價值而退讓。這要從「大寫國族」說起。所謂「大寫國族」，就是以國族爲論述主體，開展直線性的歷史敘事，這原本就是當代史學的最重要的特徵之一，[18]歷史也因此變成國族的載具，用以建構國族想像與確認國族的主體性、陶鑄國族意識。只是，正如學者杜贊奇（Presenjit Duara）所指陳，爲了論述一個國族線性歷史，必須馴化或摧毀「他者」，才能達到「封閉」，[19]也就是使這個論述的「我群」成員達到全員同質的效果——這其實可以是目的，也可以是種手段。也就是說，在寫國族歷史時，爲了廓清論述一個想像中的自我國族主體的內涵與邊界，就須先決性地論述其成員的同質條件；然而，不見得所有處在同一社會空間的所有人都具有這種同質條件，因此，處於國族主義高張的時刻，凡在被視爲主流群體之外者，若要避免被邊緣化或者因異質性而飽受歧視，往往刻意遮掩或捐棄其異質性，才能進入主流群體，進而公平分潤資源與享受權利。由是，這種歷史著述策略的風險

性，一方面固然在於為了寫作一種一元觀點的線性歷史，這必然使多元的觀點「諱」/「晦」而不彰，也偏離了社會與人群往往多元且複線發展的事實；另一方面，也容易使社群中邊緣群體的記憶與歷史被壓抑、甚至遭到清洗。

當然，不是每個社會在推動轉型正義的案例都會涉及國族建構；但是，臺灣現在的案例卻很難跳出國族建構的漩渦。一來臺灣政治上民主化轉型的過程，原來就與臺灣主體性建構的工程相伴相生。二來民進黨的黨綱以「建立主權獨立自主的臺灣共和國」為首揭宗旨，[20] 國族國家的建立係執政的遠程目標，其政策工作難免為此目標服務，何況，轉型正義工作所涉之歷史真相可連結至歷史著述，這不但向來是被早期臺灣獨立運動的先驅們運用去創發與想像臺灣國族，而且，民進黨在近兩年的執政中，也積極掌控教育、文化政策遂行去中國化工作，因此，轉型正義在歷史真相的產出適能與之枹鼓相應。簡言之，同作為操作上的一種可在意義上進行選擇的介質，轉型正義工作中所謂的歷史真相，與國族建構過程中的集體記憶，是可以相互影響、滲透的。這個過程，正如臺灣學者陳芳明對渠期待在轉型正義過程中該具備之「共業史觀」的描述：把臺灣所有族群都視為過去幽暗歷史的共同受難者，才是建立歷史共識的恰當途徑，也唯有「把歷史受害轉化成共同記憶，才有可能建立一個命運共同體的社會」。[21] 正因為臺灣現階段推動的轉型正義成為臺灣國族建構工程的一環，就使其工作高度暴露在風險之下，尤其，國族建構問題一直就是臺灣政治運作的暴風眼，一旦與之接近，其爭議自然隨風動盪不止。

肆、從國族建構工程看現階段轉型正義的困境

轉型正義是一個持續性的工作。所以，執政黨大張旗鼓推動轉型正義，在民主社會，孰能曰不可？然而，自從執政黨推動轉型正義的政策

出臺後,其爭議從未止歇。姑不論其操作者本身的心態,亦不論以專法推動轉型正義是否在憲政上疊床架屋,而且破壞了司法與行政分權制衡的基本原則,本文以下特著墨於轉型正義要迎合國族建構目的而產生的病癥提出針砭。

一、《促轉條例》刻意形成一元解釋,忽視邊緣者的轉型正義需求。

臺灣是一個由移民與移民後裔所組成的社會。由於到臺灣的移民群來自於不同時間與空間,也就形成了目前臺灣多元族群社會的現實。這是臺灣在推動轉型正義時,與其他國家案例所不一樣之處。多元族群社會中,各族群往往有不同的歷史記憶,也因此對於特定的人與事會產生不同的詮釋和評價;爲了讓多元族群社會能夠健康地朝向和諧共生的方向發展,這些多元的、多樣的族群記憶與詮釋,應該同時予以尊重。

也因爲臺灣族群的多元性,不同族群在面對過去時,也有不同的正義訴求議題,固有重視二二八事件或白色恐怖時期的威權迫害者,但也有重視日本殖民主義的侵略、剝削與壓迫者,如慰安婦的議題,甚至重視外來移民對於其傳統棲地之侵凌者,亦有之。這些邊緣者的轉型正義議題,應該在推動轉型正義時,協助其更積極地發揮,這正是前揭轉型正義國際中心之於轉型正義所提之正鵠。

惟《促轉條例》從其醞釀、討論、立法到執行的過程中,顯然無法滿足臺灣社會中所有族群所在乎或需要的轉型正義。換句話說,《促轉條例》只在乎特定族群所在乎與需要的正義。筆者並非指這些正義不重要或不需要,只是,這種針對性的正義,其目的不在訴諸或滿足全民的支持與需要,而在訴諸特定族群的支持和需要。就舉《促轉條例》第三條第一項言之,明訂「威權統治時期,指自中華民國三十四年八月十五日起至八十一年十一月六日止之時期」,由規範的時間和空間來看,其

條文設計就充滿針對性，完全是針對之前的執政黨中國國民黨而來。可窺見在這個時間點推動不急之務的《促轉條例》，其本質不是藉由所謂轉型正義來鞏固已經鞏固的民主，而在於藉由徹底的否定舊政權來鞏固新政權統治的合理性，並隱喻對國民黨政權所殘留的中國性（Chineseness）的挑戰與割裂。如果以這種心態來推動所謂轉型正義，就算勉強另立專責機構來處理西元 16 世紀以來外來移民對原住民的欺凌所衍生的轉型正義問題，相關的工作也必然在執行時被邊緣化，根本不能真正彰顯所有正義。而前一陣子當豎立於臺南的慰安婦銅像遭侮辱時，言必轉型正義的執政當局，其有權力者要不噤聲，要不譏諷，由此可見一斑。

二、《促轉條例》恐壓抑部分族群的歷史記憶，反而不利於族群的和解。

由於《促進轉型正義條例》既非當務之急，且不能滿足全民對於轉型正義的需求，儘管執政黨挾其國會多數通過條文，但缺乏足夠國民共識的社會氛圍下，接續的工作將會為臺灣社會帶來更多的衝突。

即舉《促轉條例》第五條而言。該條第二項有「威權統治時期，統治者大規模侵害人權事件之發生地，應予保存或重建，並規劃為歷史遺址」，固然，若真有受到政治與司法不義對待者，不論是為了供後人感懷其犧牲，或如條文所說為「彰顯司法正義、導正法治及人權教育、促進社會和解」，甚至為了召喚集體記憶，而有紀念的必要，這樣的規定應該已能滿足需要；但是，這卻未必須以清洗他人的其他記憶為前提。就如《促轉條例》第五條第一項明列：「為確立自由民主憲政秩序，否定威權統治之合法性及記取侵害人權事件之歷史教訓，出現於公共建築或場所之紀念或緬懷威權統治者之象徵，應予移除、改名，或以其他方式處置之」。這樣的條文據以執行時，必然引發爭議，也會傷害了部分

國民的感情，而認爲他們過去的歷史記憶遭到否定、侵犯與壓抑。即使透過這類的「清除工作」能勉強達成一致性，那也是新的多數所產生的壓制，而非真正的和解。

例如，從條文規範的時間與對象來看，這類「清除工作」，首當其衝者，當然就是在這段被法定爲「威權統治時期」長期領導黨、政、軍的蔣介石。因此，文化部的相關作爲也必然動見觀瞻。而由文化部所揭露的相關政策來看，亦已明白地將因勢利導，透過中正紀念堂等建物的轉型，來實踐「去蔣化」。

「去蔣化」、「去中國化」都是建構臺灣主體性的重要步驟，也就是藉由否定過去國民黨統治的合理性，或是爲其貼上外來政權的標籤，從而想像臺灣人的獨特性。事實上，過去一些帶有強烈本土情懷的史家要「治史起造臺灣國」，在著述上必須涵攝「非蔣」與「非中國」，現在的「去蔣」與「去中國化」——包括新版高中的歷史教科書的修訂——就是在同一種著述脈絡下的新階段任務。

從歷史知識形成的結構來看，「去蔣」、「去中國化」就是一種淘選，將認定的特定「真實」，成爲一種歷史記憶或知識，最終形成一種一元史觀的臺灣人線性歷史。所以，當文化部強調處理歷史真相時，指「還原歷史不是功過並陳的問題」，而且要「優先還原的是人權受害的歷史」，[22] 由此就可窺知，此乃一種對過去事實的「選擇」。尤有甚者，文化部長還一再揭櫫，其文化政策在建立「共同歷史記憶」，復指陳歷史與臺灣主體性的關係：唯有歷史主體的建立，「我們才知道我們是誰，要往哪裡去」。[23] 這正是國族歷史著述的常用語彙，呼應了「治史起造臺灣國」。一旦這種過度詮釋或渲染的受難者歷史記憶，緣附於轉型工作上，爲那些「去蔣化」和「去中國化」爲綱領的歷史著述推波助瀾，成就了一種封閉的臺灣人主體，以利臺灣國族的想像。

相對地，新的一元史觀逐漸成型且爲官方定於一尊時，舊有史觀即遭淪落爲少數，就成了一種非我族類的異質想像，在逐漸被邊緣化的

過程中感受到危機，其支持者憂心遭到新的主流所馴化、摧毀，起而對抗，也就不難想像。若然至此，距離轉型正義所期待的和解，反而更加遙遠。

伍、結論

　　和平轉型是西元廿世紀九〇年代臺灣政治民主化成就最值驕傲之處。然而，這樣的和平過渡，儘管打破了動員戡亂體制加諸在《中華民國憲法》框架上的桎梏，但原有的憲政內涵並沒有被根本打破，被維持住的法統——可理解為憲法治理的合理性和連續性——也綁住了臺灣在主權暨國族想像與政治上的「中國」千絲萬縷的聯繫。若單從臺灣人主體性為思考，臺灣政治民主化的過程只是一個不完全的政治轉型，即使在憲政秩序上開啟了公開參與、多元競爭的自由環境，但一個全新的、只以臺灣／臺灣人為主體的憲政框架卻未及建構；所以，若只從這個片面看來，政治轉型的工作其實還是進行式。只是，循此片面，相較於先前民主化的政治轉型，進行中的政治轉型其實不特別在意憲政秩序上應有的多數決定的合理性，反而更在乎國族想像的正義。在關心焦點不一的前題下談轉型正義，當然使轉型正義的內容紛陳，這是使現下臺灣的轉型正義工作陷入一片混亂的深層原因之一。

　　本來，在臺灣目前連續性的憲法框架下推動轉型正義就有一定的困難。例如，對於其他舊有憲政體制在轉型時已遭毀棄的國家而言，對於那些需要撤銷原有處分的判決和追訴先前合憲的侵權事件，即無須再為舊有憲政體制的安定有所考量，但是，在政治轉型後的臺灣，類似的案例，在顛覆確定先前侵權的司法判決時，卻必須兼顧不能與憲政體制有所扞格。尤有甚者，基於轉型正義在法律和歷史領域的工作是互補互濟的，在這種連續性政治體系下要推動轉型歷史正義，也同樣有難處。這並不是因時間久遠而真相湮沒難尋，而是延續性的憲政框架無足以成為

翻轉歷史知識的基礎；也就是說，若干為轉型正義所建構出來新的真相或歷史知識，悖離了既有的憲政基礎，未必能說服社會多數，反而引起社會的緊張，不利集體的自我認識與最終和解。

　　誠如轉型正義國際中心開宗明義所揭櫫者，「達成和解」是推動轉型正義最終的目的。原行政院促進轉型正義委員會黃煌雄主任委員在布達時也是揭示「和解」的終極主張。他說：「透過揭露真相與釐清責任，是建立一個讓不同歷史記憶能相互理性對話的平臺，經由這種社會溝通與社會對話，最終盼望能讓不同背景與族群的後代子孫，不單是坦然面對彼此歷史記憶的差異，更是在共同的家園追求和解的未來。」[24] 這番陳詞雖令人鼓舞，但筆者卻對其前景感到悲觀。黃主委在談話中點到南非、德國、西班牙、東歐與拉丁美洲等國有過轉型正義的經驗，而且特別稱許南非的經驗，但是，臺灣案例的特殊性之一，即如本文所論述，乃是轉型正義工作根本就是臺灣國族建構工程的一環，且這個工程本身就是暴風眼，風吹自然草動。因此，毋庸促轉會內部人員的心態偏差，只要國內對於臺灣國族建構與認同問題缺乏共識，歷史記憶就無法穩定，奢談社會和解，只是緣木求魚。

註　釋

* 倪仲俊，中國文化大學史學系副教授，美國賓夕法尼亞大學歷史學博士。專長：中國近現代史，臺灣史，美洲史。

1 倪仲俊，〈「促轉條例」、「去蔣化」與結構性健忘〉，《理論與政策》，第76期，2018，頁85-91。

2 Margaret Walker, *Moral Repair: Reconstructing Moral Relations after Wrongdoing*. Cambridge: Cambridge University Press, 2006, p. 12.

3 Security Council of United Nations, "The rule of law and transitional justice in conflict and post-conflict societies", Report of the Secretary-General, August 23, 2004, UN Document: S/2004/616*.

4 The International Center for Transitional Justice (ICTJ), "What is Transitional Justice?" https://www.ictj.org/about/transitional-justice. （瀏覽日期：2018年9月30日。）

5 Eric J. Hobsbawm, *On History.* New York: New Press, 1998, pp. 10-23.

6 卡耳（Edward Hallett Carr）著，王任光譯，《歷史論集》（臺北市：幼獅出版公司，1968），頁23。

7 同註5。

8 錢穆，〈史學導言〉，《中國史學發微》（臺北市：東大圖書公司，1989），頁33-98。

9 同上註。

10 立法院司法及法制委員會，《「促進轉型正義條例草案」第3場公聽會報告》（臺北市：立法院司法及法制委員會，2016），頁25。

11 花亦芬，《在歷史的傷口上重生——德國走過的轉型正義之路》（臺北市：先覺出版股份有限公司，2016），頁22。

12 璐蒂‧泰鐸（Ruti G. Teitel）著，鄭純宜譯，《轉型正義——邁向民主時代的法律典範轉移》（臺北市：商周出版，2017），頁148-149。

13 同前書，頁118-119。

14 王明珂，〈歷史事實、歷史記憶與歷史心性〉，《歷史研究》，第5期，2001，頁136-147。

15 同上。

16 Lewis A. Coser, "Introduction: Maurice Halbwachs," in *On Collective Memory*, ed. & trans. by Lewis A. Coser. Chicago: The University of Chicago Press, 1992.

17 Benedict Anderson, *Imagined Communities: Reflections on the Origin and Spread of Nationalism.* New York: Verso, 1991, PP. 5-6.

18 Presenjit Duara, *Rescuing History from the Nation: Questioning Narratives of Modern China.* Chicago: The University of Chicago Press, 1995, PP. iii-v.

19 Presenjit Duara, *Rescuing History from the Nation: Questioning Narratives of Modern China.* PP. 17.

20 《民主進步黨首頁》，民主進步黨，〈黨綱〉。（瀏覽日期：2018/10/3）取自https://www.dpp.org.tw/upload/download/%E9%BB%A8%E7%B6%B1.pdf

21 陳芳明，〈轉型正義與臺灣歷史〉，《思想》，第5期，2007，頁83-94。

22 《聯合新聞網》，2017年12月11日，〈文化部長鄭麗君：還原歷史，非功過並陳〉。（瀏覽日期：2018/3/6）取自https://udn.com/news/story/11311/2868220

23 《民報》，2017年9月30日，〈張炎憲全集問世／鄭麗君讚他「臺灣史先行者」：建構以臺灣為主體的史觀〉。（瀏覽日期：

參考文獻

1. 王明珂，〈歷史事實、歷史記憶與歷史心性〉，《歷史研究》，第5期，2001。

2. 卡耳（Edward Hallett Carr）著，王任光譯，《歷史論集》（臺北市：幼獅出版公司，1968）。

3. 立法院司法及法制委員會，《「促進轉型正義條例草案」第3場公聽會報告》（臺北市：立法院司法及法制委員會，2016）。

4. 《民主進步黨首頁》，民主進步黨，〈黨綱〉。（瀏覽日期：2018/10/3）取自https://www.dpp.org.tw/upload/download/%E9%BB%A8%E7%B6%B1.pdf

5. 花亦芬，《在歷史的傷口上重生——德國走過的轉型正義之路》（臺北市：先覺出版股份有限公司，2016）。

6. 《促進轉型正義委員會首頁》，促進轉型正義委員會，〈促進轉型正義委員會佈達暨揭牌典禮新聞稿〉。（瀏覽日期：2018/10/8）取自https://www.tjc.gov.tw/presses/10

7. 倪仲俊，〈「促轉條例」、「去蔣化」與結構性健忘〉，《理論與政策》，第76期，2018，頁85-91。

8. 陳芳明，〈轉型正義與臺灣歷史〉，《思想》，第5期，2007，頁83-94。

9. 錢穆，〈史學導言〉，《中國史學發微》（臺北市：東大圖書公司，1989）。

10. 璐蒂·泰鐸（Ruti G. Teitel）著，鄭純宜譯，《轉型正義——邁向民主時代的法律典範轉移》（臺北市：商周出版，2017）。

11. Anderson, Benedict, *Imagined Communities: Reflections on the Origin and Spread of Nationalism.* New York: Verso, 1991.

12. Coser Lewis A., "Introduction: Maurice Halbwachs," in *On Collective Memory*, ed. & trans. By Lewis A. Coser. Chicago: The University of Chicago Press, 1992.

13. Duara, Presenjit, *Rescuing History from the Nation: Questioning Narratives of Modern China*. Chicago: The University of Chicago Press, 1995.

14. Hobsbawm, Eric J., *On History*. New York: New Press, 1998.

15. ICTJ (The International Center for Transitional Justice), "What is Transitional Justice?"（瀏覽日期：2018/9/30）取自 https://www.ictj.org/about/transitional-justice

16. Security Council of United Nations, "The rule of law and transitional justice in conflict and post-conflict societies", Report of the Secretary-General, August 23, 2004, UN Document: S/2004/616*.

17. Walker, Margret, *Moral Repair: Reconstructing Moral Relations after Wrongdoing*. Cambridge: Cambridge University Press, 2006, p. 12.

18. 《聯合新聞網》，2017年12月11日，〈文化部長鄭麗君：還原歷史，非功過並陳〉。（瀏覽日期：2018/3/6）取自 https://udn.com/news/story/11311/2868220

19. 《民報》，2017年9月30日，〈張炎憲全集問世／鄭麗君讚他「臺灣史先行者」：建構以臺灣為主體的史觀〉。（瀏覽日期：2018/3/6）取自 http://www.peoplenews.tw/news/cfbad7b3-0d2c-4845-b569-aa9f-aee26c45

Chapter 9

臺灣少子女化現象與政策討論

陳芬苓[*]

* 國立臺北大學社會工作學系教授

臺灣少子女化現象與政策討論

摘要

近年來，臺灣的人口結構及家庭結構逐漸轉變，出生率在 1990 年後快速下滑，2017 年爲 1.13 人，爲各國出生率最低的國家之列。2000年起，國內開始越來越注意少子女化的問題，政府也開始出現一些育兒政策，但民眾似乎未受激勵而增加生育率；有些人擔心少子女化現象的延續，將產生勞動力萎縮、家庭養老功能減弱、教育體制衝擊以及對養育子女的重視等問題，尤其是對傳統福利制度的衝擊。長久以來，我國福利制度建構在以家庭爲主要照顧者的體系中，政府很少介入福利的提供，少子女化現象迫使傳統保守的福利國家有所改變，紛紛提出育兒津貼及托育補助以改變現況，在本文中將討論臺灣少子女化的現象及其重要原因，並由我國近年來提供的育兒政策，討論國家面對少子女化可能的政策方向。

關鍵詞：少子女化現象、育兒政策、政策分析、臺灣。

Low fertility phenomenon and related policies in Taiwan

Abstract

The population and family structure has been changed recently in Taiwan. The fertility rate has been decreasing dramatically since 1990. In 2017, the fertility rate was 1.13, one of the lowest countries in the world. Since 2000, Taiwan society are more aware of the problem of low fertility rate, and the government also adopted few policies to support the families with children. However, people in Taiwan have not been motivated to have more children by those policies. People worry about that the low fertility rate phenomenon will affect the labour force in the future. Some worry about the caring function of the family will be extinct, others worry that the educational system and traditional welfare systems will be deteriorated. For a long time, Taiwan's welfare system depends on the role of the family in care delivery, while the state's role on caring remains minimized. The phenomenon of low fertility rate forces the state to change its role by providing subsidies to families with children. In this paper, we will discuss the situation of low fertility rate in Taiwan and the possible reasons for this phenomenon. Finally, the recent policies related to child support as well as the sustainable policies to the family will be discussed.

Keywords: low fertility rate, child policy, policy analysis, Taiwan.

壹、前言

　　過去我國在戰亂之後，曾出現一段高出生率的嬰兒潮，在 1950 年代，每位總生育率曾高達 7%，於是在 1964～1990 年正式推動家庭計畫實施生育控制。「子女少，幸福多」、「兩個孩子恰恰好，男孩女孩一樣好」，則是當時臺灣人民耳熟能詳的家庭計畫宣導口號。政策者以綿密之網絡，掌握臺灣婦女的生育狀況，提供臺灣育齡夫婦相關之避孕資訊、建議與指導，其中最被政策者鼓勵使用的避孕方法為子宮內避孕器、保險套、避孕藥、結紮等。透過家庭計畫的實施，使得臺灣的粗生育率從 1963 年的 30 人，降至 1989 年的 10.58 人，比預期達成目標 12.5 人來得更低。臺灣的家庭計畫也常被喻為是「人口奇蹟」，然而在

1990 年後，臺灣的家庭計畫開始轉型爲新家庭計畫，以針對特定群體推動生育保健服務爲主（郭文華，1998）。

　　近年來，臺灣的人口結構及家庭結構逐漸轉變，出生率在 1990 年後快速下滑。依據內政部統計資料指出，1996 至 2000 年間，0 至未滿 12 歲兒童，每年平均約遞減三萬名兒童。臺灣地區在 1983 年完成人口轉型（稱之爲人口的轉捩點），當年的總生育率降至 2.16 人，也就是所謂的人口替代水準（張明正、李美慧，2001）。根據內政部臺閩地區人口統計，近年來我國國民生育率不斷創新低。1998 年平均每位育齡婦女一生中只生了 1.47 個嬰兒，這樣的比例比開發中國家的平均數 1.6 人還要低，至 2003 年跌至 1.23 人，跨入所謂「超低生育率國家」之門檻；2008 年平均每位女性一生只生育 1.05 人，與德國並列生育率最低的國家；2010 年更下跌到 0.895 人新低點，2012 年在政策及龍年刺激下，總生育率上升到 1.27 人。2017 年總生育率爲 1.13 人，僅高於新加坡及澳門。少子女化現象的延續，一般相信將產生勞動力萎縮、家庭養老功能減弱、教育體制衝擊以及對養育子女的重視等問題（見圖 1 及表 1）（內政部戶政司，2018）。

表 1　臺灣育齡婦女總生育率，1947～2017

單位：人

年	總生育率	年	總生育率	年	總生育率	年	總生育率
1947	5.46	1969	4.12	1991	1.72	2013	1.07
1948	5.55	1970	4.00	1992	1.73	2014	1.17
1949	5.90	1971	3.71	1993	1.76	2015	1.18
1950	6.03	1972	3.37	1994	1.76	2016	1.17
1951	7.04	1973	3.21	1995	1.78	2017	1.13
1952	6.62	1974	2.94	1996	1.76		
1953	6.47	1975	2.77	1997	1.77		
1954	6.43	1976	3.09	1998	1.47		
1955	6.53	1977	2.70	1999	1.56		

續表 1

年	總生育率	年	總生育率	年	總生育率	年	總生育率
1956	6.51	1978	2.72	2000	1.68		
1957	6.00	1979	2.67	2001	1.40		
1958	6.06	1980	2.52	2002	1.34		
1959	5.99	1981	2.46	2003	1.24		
1960	5.75	1982	2.32	2004	1.18		
1961	5.59	1983	2.17	2005	1.12		
1962	5.47	1984	2.06	2006	1.12		
1963	5.35	1985	1.88	2007	1.10		
1964	5.10	1986	1.68	2008	1.05		
1965	4.83	1987	1.70	2009	1.03		
1966	4.82	1988	1.86	2010	0.90		
1967	4.22	1989	1.68	2011	1.07		
1968	4.33	1990	1.81	2012	1.27		

資料來源：內政部戶政司，2018，《中華民國人口統計年刊》。

圖 1　臺灣育齡婦女總生育率，1947～2017

資料來源：內政部戶政司，2018，《中華民國人口統計年刊》。

　　本文的目的在於系統性呈現我國少子女化現象所可能造成的影響，討論造成少子女化的原因，也代表臺灣社會變遷下特殊的現象；雖然政府針對少子女化現象提出不少政策，藉由國外學者的論點與文中分析臺灣少子女化的原因，討論我們目前政策走向是否正確，解決少子女化是否還有更重要的政策方向？也值得再行討論。

貳、少子女化造成的影響

　　前述分析凸顯我國人口結構趨向少子女化的社會現象，若再加上高齡化的趨勢，將會增加我國青壯年人口的負擔，在表 2 中呈現我青壯年人口（15～64 歲）扶養比，分析我國過去歷年扶養比的情形，可以看出在戰後我國的扶養比逐年下降，2013 年我國的扶養比為 34.9%，在 2012、2013 年是扶養比的最低點。根據人口的推估結果，扶養比將會逐年快速上升，在 2025 年扶養比會達到 47.8%，2040 年扶養比會達到 69.8%，2060 年扶養比將會高達 97.1%。而由圖 2 的扶養比分析而言，也可以看出今年之後扶養比將會上升，也會加重年輕人口未來的負擔，如何達到世代之間的公平性，將是未來重要的議題。

　　由表 3 中，對幼年及老年人口的扶養比可以看出，過去臺灣是以扶幼比為主的年代，1956 年我國扶幼比達 81.82%，1980 年到達 50.52%，2015 年為 18.1%。未來扶幼比基本上維持在同樣的幅度，但是扶老比在 1956 年時僅為 4.55%，2012 年達 16.9%，但之後就一路上升，隨著戰後嬰兒潮的老化，預計到 2060 年扶老比將會達 77.7%，可見未來勞動人口的比例會下降，而勞動人口的負擔也會加重（經建會，2012）。人口結構的快速變化，將會影響我們社會保險的估算，以隨收隨付制（pay as you go）為主的社會保險，如年金及健保，將會隨著付保費的工作人口減少，支出的老年人口增多，而在世代的公平性上有很大的討論空間。

表 2　臺灣地區扶養比情形，1946～2060

單位：%

年	扶養比	年	扶養比	年	扶養比	年	扶養比
1946	84.75	1975	63.58	2004	40.50	2033	60.8
1947	81.33	1976	62.20	2005	39.70	2034	62.4
1948	80.23	1977	60.79	2006	39.12	2035	63.9
1949	77.32	1978	59.45	2007	38.43	2036	65.2
1950	78.31	1979	58.41	2008	37.70	2037	66.4
1951	80.33	1980	57.26	2009	36.93	2038	67.6
1952	81.36	1981	56.35	2010	35.85	2039	68.7
1953	82.47	1982	55.75	2011	35.07	2040	69.8
1954	83.58	1983	55.02	2012	34.74	2041	71.5
1955	84.70	1984	53.97	2013	34.9	2042	72.9
1956	86.37	1985	53.03	2014	35.0	2043	74.5
1957	87.61	1986	52.18	2015	35.1	2044	76.2
1958	88.72	1987	51.37	2016	35.8	2045	77.9
1959	89.64	1988	50.83	2017	36.6	2046	79.7
1960	92.03	1989	50.29	2018	37.6	2047	81.4
1961	93.58	1990	49.93	2019	38.7	2048	82.9
1962	94.05	1991	48.96	2020	40.1	2049	84.3
1963	93.71	1992	48.32	2021	41.5	2050	85.3
1964	92.51	1993	47.60	2022	42.8	2051	86.0
1965	90.57	1994	46.60	2023	44.3	2052	86.8
1966	87.52	1995	45.78	2024	45.9	2053	88.1
1967	85.32	1996	44.94	2025	47.8	2054	89.0
1968	82.65	1997	44.22	2026	49.5	2055	90.4
1969	76.44	1998	43.30	2027	50.9	2056	91.6
1970	74.16	1999	42.60	2028	52.6	2057	92.8
1971	71.65	2000	42.32	2029	54.4	2058	94.2

續表 2

年	扶養比	年	扶養比	年	扶養比	年	扶養比
1972	69.80	2001	42.07	2030	56.1	2059	95.6
1973	67.65	2002	41.72	2031	57.8	2060	97.1
1974	65.52	2003	40.97	2032	59.2		

資料來源：1. 內政部戶政司 http://www.ris.gov.tw/。

2. 經建會，2012，《中華民國 2012 年至 2060 年人口推計報告》。

註：2013～2060 資料採《中華民國 2012 年至 2060 年人口推計報告》中之「中推估」的數值。

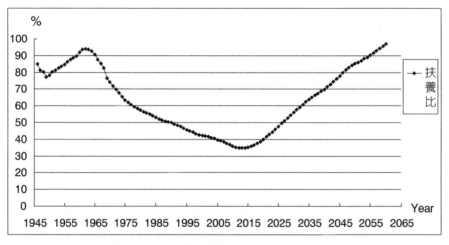

圖 2　臺灣地區扶養比情形，1946～2060

資料來源：1. 內政部戶政司 http://www.ris.gov.tw/。

2. 行政院經濟建設委員會，2012，《中華民國 2012 年至 2060 年人口推計報告》。

註：2013～2060 資料採《中華民國 2012 年至 2060 年人口推計報告》中之「中推估」的數值。

表 3　對幼年及老年人口之扶養比

年別 （民國）	扶養比（%）			老化指數（%）
	合計	扶幼比	扶老比	
45(1956)	86.37	81.82	4.55	5.56
55(1966)	87.52	82.43	5.09	6.17
59(1970)	74.16	69.08	5.08	7.36
64(1975)	63.58	57.85	5.73	9.90
69(1980)	57.26	50.52	6.74	13.35
79(1990)	49.93	40.61	9.32	22.96
89(2000)	42.32	30.05	12.27	40.85
99(2010)	35.85	21.26	14.59	68.64
100(2011)	35.07	20.37	14.70	72.20
101(2012)	34.74	19.72	15.03	76.21
104(2015)	35.1	18.1	16.9	93.5
109(2020)	40.1	17.5	22.6	129.2
119(2030)	56.1	18.7	37.3	199.4
129(2040)	69.8	18.6	51.2	274.5
139(2050)	85.3	17.8	67.6	380.2
149(2060)	97.1	19.4	77.7	401.5

資料來源：1. 45～99 年為內政部，2011，《人口政策百年回顧與展望》。

2. 100-101 年為內政部為內政部戶政司統計資料。

3. 104 年以後為經建會《中華民國 2012 年至 2060 年人口推計》（中推計），101 年 8 月。

　　雖然我國面臨出生率降低的問題，但是由於人口老化及壽命延長的增加率趨勢，更明顯於出生率降低的趨勢，因此由我國未來總人口數的趨勢看來，臺灣的總人口數將會持續增加。目前我國人口數處於較低點的情形，未來隨著人口數的增加，我國會面臨人口密度增加的問題，

我國人口密度之高可能僅次於孟加拉，對社會的影響則包括：空間擁擠的成本及環境保護的壓力，還有居住品質的下降等（見圖3）。儘管如此，由於未來增加的人口主要是以老齡人口為主，仍然需要提升出生率，以減緩人口結構改變所帶來對社會的衝擊。由圖3看來，我國近年仍處人口紅利的階段，未來將漸漸面臨人口減少的階段，現階段開始面對人口轉變問題，將是重要的關鍵。

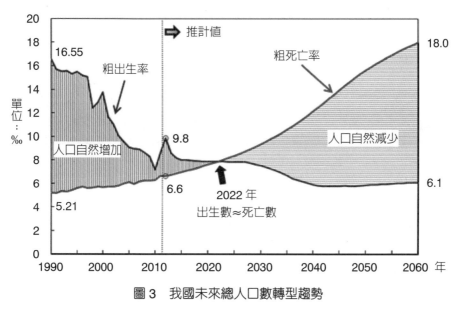

圖3　我國未來總人口數轉型趨勢

資料來源：1. 內政部戶政司，2013，《中華民國人口統計年刊》。

2. 經建會，2012，《中華民國2012年至2060年人口推計》。

參、少子女化原因

社會的總生育率受到社會文化及經濟各因素的影響，以下將提出幾項影響我國人口變遷的重要社會文化及經濟因素。

一、初婚年齡延後，受教年限延長

張明正、李美慧（2001）發現晚近較多婦女終生不婚的事實，進而發現晚婚確實是造成婦女總生育率低於替代水準的主要原因。對照臺灣女性平均生育年齡的走勢，可以明顯看出生育年齡往後延的走勢。由表4及圖4可看出，1981年，臺灣男性初婚（首次結婚）平均年齡為27.6歲、女性24.0歲。到了1991年時，男性初婚延後至29.1歲、女性26歲。2017年，男性更延後到32.4歲，女性則是30.0歲。

表4　臺灣地區男女初婚年齡，1981～2017

單位：歲

年別	女性初婚平均年齡	女性生育平均年齡	第一胎平均生母年齡	男性初婚平均年齡	男性生育平均年齡
70(1981)	24.0	25.5	23.7	29.0	29.2
80(1991)	26.0	27.2	25.5	29.1	30.3
90(2001)	26.4	28.2	26.7	30.8	32.1
91(2002)	26.8	28.2	26.9	31.0	32.3
92(2003)	27.2	28.4	27.2	31.2	32.4
93(2004)	26.9	28.5	27.4	30.7	32.6
94(2005)	27.4	28.8	27.7	30.6	32.8
95(2006)	27.8	29.2	28.1	30.7	32.9
96(2007)	28.1	29.5	28.5	31.0	33.0
97(2008)	28.4	29.8	28.9	31.1	33.1
98(2009)	28.9	30.2	29.3	31.6	33.3
99(2010)	29.2	30.6	29.6	31.8	33.7
100(2011)	29.4	30.9	29.9	31.8	33.8
101(2012)	29.5	31.1	30.1	31.9	33.8
102(2013)	29.7	31.4	30.4	32.0	34.1
103(2014)	29.9	31.5	30.5	32.1	34.2

續表4

年別	女性初婚平均年齡	女性生育平均年齡	第一胎平均生母年齡	男性初婚平均年齡	男性生育平均年齡
104(2015)	30.0	31.67	30.58	32.2	34.2
105(2016)	30.0	31.85	30.74	32.4	34.4
106(2017)	30.0	31.97	30.83	32.4	34.5

資料來源：內政部戶政司，2018，《中華民國人口統計年刊》。

註：上揭資料100年以前爲發生數；101年爲登記數。

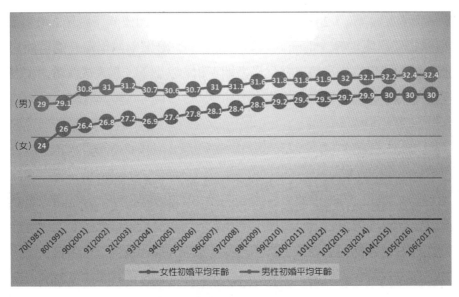

圖4　臺灣地區男女初婚年齡

二、婚姻關係改變，有偶率衰退

　　張明正、李美慧（2001）比較臺灣不同世代有偶率的變化，發現越晚近的世代，其有偶率也越低。亞洲人觀念保守，大多是先結婚、再生育。未婚生子仍屬於少數人的激進作爲。因此，粗結婚率、有偶率、粗離婚率等人口結構的變化，也對生育帶來衝擊。1947年時，粗結婚率

高達 11.8‰，之後就開始下降，雖然 1975 年又回到 9.3‰ 水準，隨即像溜滑梯般，墜落到 2007 年的 5.8‰。由表 7 可以看出，近年來我國結婚率與離婚率的改變，我國近年結婚率在 7～8‰ 中徘徊，2004 年結婚率掉到 5.8‰，之後便維持在 5～6‰ 間，2010～2011 年隨著政府對於民國 99～100 年結婚潮的炒作之下，結婚率增加，也帶動後續生育率的提高。

　　粗結婚率緩步下降，但粗離婚率（Crude Divorce Rate，指某一特定期間之離婚對數對同一期間之期中總人口數的比率）卻逐年向上攀升，加速出生率的惡化。1970 年時僅為 0.4‰，1990 年升為 1.4‰，2000 年大幅增加為 2.4‰，2003 年達到歷史新高 2.9‰，2012 年下降至 2.41‰，但離婚率已與世界先進國家水準不相上下。離婚率逐年攀升的可能影響，還包括兒女從小籠罩在父母婚姻不和的陰影下，長大後就會對婚姻產生恐懼，從而影響臺灣的生育率（見表 5 及圖 5）。

表 5　臺灣地區結婚及離婚率的變化，1947-2017

單位：‰

年	粗結婚率	粗離婚率	年	粗結婚率	粗離婚率	年	粗結婚率	粗離婚率	年	粗結婚率	粗離婚率
1947	11.83	0.53	1969	7.40	0.35	1991	7.95	1.38	2013	6.32	2.30
1948	9.28	0.50	1970	7.50	0.37	1992	8.18	1.41	2014	6.39	2.27
1949	9.49	0.48	1971	7.20	0.36	1993	7.55	1.45	2015	6.56	2.68
1950	9.58	0.45	1972	7.42	0.37	1994	8.10	1.51	2016	6.31	2.29
1951	9.55	0.50	1973	7.92	0.38	1995	7.53	1.57	2017	5.84	2.31
1952	8.64	0.51	1974	8.11	0.43	1996	7.90	1.67			
1953	8.80	0.50	1975	9.44	0.47	1997	7.68	1.80			
1954	8.92	0.54	1976	9.29	0.50	1998	6.69	2.00			
1955	8.57	0.52	1977	9.25	0.55	1999	7.87	2.23			
1956	8.26	0.49	1978	9.60	0.63	2000	8.19	2.37			
1957	7.87	0.46	1979	8.81	0.72	2001	7.63	2.53			

續表 5

年	粗結婚率	粗離婚率	年	粗結婚率	粗離婚率	年	粗結婚率	粗離婚率	年	粗結婚率	粗離婚率
1958	8.23	0.45	1980	9.89	0.76	2002	7.69	2.73			
1959	8.44	0.44	1981	9.29	0.83	2003	7.60	2.87			
1960	7.75	0.43	1982	8.83	0.92	2004	5.80	2.77			
1961	7.51	0.40	1983	8.50	0.94	2005	6.21	2.75			
1962	7.68	0.40	1984	8.21	1.00	2006	6.25	2.83			
1963	7.35	0.38	1985	8.02	1.10	2007	5.89	2.55			
1964	7.62	0.37	1986	7.51	1.15	2008	6.73	2.43			
1965	7.29	0.38	1987	7.46	1.18	2009	5.07	2.48			
1966	7.36	0.38	1988	7.84	1.26	2010	6.00	2.51			
1967	7.37	0.36	1989	7.89	1.25	2011	7.13	2.46			
1968	7.51	0.35	1990	7.05	1.35	2012	6.14	2.40			

資料來源：內政部戶政司。取自 http://www.ris.gov.tw/

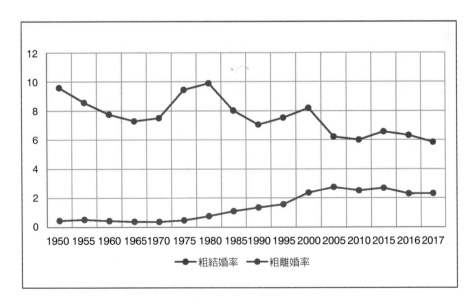

圖 5　臺灣地區結婚及離婚率的變化 1947～2017

在少子女化的問題中，除了初婚年齡的下降之外，另外一項值得注意的是，我國有偶率的下降。結婚人口數越來越少，從 2000 年的 18 萬 3,028 對，減少至 2008 年的 14 萬 8,425 對。以臺灣 15 歲以上的人口來看，有偶人口逐年往下降，也減少了寶寶的出生數。由表 8 可以看出，我國有偶率逐年快速下降，1982 年 30～34 歲女性的有偶率爲 88.7%，但是到了 2012，30～34 歲女性的有偶率只剩下 53.2%，也顯現現代婦女的選擇不見得是以進入家庭爲主（見表 6）。

不孕也是造成少子女化的因素之一早期，工業對臺灣環境所造成的汙染仍持續戕害著下一代。戴奧辛等有機溶劑及塑化劑的毒害延留至今，進入土地、水源、食物鏈當中，造成女性內分泌失調。工作壓力更是生育的隱形殺手。長期籠罩在壓力下的女性，比較容易罹患子宮內膜異位症等造成不孕的疾病。根據統計，五年前 10 對夫妻中有一對不孕，現在已增加至 8 對中有一對。

表 6　我國婦女主要年齡別有偶率變化

有偶婦女占各該年齡別女性總人口數百分比（%）				變動百分比（%）		
71 (1982)	81 (1992)	91 (2002)	101 (2012)	71～81 (1981～1991)	81～91 (1992～2002)	91～101 (2002～2012)
20-24 37.8	23.7	11.9	4.6	-37.3	-49.8	-61.3
25-29 77.7	63.3	42.9	25.1	-18.5	-32.2	-41.5
30-34 88.7	81.6	69.4	53.2	-8.0	-15.0	-23.3

資料來源：內政部，《中華民國人口統計年刊》。

註：本表係指該年底 15 歲以上婦女有偶率。

三、父權社會本質未變，女性不願進入婚姻體系

現今女性因教育水平提升，在學歷與工作上的能力都不輸男性，可

以自力更生，觀念上傳統的婚姻對於現代女性已不再適用，追求獨立及自由，對現代女性可能更重要；但在男性方面，傳統家庭的觀念改變並不大。

部分研究發現，妻子就業對於丈夫參與家務有正面影響，但亦有許多研究發現，丈夫的家務參與並未隨著妻子就業而增加，就業婦女往往須承擔工作與家庭的雙重責任（呂玉瑕、伊慶春，2005）。男性每日從事家事的時間，2004 年為 32 分鐘，女性為 2 小時 23 分鐘，與 2000 年的男性調查相比，由原有的 28 分鐘略微增加，但女性從事從事家事時間也相同地增加了 4 分鐘，並未因男性增加家務時間而有所改變。而女性從事家務的時間將近為男性的五倍（主計總處，2005）。在成立家庭之後，女性必須承擔照顧家人及家庭照顧的責任，以兩個排班工時形容已婚職業女性必須有雙重負擔的情形，已婚者從事家事的時間，男性每日 1 小時 42 分鐘，女性每日 3 小時 31 分鐘，而未婚男性每日為 1 小時 19 分鐘，女性為 1 小時 30 分鐘，也顯見婚姻帶給女性家事的負擔遠遠超過男性。

照顧家人及教養子女之情形，無論平日、週六或週日，女性之參與率均在 75% 以上；男性之參與率無論在平日、週六或週日，均未及女性之半數，但 2004 年的資料已分別較 2000 年的調查增加 3.51、6.70 及 4.67 個百分點，顯示做家事、照顧家人及教養子女之重擔多數仍在女性身上；惟隨時代的改變，男性分擔家事之比率已逐漸上升。在參與家事時間方面，按性別觀察，女性參與家事者每日平均做家事時間 3 小時 9 分，約為男性參與者之 2 倍（主計總處，2005）。

四、婚後女性投入職場比率提高，減少多胎生育意願

過去臺灣女性就業情形受到家庭很大影響，在婚後或生育後快速退出勞動力市場，退出後並未能看出另一波回到勞動力市場的現象。但隨著女性參與勞動力市場率增加（見圖 6），在婚後或生育後，投入職場

比率也增高，根據 2017 年資料，臺灣有子女的女性勞動參與率已增加至 55.74%。此外，臺灣已婚女性的收入已不再是家庭補充性收入，對許多家庭而言，女性收入已變成家庭生存的必要收入，女性的收入對減少家戶貧窮具有顯著性的意義（林怡婷，2015）。

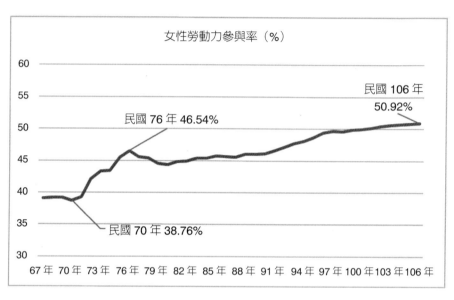

圖 6　臺灣女性勞動參與率

資料來源：勞動部統計查詢網，2018，行政院主計總處。

子女越多對女性就業是負面的影響，若依照子女數的母親就業率分析，可以發現有 1 位子女的臺灣母親，就業率比 OECD 國家的平均來得低，2 位以上子女的就業率差距減少（見表 7）。無論是 OECD 國家或是臺灣，在子女數超過 3 個以上，就業率都是快速下降的。從圖 7 可以發現，在 OECD 的 37 個國家中，臺灣母親就業率居中間排名第 19。3 位子女以上的母親就業率大幅下滑，顯然生育與就業之間充滿衝突性，女性外出工作的收入可能不符照顧 3 位子女的成本，讓母親無法同時兼顧工作與家庭。子女數越多，對於家庭的經濟負擔越重，但卻讓

母親無法兼顧工作與家庭，母親必須全職照顧兒童，顯示未來政策必須要重視子女數多的家庭經濟問題，有必要給予適當的經濟支持，才能鼓勵生育（行政院主計總處，2014；OECD，2013）。

表 7　母親就業率依子女數分析

	子女數		
	1 位	2 位	3 位以上
臺灣	64.05	66.01	54.65
OECD 平均	69.2	65.7	50.9

資料來源：行政院主計總處「中華民國統計資料網」性別統計指標，2014。

http://www.stat.gov.tw/ct.asp?xItem=33765&ctNode=517

OECD family database, 2013.

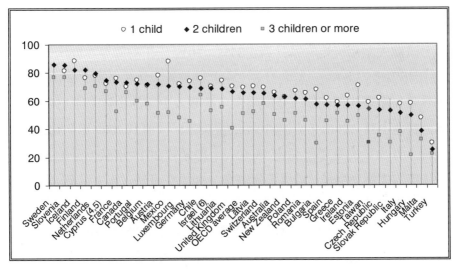

圖 7　母親就業率依子女數分析，與 OECD 國家比較

Source: OECD family database, 2013.

資料來源：行政院主計總處「中華民國統計資料網」性別統計指標，2014。

臺灣少子女化現象與政策討論

Chapter 9

295

五、全球經濟不穩定，青年失業率上升

我國至 1960 年代推動出口導向、勞力密集的產業之後，1980 年代開始發展我國半導體產業，1990 年全球貿易新的金字鏈重新被建立，臺灣、美國與中國大陸成為三角形的體系，開始新的經濟模式，雖然臺灣出口導向的模式造就商機，但也易受到世界經濟的影響，臺灣並無自己的品牌而為西方國家提供代工。在全球化的時代中，臺灣面臨高危機。近年來，美國二次房貸的風暴使得臺灣的經濟蕭條，而最近歐債危機的需求減少，也連帶影響我國出口的產業及整體經濟的表現，這些都顯示臺灣經濟容易受到世界金融風暴的本質。

在過去臺灣失業率長久以來維持在百分之一至二之間。在 1990 年代中期之後，隨著國內的產業外移到中國大陸設廠的風暴，許多製造業撤離了臺灣的生產線，導致國內開啓了高失業率的時代，臺灣的失業率由 1996 年的 2.6%，攀升到 2002 年的 5.17%。2009 年的美國經濟危機中，臺灣失業率又再次攀升到 5.85%；2017 年平均降至 3.76，2018 年 8 月則已降到 3.69%。若觀察表 7 中之臺灣青少年失業率，卻會發現與世界景氣循環的週期間不見得吻合。臺灣青少年的失業率從 1995 年之後就快速上升，2001 年超過 10% 的失業率，一直到 2009 年全球經濟危機時，青少年失業率已高達 14.49%，之後於 2017 年減少至 11.92%，青少年的失業率還是比成人高出許多，顯見在臺灣青年失業率除了國際經濟影響之外，也另有別的因素（見表 8）。

以國人的觀念而言，青年經濟獨立能力嚴重關係到生育子女的意願。現在傳統大家庭結構少見，新婚夫妻多選擇搬出去成立小家庭，雙薪家庭蔚為主流，孩子的照顧成為父母最棘手的難題，不敢再生的理由大多是家中沒人可以照顧，無法兼顧工作與家庭。根據行政院衛生署國民健康局 2005 年「國人對婚姻與生育態度電話調查」及分析歷年「臺灣地區家庭計畫與生育力調查系列 KAP1～KAP9」的資料顯示，臺灣

20 至 39 歲未婚人口中，不願意結婚的最主要原因就是「經濟條件不佳」。調查研究也發現，目前已有 1 名子女的民眾當中，有 51% 表示不想再生任何子女，理由是「經濟不足以負擔生養小孩」（45.8%），其次是「孩子教育成本太高」（17.3%）。農業時代也多一份勞動力，但在現在的家庭中，子女的教育成本相對提高，若在就業環境不穩定之下，青年人更不願意輕易的承諾及成家立業，即使再生兒育女，也不敢增加子女數，此外社會觀念的改變，使得青少年希望成家後以小家庭為主，但是高漲的房屋價格也使得青年難以購屋，總之種種經濟條件的惡化，使得青年成家顧慮多。

表 8　我國青少年（15～24 歲）失業率變化

年度	青少年失業率	年度	青少年失業率	年度	青少年失業率
67(1978)	3.86	84(1995)	5.28	101(2012)	12.66
68(1979)	3.25	85(1996)	6.93	102(2013)	13.17
69(1980)	3.17	86(1997)	6.92	103(2014)	12.63
70(1981)	3.61	87(1998)	7.32	104(2015)	12.05
71(1982)	5.33	88(1999)	7.34	105(2016)	12.12
72(1983)	6.54	89(2000)	7.36	106(2017)	11.92
73(1984)	6.09	90(2001)	10.44		
74(1985)	7.27	91(2002)	11.91		
75(1986)	6.78	92(2003)	11.44		
76(1987)	5.45	93(2004)	10.85		
77(1988)	4.86	94(2005)	10.59		
78(1989)	4.60	95(2006)	10.31		
79(1990)	5.05	96(2007)	10.65		
80(1991)	4.56	97(2008)	11.81		
81(1992)	4.78	98(2009)	14.49		
82(1993)	4.65	99(2010)	13.09		
83(1994)	4.75	100(2011)	12.47		

資料來源：主計總處，2018。取自 http://www.dgbas.gov.tw/mp.asp?mp=1

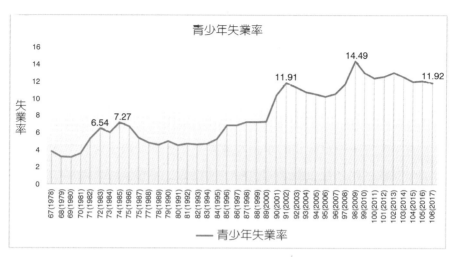

圖 8　我國青少年（15～24 歲）失業率變化

資料來源：主計總處，2018。取自 http://www.dgbas.gov.tw/mp.asp?mp=1

肆、政府因應的政策

　　少子女化及人口老化未來會造成社會的勞動力不足及扶養負擔過重等社會經濟問題。為緩和我國少子女化、人口老化及移入人口所產生相關社會問題，行政院提高人口政策決策層級，於民國 101 年 7 月 1 日設置「行政院人口政策會報」，以因應國家人口結構發展趨勢，統籌及策劃人口政策，供各相關部會據以研擬政策方案及具體措施，原則上每 6 個月開會 1 次。行政院於民國 97 年核定「人口政策白皮書」，為建構更周延完整的人口因應對策，復於民國 100 年 12 月 7 日修正核定「中華民國人口政策綱領」，明定 8 項基本理念及 34 項政策內涵，並請相關部會確實依照綱領，研訂各項具體措施，滾動檢討修正人口政策白皮書。嗣經內政部邀集相關機關、學者專家及民間團體研商「人口政策白皮書」修正草案，等待行政院審查中。其內容包括人口變遷趨勢、問題

分析、因應對策、期程分工、預期效益及願景等（內政部，2013a）。

我國 2013 年政府針對「人口政策白皮書——少子女化、高齡化及移民」所擬定之社會對策目標為：（一）提升婚姻機會與重建家庭價值；（二）建構平價優質多元且近便幼兒教保體系；（三）提供育兒家庭之經濟支持措施；（四）營造友善家庭之職場環境；（五）落實產假及育嬰留職停薪措施。

政府為解決我國家庭型態與人口結構的快速變遷所帶來的衝擊與影響，不僅訂頒人口政策白皮書，也強化各育兒階段的支援連結，規劃每一階段所需的補助措施，避免低所得高負擔下，造成年輕世代怯於婚育，依各階段政策規劃如下（內政部，2013b）：

（一）成家階段：積極倡導婚育觀念，推動「青年安心成家方案」，申請人於申請日前 2 年內結婚者，或育有未滿 20 歲的子女且設籍於同一戶者。租金補貼每戶每月最高新臺幣 3,600 元；前 2 年零利率購置住宅貸款利息補貼。申請人育有未成年子女三人以上之家庭優先獲得補貼。

（二）懷孕期間：提供安胎休養請假及陪產假。修改勞工請假規則中，將安胎假列入明文規定中，此外性別工作平等法中，也規範公司不得拒絕產假、育兒休假及陪產假等員工休假的權益。

（三）生育方面：提供國民年金生育給付（發給 1 個月生育給付）及勞保生育給付（被保險人平均月投保薪資一次給付分娩費 30 天，流產者減半給付）。

（四）養育及教育子女方面：

1. 0～2 歲保母托育費用補助，父母雙方或單親一方都就業，致無法自行照顧未滿 2 歲的幼兒，而需送請社區保母系統或立案托嬰中心保母照顧者，依家庭收入有不同補助（家庭全年綜合所得稅稅率未達 20% 者）。

2. 0～2 歲可申請育兒津貼，兒童的父母至少一方因育兒需要，致

未能就業者，依家庭收入有不同補助（家庭全年綜合所得稅稅率未達20% 者）。

3. 工作人口可於子女 0～3 歲時申請育嬰留職停薪津貼，前半年可領六成薪。

4. 五歲幼兒教育券，滿 5 足歲就讀公立園所或私立合作園所的兒童，得享免學費補助，定額補助。

5. 弱勢家庭兒童及少年緊急生活扶助。以上許多津貼皆爲選擇性福利，只提供給一定收入以下的家庭。

（五）保障兒童獲得適切的醫療服務：1.3 歲以下兒童醫療補助，減免全民健康保險門（急）診、住院時部分負擔費用。2. 弱勢兒童少年醫療補助，18 歲以下兒童及少年的家庭符合中低收入戶資格全額補助。3. 中低收入戶未滿 18 歲兒童及少年健保費補助。

（六）另爲減輕父母負擔，推出賦稅優惠。包括 0～5 歲幼兒學前特別扣除額（全年綜合所得稅適用稅率未達 20% 者）及大專以上院校子女教育特別扣除額。

（七）積極建構平價、質優的托育支援體系，包括：1. 開辦公私協力平價托嬰中心。2. 設置托育資源中心。3. 增加與私立幼兒園及保母簽約，朝向半公共化的托育目的。

至 2018 年，爲解決我國日漸嚴重的少子女化問題，行政院召開「我國的少子女化對策──0～5 歲幼兒教育及照顧篇」記者會，提出三點策略：擴大公共教保服務量、建置準公共化機制、擴大發放 0～4 歲育兒津貼等，並以持續加速公共化、減輕家長負擔、改善教保人員薪資、穩定教保服務品質及提升幼兒入園率爲政策目標，希望藉此提升我國生育率（行政院，2018）：

（一）擴大公共教保服務量：將目前公共化幼兒園的比率從 30% 逐年提高到 40%，亦即 106 年到 109 年增設公共化幼兒園 1,247 班。衛福部主管的 0～2 歲托嬰的部分，計劃將現有 9.3% 家外專業托育比率

逐年提升到 20%（行政院，2018）。

（二）建置準公共化機制，讓私幼及私托成為準公共化：凡符合建物安全、教保品質相對良好、教保人力比合格，教保人員薪資達到期待，以及收費讓家長能夠負擔（即家長負擔托育費用在其可支配所得的 10～15%，約 8,000 元至 12,000 元）之條件者，由政府與其簽訂契約，分攤家長托育費用，即讓政府分攤家長負擔的費用與私幼、私托收費間之差額（行政院，2018）。

（三）擴大發放 0～4 歲育兒津貼：家中育有 0～2 歲嬰幼兒，父母至少一方未就業，並未請領育嬰留職停薪津貼，且綜所稅率低於 20% 的家長，可以領到的育兒津貼，每名幼兒每月 2,500 元，每年 3 萬元，並設定排富條件，但不限父母就業。由原本的 0～2 歲，擴大到 0～4 歲，讓在家自行照顧嬰幼兒的父母或沒有機會參與準公共化的私立幼兒園家長，可以獲得津貼。鼓勵多胎生育，第三胎的育兒津貼每月加發 1,000 元（行政院，2018）。

伍、討論與結論

我國正面臨當今世界最低水準的生育率與最快水準的高齡化同時進行，世界各國均體認到低生育、高齡化對策需要歷經漫長歲月後才能顯現效果。我國已邁入高齡化社會，要同時解決人口少子女化及高齡化問題，當然不僅是提升生育率而已。未來我們要實際面對的課題，是如何努力將人口高齡化的負面影響降至最低，積極推出因應計畫，緩和生育率下降，才能有比較長的時間去準備及適應高齡社會的來臨。

針對我國少子女化及高齡化的現象，也有人提出不同的論點，認為少子化將會減少我國人口過多所帶來的環境衝擊，有利於促使臺灣的環境更趨向永續發展；且未來勞動力市場的發展已不再需要勞力密集，而是靠人才素質取勝；少子女化也可以集中教育的資源，降低師生的比

例，提升人才的素質。因此，少子女化是危機也可能是轉機，不見得會造成國家競爭力的降低及長期經濟的衰退（孫以濬，2013）。

綜觀前述的分析，我國未來將會面臨人口結構的快速變遷，對於原本的家庭及社會系統產生衝擊，尤其是過去我國依賴家庭提供各項照顧及福利的結構。隨著扶養比的改變，以及年輕人在全球化的時代就業風險的增加，將會迫使政府扮演更積極的角色，協助及支持家庭能夠持續照顧的責任。目前我國的政策中，還是以支持中低收入以下家庭的扶養責任為主，未來也應更重視雙新家庭在照顧責任上的重要性。

少子女化現象挑戰我國傳統福利國家的體制，過去我國視兒童照顧為家庭自己應負的責任，國家長久以來不介入生兒育女所付的成本（Holiday, 2000; Kwon, 2005）。由我國近年來政策的轉變，可以看出少子女化的現象迫使臺灣福利國家改變原本殘補式的做法，將福利普及到一般有子女的家庭，某種程度宣示國家將參與負擔生育子女的責任，包括提供育兒津貼、托育公共化等政策，都可以看出原本只著重在家庭照顧責任，漸漸朝向 Esping-Andensen（1990）的社會民主福利典範的兒童照顧模式。

目前在國家的政策中，比較缺乏的是對青年成家的政策，臺灣未婚生子率較其他國家低，2016 年的非婚生子女率為 3.81%，而 OECD 國家的非婚生子女平均為 40.5%（國立臺灣大學中國信託慈善基金會兒童暨家庭研究中心，2018）。臺灣的青年會先選擇結婚再生育，若青年的就業狀況不佳，相對會影響其結婚生子的意願，因此如何讓青年就業穩定，直接影響我國少子女化政策是否成功，這部分是未來政策可以再加強的。

究竟政府政策如何才能刺激生育率？Gauthier（2005）的研究認為，政府所提供的現金補助（cash benefit）以及支持雙薪家庭的補助政策（family payment），對於提升生育率都有正向的結果。在 Castles（2003）針對 1990 年代育兒政策的研究結果指出，家庭友善政策（family-friendly policy）可以有效的增加生育率，尤其是提供正式的兒童照顧機制，以及在職場上提供家庭友善政策，如彈性工時等，都有利於生育率的提高。Adkins（2003）的研究也指出，增加 10% 家庭收入的育兒津貼，將可以增加 25% 的婦女生育率。但這些在歐美國家成功的例子，在亞洲國家卻是失敗的，過於傳統的家庭觀念，可能是導致少子女化的重要因素，即使政府政策介入，也無法扭轉少子女化結果；而在新資本主義經濟模式下，過長的工作型態也是導致亞洲國家低生育率的重要因素（McDonald, 2006）。

由我國近年來的政策看來，提高準公共托兒及發放育兒津貼都是正確方向，但育兒津貼的水準仍不足以成為生育之誘因，準公共化的水準難以讓家長放心，離職專心育兒仍然是大部分女性的選項；由本文得知，年輕人難以成家立業及女性不進入婚姻都是主要關鍵；傳統父權的結構未改，年輕人不婚才是少子女化的主因。無論如何，面對少子女化現象，政府介入仍是解決問題的關鍵性角色。

註　釋

* 陳芬苓，國立臺北大學社會工作學系教授，專長領域為社會政策
分析，性別研究，勞動及健康議題。

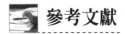

參考文獻

1. 內政部，2011，〈人口政策百年回顧與展望〉，《人口政策資料彙集》。臺北市：內政部。

2. 內政部，2013a，〈人口政策白皮書——少子女化、高齡化及移民〉。取自 https://www.immigration.gov.tw/public/Data/07148491371.pdf

3. 內政部，2013b，政府友善婚育各項措施。取自 http://www.cbi.gov.tw/CBI_2/upload/7ab823d4-642f-4653-a2ab-a0e1ee635526.doc

4. 內政部，2013c，住宅補貼及青年成家專區。取自 http://pip.moi.gov.tw/Net/B-Subsidy/B1.aspx

5. 內政部戶政司，2018，《中華民國人口統計年刊》。臺北市：內政部。

6. 內政部統計處，2013內政統計應用名詞定義。取自 http://www.moi.gov.tw/stat/list.aspx

7. 行政院，2018，政院提出持續加速教保服務公共化等策略，改善我國少子女化問題。取自 https://www.ey.gov.tw/Page/9277F759E41CCD91/f921a0b5-622f-4236-b9fe-b0cc9c171300

8. 行政院主計總處，2005，《2004台閩地區時間運用調查報告》。臺北市：行政院。

9. 行政院主計總處，2014，「中華民國統計資料網」性別統計指標。取自 http://www.stat.gov.tw/ct.asp?xItem=33765&ctNode=517

10. 行政院主計總處，2018，青年失業率。取自 http://www.dgbas.gov.tw/mp.asp?mp=1

11. 呂玉瑕、伊慶春，2005，〈社會變遷中的夫妻資源與家務分工：臺灣七○年代與九○年代社會文化脈絡的比較〉，《臺灣社會學》，第十期，頁41-94。

12. 林怡婷，2015，臺灣女性所得與家戶經濟分配效果1980-2013。取自 http://dweb.cjcu.edu.tw/ShepherdFiles/C0200/File/20180209161948251. pdf

13. 教育部統計處，2018，各大專院校數、女性就學比率。取自https://de-part.moe.edu.tw/ed4500/

14. 郭文華，1998，〈美援下的衛生政策：一九六〇年代臺灣家庭計畫的探討〉，《臺灣社會研究季刊》，32期，頁39-82。

15. 張明正、李美慧，2001，〈臺灣地區人口轉型後之生育趨勢與發展〉，《人口學刊》，23期，頁93-112。

16. 經建會，2012，〈中華民國2012年至2060年人口推計報告〉。臺北市：經建會。

17. 孫以濬，2013，〈少子化是臺灣永續發展的轉機〉。取自http://cit.org. tw/attachments/069_126少子化是轉機.pdf

18. 國勢普查處，2018，就業失業統計。取自http://www.stat.gov.tw/ct.asp? xItem=33152&ctNode=2294&mp=4

19. 國立臺灣大學中信託慈善基金會兒少暨家庭研究中心，2018，臺灣童權指標—兒少視窗（修訂版）。取自https://drive.google.com/open?id=1 GLseIsWedzo1uGdfK1k0UkXjYLj2pd9f

20. Adkins, D. (2003). *The Role of Institutional Context in European Regional Fertility Patterns*, paper presented at the Annual Meeting of the Population Association of America.

21. Castles, F. (2003). The World Turned Upside Down: Below Replacement Fertility, Changing Preferences and Family-friendly public policy in 21 OECD countries. *Journal of European Social Policy*, 13(3): 209-227.

22. Esping-Andersen, G. (1990). Three Worlds of Welfare Capitalism. Cambridge: Polity.

23. Gauthier, A. (2005). Trends in Policies for Family-friendly Societies, in

M. Macura, A. MacDonald and W. Haug (eds.), *The New Demographic Regime: Population Challenges and Policy Responses*. New York and Geneva: United Nations.

24. Holiday, I. (2000). Productivist Welfare Capitalism: Social Policy in East Asia. *Political Studies*, 48(4): 706-723.

25. Kwon, HJ. (2006). Transforming the Developmental Welfare State in East Asia. *Development and Change*, 36(3): 477-497.

26. McDonald, P. (2006). Low Fertility and the State: The Efficacy of Policy. *Population and Development Review*, 32(3): 485-510.

27. OECD (2013). Family Database. http://www.oecd.org/els/family/database.htm

28. United Nations (2010). World Population Prospects: The 2010 Revision.

29. U.S. Population Reference Bureau (2012). World Population Data Sheet. http://www.prb.org/Publications/Datasheets/2012/world-population-data-sheet/data-sheet.aspx

Chapter *10*

大學的角色與責任：臺灣社會永續發展的一支箭

陈宜亨[*]
莊旻達[**]
黃馨慧[***]

[*]　慈濟科技大學全人教育中心兼任助理教授

[**]　臺北市立大學都會產業經營與行銷學系助理教授

[***]逢甲大學通識教育中心兼任助理教授

摘要

聯合國在 2015 年啓動永續發展目標（Sustainable Development Goals，以下簡稱 SDGs），列舉 17 項發展目標，實際爲全世界的發展畫出一張藍圖，成爲各國國家發展可茲借鏡的整體策略。臺灣身處國際社會中，全球發展方向亦影響臺灣國家發展策略。特別是人口結構高齡少子化的變遷下，臺灣社會將如何面對永續發展的挑戰。

永續發展，是一個多元複雜的新課題。永續發展，結合經濟發展、環境保護與社會運動等多樣面向，是一種整合型領域；永續發展需要跨科際、跨領域的人才結合多方資源讓臺灣社會朝永續發展的路前進。參與，事實上是讓臺灣社會永續發展的關鍵之一，卻因人口的高齡少子化，讓參與的動力逐漸流失，如何喚醒參與的動力，讓更多人才投入永續發展中，是公私部門的當務之急。

大學，結合產業、公益與教育的平臺，讓臺灣社會改變的重要媒介。大學，爲什麼成爲臺灣社會永續發展關鍵因素，可以借鑑日本「地方創生」總體發展策略的經驗，讓臺灣的大學扮演臺灣社會永續的媒介。本研究首先分析臺灣社會永續發展可能面對的困境；其次，爬梳日本「地方創生」發展策略中，臺灣可以借鏡之處；第三，探討臺灣社會永續發展與大學之間的關聯性，最後，嘗試做出建議臺灣社會在永續發展上，大學可以眞正落實的面向。冀希藉由本研究，提出臺灣的大學在社會永續發展中可以扮演的角色，也能達成永續城鄉的目的。

關鍵詞：永續發展、大學、地方創生。

The Role and Responsibility of University : An Arrow for the Sustainable Development of Taiwan Society

Abstract

The United Nations launches Sustainable Development Goals (SDGs) in 2015, listing 17 development goals, actually draws a blueprint for the development of the world and becomes an overall strategy for the development of national countries. Taiwan is in the international community, and the global development direction also affects Taiwan's national development strategy. In particular, how will Taiwanese society face the challenge of sustainable development under the changing age structure of the population?

Sustainable development is a new and complex topic. Sustainable development, combined with economic development, environmental protection and social movements, is an integrated field. Sustainable development requires cross-disciplinary and cross-disciplinary talents to combine multiparty resources to make Taiwanese society move forward for sustainable development. Participation is one of the keys to the sustainable development of Taiwanese society, but it is also due to the ageing of the population and the loss of participation. How to wake up the momentum of participation and let more talents invest in sustainable development seems to be the priority of the public and private sectors.

University is a platform that combines industry, public welfare and education. It is also an important medium for Taiwan's society to change. Why is the university a key factor in the sustainable development of Taiwanese society? We can learn from the experience of Japan's "local creation" overall development strategy, and let Taiwan's universities play a sustainable me-

大學的角色與責任：臺灣社會永續發展的一支箭

dium for Taiwan's society. First of all, this study will analyze the dilemmas that Taiwan's society may face in its sustainable development. Secondly, in the development strategy of "Placemaking" in Japan, can be Taiwan's mirror. Third, explore the relationship between the sustainable development of Taiwanese society and universities. Finally, try to make a suggestion that Taiwan's society can be truly implemented in terms of sustainable development. And looking forward to propose the role that Taiwan's universities can play in the sustainable development of society, and at the same time, achieve the goal of sustainable urban and rural development.

Keywords: Sustainable Development, University, Placemaking.

壹、前言

　　永續，全世界關注的議題，所涉及的面向廣泛，非單指環境，更多的議題是圍繞著「人」，以及「人」所發展出的一切行為與現象。永續發展亦是規範性的世界觀，它建議一套世界應該努力追求的目標。聯合國所制定的永續發展目標中，清楚地將永續發展規範面列出必須包含四大基本支柱：經濟繁榮；社會包容性和凝聚；環境永續；以及政府和企業的良善治理。

　　聯合國提出的永續發展 17 項目標中，如何具體落實在世界角落裡，在該會議上提出透過教育將 SDGs 的理念深耕是重要的議題，是促成 SDGs 成功的關鍵核心之一。以 SDGs 各項發展目標中，第 9～17 項與教育關係密切，是推動與實踐永續發展的基礎，對臺灣而言，高等教育發展普及化，透過教育機構推展 SDGs 目標，讓臺灣找尋與 SDGs 接

軌的契機。

　　永續發展的挑戰，不論在自然環境、人口結構、經濟產業、社會文化等，透過跨域發展「永續」是最終目標。故全球性、跨域合作是推展SDGs的基本要素。臺灣社會發展與國際社會發展無異，面臨社會永續發展的困境，尤其是人口結構的變遷，少子高齡化致使臺灣社會各面向產生結構性的改變。

　　以日本為例，日本內閣為瞭解決少子高齡帶來的國家社會發展危機，提出了「地方創生」策略，企圖藉由地方創生來解決因為人口不足導致地方發展遲滯，甚至影響國家整體發展的問題。在「地方創生」的策略中，點出人才培育的重點，實踐人才與地方之間的聯繫平臺是大學教育機構發展重點；進一步，日本地方創生也將結合 SDGs，落實真正的永續——不落下每一個人。

　　本研究借鑑日本地方創生的經驗，提供臺灣社會永續發展可能的解決途徑；其次，分析大學在臺灣社會永續發展所扮演的角色與責任，檢視大學落實社會責任的同時，是否可以成為解決臺灣少子高齡的解方，能否為大學發展危機解套。最後，導入聯合國永續發展目標檢視臺灣社會永續發展的挑戰，以及大學與聯合國永續發展目標的關聯性，運用大學在社會的角色與應盡的責任，探討聯合國永續發展目標在臺灣具體實踐的可能性。

貳、臺灣社會發展的困境與挑戰——永續發展

　　少子高齡化所帶來的人口結構變化，是各國在發展上遭遇的共同挑戰，其所造成的衝擊面——降低國家經濟生產力與競爭力。首先，少子化不是單純的人口結構問題，而是升級到了危及國安的問題。人口倒金字塔的呈現，造成勞動人口不足、社會福利支出增加、地方發展停滯等相關問題，進而導致國家競爭力、國家安全上的困境。

其次，對於社會永續發展與否，「人」為關鍵因素。少子、高齡使人口產生量變之外，人口的質變議題逐漸浮現。對於人口「質」的面向而言，教育是重要培育人才的途徑，卻因為人口「量」的改變，衝擊教育端對於人才的培育。對於大學教育而言，少子化讓臺灣大學教育面臨招生不足、學校整併、學校關閉的爭議。人與社會永續發展息息相關，當人口結構發生「量」與「質」的改變，致使臺灣社會發展浮現複雜的變數。茲就人口結構的「量」變與「質」變做一分析。

一、臺灣社會發展的潛在威脅──人口的「量」變

人口「量」變分別為兩個部分，一為少子化，一為高齡化。首先，就少子化的層面來看，制約社會經濟的發展，使臺灣社會與經濟出現滑坡現象。根據內政部統計，臺灣 2017 年的總生育率只有 1.13[1]，在全球排名倒數第三，只超越澳門與新加坡。一旦生育率低於保持人口替代率的 2.1，假設無其他方式增加人口數，總人口即開始減少。推估到 2018 年底的總生育率會更低，生育率下降快速，造成經濟力的下滑。

經濟成長關鍵指標在國民總生產額（Gross Domestic Product，簡稱 GDP），人口由增轉減，縱使每人生產額不變，GDP 也會減少，經濟呈現負成長，連帶影響經濟力下滑。經濟力的下滑，包括消費力下降，可運用的資本扣除生活之外的餘額更少，政府與人民都會減少投資；職場上缺乏年輕人口不利於產業的創新，勞動力降低的惡性循環下，對於生育與養育都需耗費龐大資源的不利條件下，生育的意願自然無法提升。此外，生育率無法提高除了經濟因素外，更多的是社會結構性的問題，但礙於篇幅有限，故本研究暫不論述社會結構性的成因。

第二，就高齡化的層面而言，社會老化，人口扶養比增加，對於少子化的臺灣更加重年輕世代的負擔，企業無法補足勞動力，生產力自然下降，經濟成長也隨之降低。

另外，人口老化隨之而來的醫療健康、社會福利、照護的需求增加，加重政府財政負擔，間接造成人力資源的運用、教育資源投資的困境。根據世界衛生組織資料，認為高齡者因為生理機能的退化以及慢性疾病增加是不可避免的，因而主張「活躍老化」，從健康、參與及安全三大面向，有效轉化健康高齡者再投入勞動市場的可行性，減少國家財政與社會福利經費的支出。鼓勵高齡者參與社會，甚至終身學習，藉由終身學習的機會，學習科技新知，高齡者提供本身豐富的經驗與人脈，達成社會融入。高齡者與年輕世代的雙向學習交流，提升優化人力資源的可能性，降低臺灣社會因「人」的構面所產生的潛在發展威脅。

二、臺灣社會永續發展的挑戰──人口的「質」變

人口「量」變誘發人口「質」的變化，人才培育的教育體系出現危機，影響臺灣社會永續發展。以往，臺灣發展因政治民主化、經濟結構轉型而獲得豐碩的成果，關鍵在於教育的普及，成就多樣化的產業人才，形塑臺灣發展的前景。今日，大學教育面對的挑戰，除了外在國際環境的競爭外，更多來自內在環境變化，使大學教育改變的腳步趕不上社會的劇變。

在知識經濟與人工科技發達的時代，大學教育恐怕原有孕育知識、價值、觀念、思想功能外，因應多元複雜的社會議題，需要提供解決問題的人才。當世界各國紛紛將資源投入大學高等教育之際，象徵國家的競爭力越高。然而，人口結構的丕變，為快速擴張的大學教育體系帶來一記警鐘。當人口「量」出現了少子化現象，影響我國近百所的大學教育機構。

少子化情況的產生，會使原本競爭力較弱的大學機構面臨招生不足，產生整併或者關校的問題。爬梳我國大學教育機構的發展歷程，由過去必須通過激烈的競爭才能進入大學，到現在人人幾乎都有大學可念的現況。理論上，臺灣的人才應更具競爭力，讓更多資源回流到大學，

大學的角色與責任：臺灣社會永續發展的一支箭

培育更多高階人才。事實上，臺灣人才的培育浮現結構性的變化，人才競爭力停滯，職場的就業狀況倒退，反映在企業不願意招募更多大學社會新鮮人或者提供相對低廉的薪資。

　　企業無法提供對等的薪資與福利，大學畢業生留在本地無法找到工作的情況下，人才自然外移，人才的外移可分爲兩部分，第一，由地方移往都市；第二，由臺灣移往國外。這兩種人才的移動，將對臺灣社會永續發展持續擴大影響，理論上，人才移動會出現拉力推力。人才移動到其他地方進行交流或者工作，若本國或者地方具有發展的前景，依舊能讓外移的人才，在經過其他地方的經驗累積回來貢獻地方或政府，這是國家、社會發展朝向永續的表徵。實際經驗上，目前臺灣人才外移的現象呈現的是推力。

　　臺灣近年來人才外流現象嚴重，首先，就地方而言，地方型的大學，因地理環境、產業結構、人口少子高齡的種種因素，大學機構的發展資源有限。本應就地方產業結構培育在地產業就業人員，在地方無法強化企業「地方設點」的情況下，願意留下發展地方的年輕世代逐漸移往都市。故地方產業找不到活水，自然而然發展與競爭力逐漸停滯甚至倒退。

　　其次，就國家而言，當地方人才外移至都市，都市的地理環境、就業、居住等無法負荷過多人口之際，恐加快人才外移至其他國家。新加坡與亞洲國家相比，受益於經濟全球化，開放國外企業進駐政策等有利的條件，吸引跨國企業進入，吸納更多元化、更優秀的人才移往新加坡。當國家與社會人才資本被掏空，國家與社會的發展停滯，加速人才上的推力。

　　亞洲其他國家以韓國爲例，韓國人口少子高齡化快速，韓國勞動市場面對人才外流嚴重，政府著眼於大學教育機構延攬人才，強化本身大學的創新、科技、研發的競爭力。日本則是推動地方大學成爲地域經濟的人才培育核心，也就是將大學定調爲地方創生推動的中心，不約而同

強調人才培育的重要性，特別是大學教育機構人才培育的面向。

綜合上述，人口結構的「量」變、「質」變，衝擊是國家、社會、地方的發展。臺灣的人口紅利預估未來幾年內會逐漸消失，人口數量推估也不會超過 2,400 萬人，迎來人口「量」變已為不可逆的事實，出生率下降，高齡人口數量增加，帶來勞動力降低、國家社會福利支出增加等國家永續發展的危機；然而，能否藉由因人口量變衍生出的發展難題，讓臺灣社會正視人才「質」上改變的迫切性。臺灣社會永續發展關鍵的核心在於「人」──人才培育。我國中央與地方政府應成為人力資源的拉力因素，累積更多有利人力資源進駐臺灣的外在環境條件，公部門應與大學、企業協力找出地方產業的差異性，讓地方不再僅有供應都市生活基礎的作用；反之，地方應翻轉成地域經濟的主軸，提供都市圈更有能力與國際競爭，而後企業持續在地方投注資源。

建構人力資源拉力的內在條件，創造人的「質」變，透過大學教育機構促成「T 型人才[3]」的培育。使大學教育機構轉型，培養出更多跨域的人力資源，解決因人口「量」變產生的勞動力不足與人力資源外流的問題，而是讓人口「質」面向上的優化；同時，也讓企業延攬更多優秀的本國、地方人力資源，翻轉現有地方與地方大學發展困境，未來解決大學招生不足的問題，不再僅有整併或廢校，從日本地方創生策略中，看見地方與大學共同解決問題的方式，借鏡地方創生策略，讓大學成為臺灣社會永續發展的一支箭。

參、臺灣社會發展的可行解方──地方創生

人口是國家構成的要素之一，也是社會經濟活動的主體，少子高齡的人口結構轉變，導致國家發展浮現多元且複雜的困境，各國不約而同提出解方。本研究取徑日本地方創生策略，提供臺灣社會發展的可行策略途徑。

一、何謂「地方創生」？

地方創生，非近年所提出的地方發展新概念。事實上，可以回溯至珍・雅各（Jane Jacobs, 1916～2006），她認為城市的建設與發展應由居民共同創造，從市民的需求與角度出發，非由他者或者依循規劃都市化理論出發。

非營利組織 Project for Public Space[4] 則對地方創生定義為：「是指人們共同構思與重塑共享的公共空間，成為社群的核心。[5]」。地方創生不僅讓城市在硬體建築方面改變，更多的是注入「人」，以人為主體，城市空間為載體，共築市民空間，凝聚社群力量，以經濟的觀點來看，市民認同的公共空間，可以獲取更多的正面回饋及創造龐大的外部效益。

21 世紀的全球，都市與地方的發展各自面臨不同的挑戰，例如空間規劃、自然環境、社會變遷、經濟型態，以及人口結構。由都市的發展沿革來看，都市是工業化後產出的聚落，儘管工業化成就都市實質環境與非實質環境雖優於地方。然而，都市的現況就如同珍・雅各提到，「太有效率，往往下場都不好，能長期保持經濟活力的都市，市民勇於研發與創新，即便短期內無利可圖」，指出都市發展歷程急於追求效率，失去都市發展的前瞻規劃，都市與永續之間恐出現拉扯的狀況。

反觀地方的發展，既有的競爭條件雖不及都市，卻也因為有更悠久的內在條件，如自然景觀、地方特色與文化等，相對更有利永續發展的條件。然而地方卻因不同因素停滯了永續發展的可能性，譬如人口外移、資源不足等，這些侷限了地方發展。組成地方的單位社區意識到永續對地方的重要性，凝聚社區發展的共同價值，成為地方永續發展的立基，就如日本的古川町、美國的費城、西雅圖、德國的佛萊堡等，透過社區凝聚改變的力量，回饋地方，讓地方永續發展。

地方創生的過程要以社區作為發展的基石，地方才有力量推動永續

發展，社區居民的認同感更是重要的因素；然而，人口少子化與高齡化讓地方的發展陷入困境，如何再度找回地方的活力，被視爲國家發展的挑戰。

二、日本「地方創生」發展策略源起與特色

日本地方創生連結永續與創新的策略。永續，是讓地方現有資源、人才（地方耆老、地方產業傳道師）持續發展；創新，引進新世代的創新科技，兩者共同創造以地方爲主的產業。

以人口計算的方式，日本是世界上年紀最大的國家，超過一半人口年齡超過 46 歲，老齡化的嬰兒潮世代[6]和不想生育孩子的年輕世代，致使日本地方年輕人口大量流失與萎縮，地方發展面臨關鍵的存續問題。因爲地方發展遲滯，印證「地方消滅」觀點[7]，進一步地方如果眞的出現消滅集落的事實，勢必影響國家的發展。2015 年第二次執政的安倍內閣意識到「地域消滅」所帶來的危機，故而提出「地方創生」綜合戰略，解決地方永續發展的危機。

「地方創生」綜合戰略之前，日本公部門已陸續推動發展地方觀光策略，以「造町（地方振興）」爲主軸，營造適宜地方居民的社區社會，透過中央補助的方式打造特色地方。然而，隨著日本中央、地方財政與資源地緊縮，讓許多地方地社區總體營造浮現問題。特別在「資源」的部分，不論是財政、人才等無法順利進入地方，僅僅依賴補助的方式，以及地方實際參與的程度多寡，如何做出具差異化的地方產業，這些都考驗「造町」的永續。當然，造町的發展策略確實替地方創生奠立基礎，優點在於地方可以清楚看見發展的優缺勢，因此，地方創生策略在推動上相對容易獲得地方的認同。

地方創生是將地方當成企業經營。有別於過去以中央爲主導的發展地方策略，地方創生強調民間主導，創造利潤、對市場的理解、以及確立可行的商業模式，是地方創生策略的做法。讓資源（人才、企業資

源）可以持續進入地方，被視爲強化地方永續發展的可能性，遂提出
「まち・ひと・しごと創生」總體發展策略，亦即地方創生企圖解決的
問題。

　　地方創生，以地方爲主的發展策略，利用地方「人、地、產」，
以創意結合創新科技達成創業的目的，展現地方產業的差異性（濱田康
行、金子勇，2017：35-37）。地方創生，相較以往對於地方或者社區
發展的策略，更加強調地方的主導性，爭取中央的補助款，只是地方創
業的小部分，採取商業模式讓地方經營自己的產業。

　　日本地方創生的策略是以日本地方爲主，推出針對地方的三支
箭，如表 1 所示。

表 1　地方創生三支箭

第一支箭：情報網站 RESAS 地方經濟分析系統	提供情報資訊	社群服務
第二支箭為地方創造 人才培育	透過活絡地方傳道師政策	地方創生實習制度
第三支箭是財政支援	地方創生交付金	企業進駐地方、繳稅

資料來源：http://www.kantei.go.jp/jp/singi/sousei/policy_index.html
製表：作者自繪。

　　由表 1 可知，活絡地方產業、培育人才與產業進駐地方是關鍵指
標，地方提供一切可運用的資源，展現讓外界人才、企業進入地方的誘
因，產生具體可營運的地方產業。其中尤以地方人才培育爲重要核心，
分別運用以活絡地方傳道師的策略，羅列出地方產業的專家名單，培訓
永續的地方產業從業人員，傳承具競爭力的地方文化加入創新的元素，
爲地方創造更多就業機會，挖掘地方特色，活化地方。另外，地方創生
實習制度，是導入年輕人才的重點。由各大學扮演中間媒介的平臺，結
合地方與產業，提供學生在大學時期實踐的場域，甚至創業的資源。最

後，利用網路無國界的特色，地方創生大學展開地方創生人才、知識的教育訓練。人才培育爲地方創生關鍵因素，更是產業連結地方的重要媒介。

　　預期 2020 年達成 KPI，如表 2 所示。

表 2　日本地方創生 KPI

創造地方工作機會	改變人口移動，讓人口回流地方	營造適合結婚育子的環境	地方持續發展
1. 地方增加青年人雇用。期望地方增加 30 萬青年人。 2. 青年人正職聘用人數增加，縮小世代間的差異。 3. 增加農林水產市場規模達到 10 兆日圓。	1. 減少地方人口過度移往東京。 2. 增加由東京回流地方的人口。	1. 提高女性產後就業機會。 2. 男性育嬰假的取得。 3. 設置相關機構支援在孕期有需求的婦女。	1. 以市町村爲單位作爲發展基礎。 2. 縮減地域營運組織的數量 3. 連攜中樞都市圈達成 30 個圈域。

資料來源：http://www.kantei.go.jp/jp/singi/sousei/policy_index.html

　　透過表 2 得知，日本將地方發展預計出現的問題，採用地方創生策略做階段性的解決，鎖定方針目標爲：（一）創造地方的工作機會；（二）改變人口移動，讓人口回流地方；（三）營造適合結婚育子的環境；（四）地方持續發展。

　　檢視日本地方創生將 2017 設定爲中間年，看見了地方改變的狀況，而後安倍內閣以 2018 年設定往後四年的發展目標，進一步導入 SDGs。而 SDGs 是立基在「永續」的核心，對於地方的發展，除了原有的 KPI 需要落實外，更重要的是著眼長遠、整體的地方設計。安倍內閣也於平成 29 年制定「環境未來都市」的策略，目的是實踐 SDGs 城市可持續發展爲目標，讓日本的地方創生不是只著眼於解決人口與地方，將「永續」觀念連結「地方」與「人」的理念，繼續推動第二階段的地方創生。結合地方創生與 SDGs，將更多的指標設定在地方與地方

大學之間的合作與聯繫，凸顯地方人才培育的重點。

其次，導入 SDGs 的發展理念，日本地方發展未來將持續推動開放空間、地方資源共享、地方創生的主張，讓資源持續性的投入，使得地方不再侷限於傳統的空間、經濟產業框架，都市與地方兼顧發展與正義，是具體實踐永續的特點。

將地方創生結合 SDGs 是呈現永續的途徑。落實永續理念在綜合發展面向之際，也考量地方產業發展的願景，將地方產業影響力擴及國際，吸納外國企業、人才投資或移住日本；除提供解決日本少子化的人口問題外，更能拓展日本的多元化與國際化，對地方產業的創新與創業增加了靈活性。日本地方創生，不僅限於解決單一發展問題，而是將複雜多元的問題，以「永續」建構可行的解決途徑。地方創生非僅著眼資源進入地方，更核心的面向是在「人」，唯有以「人」為主軸的策略方針，方可讓地方與國家邁向永續，這也符合 SDGs「不拋下任何一個人」的理念。

此外，出生率下降的問題非僅在地方，東京等都市圈人口密度高，卻不見出生率增加（山下祐介，2018：70-76），地方創生等策略短期內無法快速提升總體出生率。在解決出生率下降的問題上，恐怕需要更多樣貌的策略，例如吸引非日本籍的人士移民日本，因此，凸顯適合居住的條件與環境，將吸引更多外國人真正移住日本。

職是之故，日本地方創生就特別強調人才的培育，以每個地方的大學為實驗的基地，連結地方、產業、公部門、非政府組織，進入地方這個場域，「看見」地方真正的問題，進而「行動」為地方提出方案。年輕世代在學過程中，培養認同地方與進入地方的行動力，是地方創生成功的基石。

綜觀臺灣地方發展現況，和日本同樣面臨因人口少子高齡化而衍生的一系列發展問題，故行政院將地方創生策略訂定優先發展地區，分別為：農山漁村、中介城鎮、原鄉，這些區域都有賴更多人才的進駐。借

鑑日本地方創生實行的經驗，人、地、產是不可或缺的要素。臺灣地方現有資源豐富，卻無法將現有資源有效率運用，導致地方發展的困境。如何將地方資源有效運用，連結在地的人與資源，創造具競爭力的在地產業與在地意識人才的培育，成為臺灣地方發展的當務之急。參酌日本地方創生人才培育的策略，作為臺灣地方發展中人才培育的模式，臺灣的大學教育將成為關鍵環節。

肆、臺灣社會永續發展的關鍵──大學教育

世界正持續前所未有的變動。國家、社會該如何在快速變化的世界中永續發展，成為全球發展的課題。永續發展透過不同面向建構實踐的可能性，採用 1987 聯合國環境發展委員會在《我們共同的未來》中，大致上可以規劃出三個要素，分別為：環境要素、社會要素、經濟要素。這些正是人類發展中缺一不可的部分。

一、臺灣社會永續的可行性──大學社會責任（University Social Responsibility Projects，以下簡稱USR）

臺灣社會如何達成永續發展，不論是國家或是企業，已逐漸意識這個議題的重要性，以公部門而言，必須兼顧環境、經濟、社會全方位的發展。對於企業或者非營利組織，則會依照不同的營運目標，將焦點與比重放在不一樣的面向。

企業社會責任，公司不再僅限於將營利能力作為評估進行社會責任的指標，改變過去的「慈善事業」概念，而是將社會責任導入企業發展的項目中，以解決社會問題，讓企業持續發展為營運目標。因為企業意識到唯有社會永續發展，企業也能夠永續發展與經營。故企業強調企業的發展策略與營運，都將落實社會責任。

此外，臺灣社會永續發展不是只有公部門、企業才是利害關係

人，必須廣泛的將臺灣社會的各層面列入，例如大學教育機構、非政府組織。因而，實踐「社會責任」的對象不再偏限於企業等營利組織，而是對非營利組織與教育機構，特別是高等教育機構，也強調落實社會責任。

　　社會責任的做法並不僅限於企業、公部門或者非政府組織；大學教育同樣是社會發展的一環，大學除了培育人才之外，更多的是要思考如何善盡社會責任。以往大學教育被視爲專業知識人才養成的搖籃，累積了專業知識後，卻發現無法順利融入社會現實狀況中，以至於高等教育端出現了學用落差的問題，間接導致大學高等教育的爭議。Shu-Hsiang Chen、Nasongkhla 與 Donaldson（2015）的文章中，多次提出大學與社會責任之間的關聯性，並且認爲高等教育現今所面對的發展困境，可以透過將實踐社會責任的理念導入，作爲解決大學高等教育發展問題的解方之一。

　　全球經濟、社會、政治和科技技術變化對教育部門的影響，特別是高等教育機構。大學教育機構導入「社會接觸」，主要在於避免與社會實際需求脫軌，同時也可以針對社會在永續發展過程中出現的問題，投入更多符合需求的人才，提供解決問題的策略，善盡大學社會責任。

　　USR 參考 1998 年聯合國教科文組織高等教育會議的宣言 [8]，認爲高等教育取用社會資源，大學除了培育人才之外，還須兼顧大學公共社會責任，21 世紀初以來，大學開始投入資源研究，並發展與「大學社會責任」相關的行動與計畫。不同於國家、區域、大學分別設定不同的目標，共同的軸心強調的是「強化社會責任與達成社會福利的承諾」（Giuffré & Silvia, 2014: 233-34），以此爲基準開展大學教育機構與社會之間的連結性。

　　大學教育機構應思索的是，大學教育機構在當代社會中的作用——培養社會意識。大學是社會組織的環節，USR 的定義可以由 CSR 中轉化（Bokhari, 2017: 3），大學同樣可以協助社會發展，與社區建立

夥伴關係、對社會善盡公共與道德責任,更重要的是,USR 應落實實際生活中。

事實上,大學所扮演的角色,是一種平臺的功用。大學與社會接觸,首先,扭轉過去大學過度學術化的發展途徑,進入地方或社區看見真實問題,鼓勵學生求學時期為社區提供服務與知識,培養公民意識。其次,大學加強與地方、社區的連結,增加彼此的交流,相互提供資源,大學的社會參與和研究與服務,被列為高等教育體系的基本方針。最後,大學與地方、社區緊密結合,是創造大學與地方永續發展的開端。地方大學轉換教學方向,強調地域重要性,建置系統性的地域知識,包含地域的人文歷史、地域產業結構等,讓地方提供學生實踐創意、創新乃至創業的實習場域,降低大學退場的可能性。

社會責任是一個廣泛的概念,適用於任何類型的組織與團體,是公部門、企業、非營利組織或團體對社會善盡「道德」上的承諾與行動(Gomez, 2013: 155-57)。不同的文化與生活環境,甚至國家發展目標,都影響落實社會責任的範圍。

實踐 SDGs 目標,除了公部門的推動外,企業、民間團體是重要的協力夥伴。然而,永續發展的目標或許與企業經營有所衝突,預期達成 SDGs 的影響範圍將縮小。根據全球經驗,企業本身推動「社會責任」成效無法全面化,但大學教育機構在 SDGs 的推動是具有影響力的,特別是透過 USR 的表現(BoKhari, 2017: 6)。以歐洲為例,將 SD 的三個向度(社會、環境和經濟)融入課程,強化不同學科與領域對 SD 的認知,大學實際參與對社會權利、環境保護和經濟增長達成不同程度的社會永續發展的正面效益。

大學教育機構因為人口少子化結構轉變之故,調整原有的發展策略與方向,減少因少子化帶來的衝擊,首先,大學與社會接觸,進入社會與地方場域,善盡大學社會責任與公民參與之外;其次,增加大學生在學期間與地方、社會的連結向度,培養大學生的社會參與和公共責任

意識；第三，解決大學教育的學用落差，大學教育過去被詬病之處在於過於學術化的研究，脫離社會、日常生活，進入社會、地方場域，學生可以在就學階段提前意識到「參與」的重要；第四，累積在學的年輕世代對地方認同的地域概念，間接促成地方人才回流；第五，結合地方資源，創新地方發展，引進多方資源進駐地方，大學以本身現有人才培育的結構為基礎，整合企業、民間資源，共創地方與大學永續發展的方向，降低因少子化對大學存續的風險。最後，大學與社會接觸，「見」到社會真實面向與問題，進一步產生解決問題的「行」動，成為「改變」社會現況的原動力，更是社會永續發展的根本。

二、大學社會責任的可行性——地方創生

大學是社會組織的一環，與社會關係緊密；社會發展所遭遇的挑戰與問題，也會反映在大學教育發展過程中。鑑於大學教育轉型的急迫性，我國公部門制定高等教育轉型計畫，積極促進大學教育結構的轉變，檢視其所提出的計畫，分別為科技部「人文創新與社會實踐計畫」、教育部「SHS 科學人文跨科際人才培育計畫」、「智慧生活創新創業育成平臺試辦計畫」、「特色大學試辦計畫」、「大學學習生態系統創新計畫」、「再造人文社會科學發展計畫」、「大學在地實踐社會責任計畫[9]」、「高等教育深耕計畫[10]」等，其核心就是讓大學朝「社會實踐」的方向發展。冀望大學的翻轉教育，培養出多元人才，特別是跨領域的人才，朝向「T 型人才」的目標邁進，旨在解決社會永續發展的議題。

以臺灣所規劃的「地方創生」策略，預期以「企業投資故鄉」、「科技導入」、「整合部會資源」、「社會參與創生」、「品牌建立」五支箭為目標發展地方，要達成上述的目標，「人」為關鍵要素，特別是培育地方人才。其中在人才支援部分，特別強調「透過大學社會責任計畫協助訂定創生願景」，將 USR 與地方創生做一串聯。

大學教育機構是一個多元的複合體系。當公部門提出大學教育機構轉型主軸在社會實踐之際，事實上強調的就是與在地的連結力。USR恰為地方創生提供幫助地方創業的夢想基地，也可以成為地域經濟圈人才育成的搖籃。教育部更計畫在109年推動USR第二期「地方創生類USR計畫」，則是著眼於大學與地方結合的功能性。

　　借鑑日本地方創生在人才培育策略。首先，地方大學機構其所在的場域就是地方，對於學生而言，地方社區不該是陌生的場域，藉由進入社區學習與地方社區相關的生活問題（中谷惠子、村瀨慶紀、渡邊聰、細井和彥、富田壽代，2017：105-06），漸漸培養對地方的認識，進一步認同地方發展，提供地方、社區更多創新與創業的可能性。

　　其次，藉由學校媒合地方與企業，雙向的增加地方就業率外，也能降低學生畢業後的失業率，讓地方有屬於自己獨特的地方產業。以日本的高知大學為例，積極參與推動地方創生，以培育符合地方產業發展的人才之外，將地域認同的觀點納入課程中，利用高知豐富的人文與歷史為基礎，打響高知文化遺產的名號。高知大學成功推動地方創生延續地方活力，定調高知大學的發展方向「走進場域」，讓高知大學成為推動地方創生地基地，降低高知大學發展的困境，也符合日本將大學定位成為「地區中心」計畫（Center of Community, 簡稱COC）。儘管日本政府並未推動USR，不過就如同高知大學校長櫻井克年所說的，高知大學進入地方場域，解決地方問題，也是一種社會實踐的表現。

　　第三，藉由高知大學與地方創生的例子，提供臺灣大學教育機構實踐社會責任可行的途徑。行政院借鏡日本地方創生與大學發展的經驗，將地方創生的概念導入USR的計畫中，主要也因為各地方大學扮演的就是上述所分析的「平臺」。在強調大學社會責任的前提下，如何將道德性的指標轉換為實際的指標，讓大學社會責任不僅僅是口號，而要有具體行動地呈現，導入地方創生，提供大學與地方共同發展的願景。

　　最後，大學與地方尋求永續發展，結構性的改變為必要條件。資

源包括財政與人才，對於地方來說，年輕世代的投入，則是地方活化的動力，地方注入活水後，企業才願意投入資源發展地方產業。對大學而言，結合地方資源使大學轉型，提供在學時期地方實習的場域，與未來創業的方向，降低畢業即失業，提高地方就業率。

綜合前述，大學教育機構的功能在於知識系統化的累積，本研究的作者群分別參與的 USR 中，導入不同場域的教學模式，以期達成 USR 與地方創生的目標，強化年輕世代對地方的認同與發掘地方特色，以下就作者群參與 USR 計畫與地方創生發展策略做一指標盤點。

表 3　USR 與地方創生指標分析表

地方創生目標內容	課程執行場域	課程執行成效與同學回饋	備註
發掘地方特色 DNA	八斗子	八斗子人文歷史系列繪本、咕咾厝整理活化、薯榔海水染	國立海洋大學「USR 大學社會責任實踐計畫」C 類深耕型：「三漁興旺——國際藍色經濟示範區」。
社會參與地方創生創意、創業	三芝	協助建構社區「魚菜共生」系統發展、發展六套社區商業模式	國立陽明大學「USR 大學社會責任實踐計畫」B 類萌芽型：《培力社區發展在地安老整合服務》
創新社會參與地方創生	八斗子	參與「顧八斗」在地發展協會相關活動、咕咾厝清掃、第七、八屆全國大專生迴游農村競賽	國立海洋大學「USR 大學社會責任實踐計畫」C 類深耕型：「三漁興旺——國際藍色經濟示範區」。
創新社會參與地方創生	三芝	協助社區設立長照據點（C 級據點）、帶領社區活動中心	國立陽明大學「USR 大學社會責任實踐計畫」B 類萌芽型：《培力社區發展在地安老整合服務》
品牌建立	八斗子	基隆女巫背包客棧	國立海洋大學「USR 大學社會責任實踐計畫」C 類深耕型：「三漁興旺——國際藍色經濟示範區」。

續表 3

地方創生目標內容	課程執行場域	課程執行成效與同學回饋	備註
地方認同	八斗子	焦點訪談——漁村印象的轉變	類深耕型:「三漁興旺——國際藍色經濟示範區」。
地方認同品牌建立社會參與地方創生、創新創意、創業	三芝	三芝地方創生咖啡館——大學生與三芝長者的交流	國立陽明大學「USR 大學社會責任實踐計畫」B 類萌芽型:《培力社區發展在地安老整合服務》

表格:作者自繪。

　　透過表 3 所呈現的是 USR 具體體現,以地方發展為核心,認同地方發展。這些就是地方創生的展現,如何持續延續 USR 與地方創生的可行性,除了繼續推動計畫執行外,進一步要將企業資源引進大學與地方,也成為這兩所大學在社會責任執行上的進階階段。

　　然而,各大學的 USR 針對結合地方的部分,會因不同區域的發展現況而有所差異,而教學場域的置換確實為大學實際執行 USR 計畫中可能產生的困境。儘管沒有龐大的數據顯示進入地方場域的教學方式,是否可以真正讓年輕世代有意願留在地方。此外,大學改變教學場域與大學辦校理念是否出現衝突,大學所規劃的 USR 計畫,是否真正幫助地方解決問題,則有待更長時間的觀察,這些都是本研究的限制,也是作者群延伸未來研究方向的部分。

　　故不「看見」地方發展的困境,地方將無法引進新的活水,這也是大學推動社會責任的初衷,僅以海洋大學與在地八斗子社區為例,確實讓更多年輕的世代願意「看見」八斗子的發展問題,也強化對八斗子在地的認同,這些都是讓地方產生改變的力量。

　　綜觀 USR 的推動對地方創生有多少具體成效,此為受質疑之處,但僅以推動時程而言,本研究撰寫之際,兩項政策尚為初期推動階段,

要看到具體 KPI 必須是長期的個案，此為研究限制，同時也是地方創生策略中爭議之處，卻也提供作者群延伸研究的規劃內容。因此，未來 USR 與地方創生恐將更須把焦點放在地方「人、產」兩者之間的鑲嵌度，大學教育機構將能夠發揮多元平臺的角色。

伍、結語

永續所指涉的不僅在自然環境，其範圍廣泛的涵蓋了政治、經濟、社會、文化、生活條件等，亦即由「人」為主體，向外開展的事物。臺灣與世界各國同樣面臨永續發展的挑戰，尤其當人口結構改變——少子、高齡化，衝擊臺灣社會發展現況，特別是「人」的向度，不論是「量」變，或者是「質」變，是影響臺灣社會永續發展的基礎。

極待解決「人」產生的問題，提高生育率固然是重要項目，更不可忽略的是，人才培育的重要性，是臺灣社會永續發展的結構性問題。人才培育必須回歸原點——教育，以大學教育而言，培育單一專業知識人才，已無法符合多元跨域的社會發展，突破原有的專才培育，回歸到知識產生的目的——參與社會。大學教育與社會接觸，進入地方場域，看見社會發展的問題，動手解決問題，達成社會實踐的目標，是大學教育的目的。當大學教育所培育的人才可以進入社會場域，進一步具體解決場域上的問題，臺灣社會的發展才能真正邁向永續。

鑑於大學教育的重要性，行政院等相關部門在積極推動人才培育上，提出大學社會責任的概念，除了使大學善盡社會責任與社會實踐外，更導入日本地方創生的運作模式，由地方開始。大學結合地方共同發展，一方面讓人才培育加強「深」度——進入地方場域，深耕地方，培育更多適合地方產業發展的人才，加入創新的元素，翻轉地方停滯發展的現況，地方與大學共同發展；另一方面，人才培育導入「廣」度，大學不再只在校園進行知識的傳授，進入不同的場域，看見多元的問

題，拓展大學多元發展的可能性，將人才培育結合地方，進一步將經驗帶入國際，與國際交流，吸納更多資源進入臺灣。

　　臺灣過去成功累積人才培育的經驗，讓臺灣在經濟、民主化聞名國際。社會變遷快速，人才的培育必須放眼於未來，符合永續發展的願景，臺灣目前在大學教育體系上需要加快轉型，藉由導入 SDGs 的項目於大學教育中，期望臺灣的大學教育可以扮演推動臺灣社會永續的重要平臺，具體落實大學社會責任。

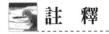 **註　釋**

* 陳宜亨，慈濟科技大學全人教育中心兼任助理教授，專長領域人權與發展不平等、社會創新與實踐。

** 莊旻達，臺北市立大學都會產業經營與行銷學系助理教授，專長領域社群媒體行銷、市場調查、商業模式、地方經濟韌性。

*** 黃馨慧，逢甲大學通識教育中心兼任助理教授，專長領域觀光政策、社會實踐。

1 內政部戶政司，2019。（瀏覽日期：2019/1/17）取自https: //www. ris.gov.tw/app/portal/346

2 地方／知識基地的整備事業（大學COC事業），在2013年推動，主要目的解決地方人才培育的問題。取自http: //www. mext.go.jp/component/a_menu/education/detail/__icsFiles/afield-file/2014/05/20/1346067_03.pdf.。而後更因2015年地方創生的發展策略強化大學與地方之間的連結，讓大學真正參與地方創業，甚至肩負地方創業成功與否的關鍵角色。取自http: // www.mext.go.jp/a_menu/koutou/kaikaku/coc/__icsFiles/afield-file/2015/02/12/1354716_02.pdf.。

3 T型人才，「T型人才」的概念，是由哈佛商學院教授巴登（Dorothy Barton）在其所著的一本書《知識之泉》中所提出，T字一橫一豎，意謂著最佳人才必須具備水平寬廣的通用才能，也要有垂直縱深的專業本事。不僅要在橫向上具備比較廣泛的一般性知識修養，而且在縱向的專業知識上具有較深的理解能力和獨到見。「T型人才」字母「T」，代表知識結構的特點：「一」代表「知識的寬度」；「I」代表「技術、知識的深度」。寬與深的連結稱為「crossover」（跨界、混搭），有這種連結能力的人才，具有較多創意，而創意就是「解決問題的能力」。

4 Project for Public Space為一非營利組織，主要針對城市空間規劃，人與城市之間的關聯性。

5 資料參考網站，取自https://womany.net/read/article/15637

6 嬰兒潮世代（Boomers），所指的是在1946～1964出生的世代。

7 地方消滅，增田寬也在2014年的著作《地方消滅——東京一極集中が招く人口急減》（中央公論新社出版）當中論述日本地方因為人口老化問題而產生人口過度集中東京，若無法遏止人口持續湧入東京的現象，預測東京走向一元獨大的情形會更加嚴重，則會形成「極點社會」。

8 聯合國教科文組織高等教育會議中提出面對新世紀高等教育的願景，其中提出了高等教育與社會使命之間有一定的關聯性。取自http://www.unesco.org/education/educprog/wche/declaration_eng.htm

9 大學在地實踐社會責任計畫，教育部推動「大學在地實踐社會責任（USR）計畫」（以下簡稱USR計畫），2017年3月間在全臺各地巡迴座談，於此同時，大學社會責任支持系統計畫系列論壇以「大學的遠見與魄力」為主題，也在三月底於臺北、中、南臺灣密集舉行。USR計畫是教育部為強化大專校院與區域城鄉發展（包含社區、產業、文化、智慧城市等）的連結合作，以「在地連結」為核心，鼓勵大學師生參與社會創新實踐，聚焦於區域或在地特色發展所需或未來願景，帶動各地區的繁榮與發展，協助解決區域問題。資料參考「教育部辦理補助大學在地實踐社會責任（USR）計畫徵件須知」。

10 高等教育深耕計畫，有兩成經費投注在「善盡社會責任」、「提升高教公共性」及「落實教學創新」等目標，八成經費用來發展「學校多元特色」，另外還有經費提供「國際競爭」及「研究中心」計畫。為發展「高教公共化」，各大學須提升弱勢生比例，尤其是在國立大學。取自https://www.edu.tw/News_Content.aspx?n=9E7AC85F1954DDA8&s=C85106C3E60F68F5

參考文獻

1. 山下祐介，2018，《「都市の正義」が地方を壊す地方創生の隘路を抜けて》，京都：PHP。

2. 中谷惠子、村瀨慶紀、渡邊聰、細井和彥、富田壽代，2017，〈大学は地域社会に如何に関われるのか？—「地域社会論Ⅱ」の実践から考察する〉載《鈴鹿大學紀要》，23卷，頁105-26。

3. 梁永安譯，珍‧雅各著，2016，《與珍雅各邊走邊聊城市經濟學：城市，是經濟發展的溫床》，臺北：早安財經。

4. 增田寬也，2014，《地方消滅——東京一極集中が招く人口急減》，東京：中央公論新社。

5. 濱田康行、金子勇，2017，〈地方創生論にみる「まち，ひと，しごと」〉，載《經濟學研究》，67卷2期，頁29-97。

6. Bokhari, Abla A. H. (2017), "Universities' Social Responsibility (USR) and Sustainable Development: A Conceptual Framework" In *SSRG Internationalal Journal of Economics and Management Studies* , Vol.4 No.12 PP. 1-9.

7. Gomez, Lucely Vargas Preciado (2013), Editors: Jamilah Ahmad, David Crowther, "CSR Trends in the Top 100 US Business Schools: A Theory–Practice Relationship" In *Education and corporate social responsibility international perspectives* U.K: Emerald Group Publishing Limited , PP. 155-83.

8. Lidia Giuffré, Silvia E. Ratto (2014), "A New Paradigm in Higher Education: University Social Responsibility (USR) " In *Journal of Education & Human Development* , Vol.3 No.1 PP. 231-238.

9. Shu-Hsiang (Ava) Chen, Jaitip Nasongkhla J. Nasongkhla, J. Ana Donaldson, S.-H.A. Chen, J.A. Donaldson (2015), "University social responsibility

(USR): Identifying an ethical foundation within higher education institutions " In *Turkish Online Journal of Educational Technology – TOJET*, Vol.14 No.4 PP. 165-72.

10. 日本文部科學省網站：http: //www.mext.go.jp。

11. Project For Public Spaces網站：https: //www.pps.org/。

12. 女人迷網站：https: //womany.net/。

13. 中華民國教育部網站：https: //www.edu.tw/。

Chapter *11*

臺灣兒童讀經運動的文化意涵與公民社會發展

張善楠[*]

壹、前言——傳統讀經教育到當代讀經運動
貳、讀經教育的實施概況
參、兒童讀經之爭辯論點
肆、一場復興傳統文化的另類社會運動
伍、結語——讀經運動提供另一種視野看臺灣社會發展

[*] 國立臺北教育大學兼任教授

摘要

　　本文先簡述傳統讀經教育的式微與當代臺灣讀經教育的興起，接著從品格教育、語文學習、背誦法的功效等面向來論述贊成讀經教育和反對讀經教育人士的論點；同時舉實徵研究來佐證雙方論點。最後申論讀經教育的方法學和哲學基礎極具傳統文化特性，很難從西方社會科學之哲學及方法論來論斷；並提出當代讀經運動應被視爲是一場兼具文化復興運動及教育的平等運動的另類社會運動。

關鍵詞：讀經教育、品格教育、傳統文化、文化復興、社會運動。

Abstract

　　This article first briefly described the decline of traditional Chinese classic canon reading and the revival of it in contemporary Taiwan. Then presented the pros and cons on the current Chinese canon reading movement in Taiwan, from dimensions of character education, language learning and the effect of recitation method. Results of related empirical studies were also included to prove the arguments of both sides. Finally, author argued that the methodology and philosophical basis of the current Chinese canon reading education are very traditional cultural characteristics, which are difficult to judge from the philosophy and methodology of western social sciences. It is suggested that the contemporary Chinese canon reading movement should be regarded as an alternative social movement with characteristics of both cultural revival and education equality.

Keywords: Chinese Canon Reading, Character Education, Traditional Culture, Cultural Revival, Social Movement.

壹、前言──傳統讀經教育到當代讀經運動

　　讀經教育在中國自古即有，官學與民間同時都存在，甚至可以說是大部分朝代的主要教育內容和教學形式。但清朝晚期由於維新變法人士的求新求變訴求，讀經教育逐漸受到挑戰；由光緒二十九年至宣統二年之小學章程中，讀經分量不論教材、時數均逐漸減少；其百分比由癸卯舊制的 40%，逐漸下降至庚戌新制時只有 16.7%。讀經講經的重要性已不若從前，漸被實用性的習字、書法、作文為主的「中國文字」所取代（王怡方，1999）。

　　民國成立之後，元年至二年陸續頒布各種學校令，綜合起來成一系統，謂之「壬子癸丑學制」，讀經鐘點更為減少。初等小學、高等小學、中學均廢除讀經；但在以培養小學教員為目的的師範學校，其預科課目及本科課目仍設「讀經」科。然而民國八年以後，師範課程改革，其最重要之一即為廢除讀經。（教育年鑑編纂委員會，1986）

　　國民政府播遷臺灣後，雖以「復興中華文化」為其教育及文化的主導政策，但在正式的學校教育中，中國古典經書列為教材的比例也是隨著時代逐漸減少；而且在教學方法上，也是用較現代的教學方式，取代傳統先背誦再逐年講解的方式。民國七十年前後，教育部與文復會、孔孟學會曾聯合舉辦一系列的經學研習班，以專題演講及逐篇講解的方式，探討《禮記》、《孟子》（李威熊，1983），但這些活動大都以成年人為主，和傳統的以學童為主的讀經教育仍然不同。民間社團間有零星的推廣讀經教育，但並不普遍，主要以宗教團體為主。

　　1990 年代開始，兒童讀經教育在民間逐漸興盛，翟本瑞（1999）估計，持續相當時日進行讀經活動的兒童應超過三十萬人。王財貴（2000）則認為截至 2000 年左右，臺灣已有約一百萬名的讀經學童。這麼大規模的草根文化運動是如何形成？兒童讀經所欲達到效果如何？對於社會上不同意見的批評，讀經教育推動者如何因應？讀經運動是不是社會運動？如果是，它具有什麼樣的特質，對臺灣社會的發展產生什麼樣的影響？這一連串的問題，值得吾人逐一檢視，並從中尋找對臺灣社會發展的啟發。

貳、讀經教育的實施概況

　　臺灣近二十五年來的兒童讀經活動，主要由民間社團、家長、及教師們自發性積極推動。其中王財貴教授，初期於少數家庭中以私塾形式推廣；1994 年起，由臺中師範學院語文教學研究中心，在中部地區輔導學校推行。同年，王財貴獲得全國電子董事長林琦敏創辦之臺北華山書院的支持，於該書院成立讀經推廣中心，開課講述兒童讀經理念，培訓讀經師資，由民間往校園發展，並於各縣市推廣私人讀經班，兒童讀經活動逐漸於臺灣社會發展。

　　在各方推動及呼籲之下，臺灣省政府配合推廣經典教育，於 2000 年結合各縣市政府開辦「全國經典總會考」，成為臺灣讀經界一年一度的盛事，也為讀經界檢視讀經教育理論與實務發展成效的機會。該會考掛名臺灣省政府主辦，實際上由財團法人臺北市全球讀經教育基金會承辦。會考內容除中文傳統經典，也包含英文經典名著；會考方式分筆試和口試，口試包含國語、英語、閩南語及客語（部分科段）。考場遍及全臺灣 21 縣市，只有連江縣尚未設考場。

　　「全國經典總會考」科目，中文經典有 38 科段，英文經典有 21 科段，有意願參加者，可任選數段報考。從全球續經教育基金會官網可以

看出，目前累積應試考生已達 72940 人次，合格有 37375 人次。

臺灣兒童讀經教育，就學生年齡而言，普遍集中在國小階段（翟本瑞，2000）。以小學低年級的比例最高，其次為幼稚園及國小中年級，高年級比例最低。

就實施地點言，有宗教場所、學校、安親托兒班、私人住所、社區活動場所等。翟本瑞（2000）的研究中以社區讀經團體主持人為對象，指出以宗教場所為最多，王財貴（1999）的研究指出在讀經人數上以學校班級帶動力最大。目前（2019 年 2 月 18 日）登錄在全球讀經教育基金會官網資料的讀經場所，共有 510 個，若包含未和讀經教育基金會連結登記的，數字將更高。

至於教學時數，依翟本瑞（1999）對讀經團體的調查指出，讀經時間以每週上課一次，每次一至二小時為最多。王財貴（1999）的研究指出兒童每日讀經時間平均約 0.5654 小時，大約 40 分鐘。

有關讀經的教材，可從總會考科目看出端倪：中文科目有國學啓蒙、學庸論語、老莊、唐詩、孟子、易經、詩經、古文選、書禮春秋選、詩歌詞曲選、黃帝內經等。英文科目有西方文化導讀、莎士比亞十四行詩、莎士比亞仲夏夜之夢、柏拉圖蘇氏自辯、英文名著選、英文經典選讀等。但實際閱讀的經典，常因主辦單位的理念而更加廣泛。如華山書院官網公布的學習內容，包含了生命教育和環境教育，甚至有武術課、音樂課、藝術課和影片賞析等（財團法人臺北市全球讀經教育基金會官網）。

師資來源方面，以社區居民義工、學校教師與熱心家長為多；專業讀經教師最少（翟本瑞，2000）。師資培訓方面，中華文化復興運動總會臺灣分會、及各地讀經學會，曾多次舉辦定期與不定期讀經教師培訓研習活動（中華文化復興運動總會臺灣分會，民 88）。華山書院「成人（暑期）經典體驗營暨師資培訓」及「讀經教育師資研習」等班別，分別有兩星期到四星期課程（參見華山書院官網）。

這股從臺灣開展出來的兒童讀經的風氣，也從 1997 年開始，影響香港及大陸各地在民間和官方學校推廣兒童讀經活動；南洋地區和美國地區的華人團體，民辦中文學校擴大實施讀經教育，家長團體志工讀經班也逐漸增多。

綜合來看，臺灣民間兒童讀經教育從 1990 年代發展至今，目前仍持續進行中，而且逐漸進入到部分公立小學的早自習和課後學習時間：雖因應外界批評而擴充其經典的內容，也不排斥較為活潑的教學方式，但其理念和實踐方法並無太大的改變；而其影響力也從臺灣擴展到全球華人社區。

參、兒童讀經之爭辯論點

兒童讀經教育的論辯來自兩個方向。一是倫理道德和文化傳承的論辯，可說是某種程度的「品格養成說」的論辯；二是兒童學習潛能開發和良好學習習慣養成的論辯，可說是「學習效能說」的論辯。

一、倫理道德和文化傳承的論辯

（一）推展讀經者的「道德淪喪」及「文化失根」說

王財貴（1996）在其所著讀經手冊裏，陳述華人社會在停止讀經教育八十多年後：

中國人是不是因此更理性了？中國社會的文化教養是不是因此更提高了？是不是因為充分西化而更受外國人所敬重了？……在一般人的心中，總難免有一些隱約的痛楚。切身的問題是：他的語文程度不夠，他看見左右的人心量不廣，涵養不深，他的人生態度無所依歸，理想不敢堅持。其次是：感受到社會正義的日漸消亡，君子之風的日漸遠去，短視近利，詐虞日盛。尤其是近來犯罪率的增高，而犯罪年齡層的降低，

校園暴力事件的頻傳，顯示了人心的極度空虛，人生方向感澈底的失落！這其實就是整個社會只顧發展經濟，而未能相對的提升國民文化教養，所必至的後果。知識份子也越來越強烈地感受到：沒有自我文化的民族，托缽乞憐的結果，縱有再大的天才本事，終究不能參與於世界文明的創建，而永為其他民族所輕賤。

窮則思變，剝極必復。我想：這應該是對八十年來的文化心態做反省的時候了！或許社會上其他的人各有其想法與做法，而我，則認為當務之急是：「教育」的革新，尤其是「文化教育」的落實。這是固本培元的工作，雖然收效在十年百年之外，但今日不做，必貽明日之悔！

李美昭（2003）在其研究論文中亦明白陳述：

今日在學校教育上，教育部最近頒訂的國民中小學《九年一貫課程暫行綱要》中，已不見有關以往「生活與倫理」或「道德」等科目的名稱，唯在相關的學習領域之課程目標及能力指標上可看出對「價值判斷」、「理性思考」、「反省自己所珍視的各種德行與道德信念」之描述，至於明確的德目、價值標準、道德信念為何，則付之闕如。

翟本瑞（2000）歸納讀經的價值除了可提高語文程度，且有助於其他課業的學習外，尚有文化教養的效應。

上述支持讀經人士之論點，顯然是對當今社會「道德淪喪」及「文化失根」問題的回應，也某種程度表達了對當前教育體制所實施的文化內涵和品格教育的不滿。這些論點不受西方教育及學習理論的框限，而直接訴諸中華傳統經典的倫理道德及文化內涵的「優良素質」；希望通過誦讀經典篇章，使兒童接觸人類最高智慧的經典文化，達到潛移默化兒童性情，並落實文化扎根。可以說是某種程度的「復興傳統文化說」及「品格教育說」。

（二）批評者的「倫理教育必須經由思辨過程」說

質疑或反對的人士則批評，古經文並不等於都是道德的，或合乎當代社會需求。陳巍仁（2016）對其大一生普查，發現讀過《弟子規》的約有95%，讀過《靜思語》的約有80%。因上一代的啓蒙讀物沒有這兩本書，他認爲此二書的「典律化」過程乃是在這二三十年內完成。他並對《弟子規》的「被經典化」提出批判：

> 《弟子規》作者爲李毓秀，山西康熙年間秀才，……仔細讀來，此書無論內容文字皆非上乘，是以其人其書皆不見顯揚。那麼這本書何以成爲當前聖典呢？遠因出在王財貴教授提倡的兒童讀經班、淨空法師、一貫道、福智基金會等教團。他們印製好了教材、準備好了師資志工、辦理了大量活動和讀經班，這大風就這麼一路吹入了各級學校，不少基層老師可能來不及反思，再加上近年閱讀教育推廣，也就樂得順勢配合。……於是三字一句，易於上口，千字出頭，篇幅剛好的《弟子規》，便被從故紙堆中挖了出來，推上了寶座。溯其源流，這本書既非儒家，也非佛教道教傳統典籍，只是在共同目標下，「被經典」化的課本。

他認爲道德不可能被規訓而成。一個人的思想跟行爲，必須經過倫理學思辨才能成形，《弟子規》在這部份付之闕如，劈頭就來個「弟子規（乃）聖人訓」，不如《論語》裡面的情境討論教學，孔子只是引導，師生共同思考，課堂充滿討論思辨的氣氛。他也認爲《弟子規》的文化知識或文學美感負載量極少，遠不如其他童蒙教材《三字經》、《千字文》。

陳強調不是爲了否定或對立，「相反的是感覺讀經教育或跟慈濟志業一樣，都是臺灣民間難能可貴的動能，只是發展至某階段，很需要重新檢視，還有接受來自所根植社會的修正意見。……傳統文化裡有非常

多好東西，如何淬煉出來，是非常吃技能值的，新方法新目標一定可以更有效率，不要執著土法大煉鋼啊！」

推廣讀經者則回應，指讀經並不排斥白話文，也不限只讀傳統的中國經典，中西文化凡是有價值的經典都值得去讀，當然更不排斥理解。（財團法人臺北市全球讀經教育基金會官網）

（三）相關實徵研究

上述陳文批評有些經文不能代表優質的傳統文化或道德論述，主要是針對經文內容質疑。至於讀經教育對學童的品德養成功效如何？

陳億穎（2017）探討臺北市某國小讀經教育的課程編制，以及教師引導學生的方法。發現實施讀經教育時，最頻繁被列為「目標」是「陶冶德行品格教育」；最頻繁被實施之「內容」是「待人處事之道」；最頻繁被使用之「課程種類」是「非正式課程」；最頻繁被融入之「課題」是「品格教育課題」；最頻繁融合之「領域」是「語文領域」；最頻繁融合領域之「方式」是「將讀經教育融合到某科目內現有單元中」；最頻繁使用之「教材」是「兒童中國文化導讀」；最頻繁被使用之「教學方法」的是「講述教學法」；最頻繁被使用之「評量方式」是「口頭背誦」；最頻繁遇到之「困境」是「學生興趣不高的困境」。看起來教師對讀經教育的目標，品格教養似乎高於增進學習效能；值得注意的是學生興趣不高的問題。

崔德鄰（2010）探討兒童讀經班之教學活動對國小學生品格發展之影響。從道德認知、道德感受及道德行動三個面向，以責任、值得信任、尊重、關懷、公平及公民責任六項品格核心價值，作為指標，以問卷調查及深度訪談，選取崇德光慧讀經中心桃園縣地區之班級為對象。研究結果：一、品格發展方面，整體而言，兒童讀經教育課程，對其道德認知、感受及行動等三方面，均有正面影響。學童在接觸兒童讀經教育後，在「關懷」及「公民責任」方面，有特別良好的表現，但在「公

平」及「責任」方面，則仍須師長叮嚀與引導，以進一步體驗與學習。
二、學習情況方面，學童在接觸讀經教育後，學校課業學習的專注力多
有提升，並能增進與老師及同學間的人際互動。

　　林欣怡（2014）以三年觀察、訪談四位老師及六位學生，探討讀經
教學對偏遠小學教學成效的影響。結果發現，導師都贊同實施讀經教學
可以提升學童的學習態度及品格涵養，進而影響他們日後的成就表現。
雖品德教育的提升並非短時間能見效，但訪談的綜合分析指出：一、讀
經教師的教學信念影響兒童讀經教學成效；二、讀經教育實質內涵與現
代品德教育核心價值相符，適合做為國中小推動品德教育的輔助教材；
三、實施讀經教育塑造學童優質情緒教育基礎。

　　上述實證研究呈現兩點：第一，教師仍把品格形塑視為讀經教育
的首要目標（因此會有廣意的霍桑效應，即越受關注的部分，成效會越
好），第二，讀經教育對品德養成有一定的功效。

二、開發學習潛能和養成良好習慣的論辯

（一）推動讀經者的「記憶力關鍵時期」說

　　人類有兩大學習能力，即記憶力和理解力。王財貴（1996）認為
依據人類學家和心理學家的研究，一個人的記憶力發展是自零歲開始，
一至三歲即有顯著的發展，三至六歲，其進展更為迅速，六至十三歲，
則為一生中發展的黃金時代，十三歲為一生記憶力之最高峰，以後最多
只能保持此高點，二十歲以後，便有減退的可能。而理解力的發展，與
記憶力不同，理解力也是自零歲開始醞釀，一至十三歲總是緩慢上升，
十三歲以後方有長足進展，十八歲以後漸漸成熟，但依然可因為經驗及
思考之磨練而一直有所進步，直到老死為止。

　　他認為就認字而言，小學低年級的認字能力已經很強，但寫字用字
則有相當大的困難，因認字大體是靠記憶力，而寫字和應用須有很強的
理解力。就誦讀而言，兒童本是樂於唸誦樂於反複的，尤其是團體的朗

誦，抑揚頓挫，琅琅書聲，與唱兒歌無異，使學習是一種愉快的事。反覆誦讀，是兒童的自然喜好，背書是他的拿手好戲，若不準備些有價值的書讓他背，他只好背小學課本，甚至背電視廣告。而且在其記憶力正發展的時候加以訓練，其記憶能力會達到較高的頂峰，一輩子維持在較高的水準（王財貴，1996、1999）。

簡言之，兒童的記憶力發展在十三歲以前是關鍵期，若把握此時期使其反覆誦讀，以不強求其理解的方式學習經典，則可事半功倍，達到潛移默化性情、培養讀書習慣、啓發潛能的功效。

讀經教育者參酌了西方學習科學的階段論，來印證兒童讀經教育不但是可欲的，而且還是可行性的；尤其是針對語文學習。但提倡的是「重覆朗讀到可以背誦」的「學習效能說」。

（二）批評者的「弱化理解力」及「生活經驗相關」說

批評者有不同的看法。潘世尊（2008）認爲，經典內涵雖可能對閱讀者的行爲產生約束、規範、提醒或引導；然而必須在他們理解經典的意涵之下，才有可能發生。「生活經驗密切相關的故事或實例爲教材，或是讓兒童閱讀白話化或他能理解之經典，成效是否會更好？而若兒童藉由此種方式掌握古代經典中的義理，且確實受其影響而轉化自我之行爲，不就意謂傳承了文化中的精髓？」他認爲兒童讀經只是一種可能的教育手段，而非一定要落實不可之教育目的。並指出「目前若干宣稱可證實兒童讀經成效之經驗敍述或研究並不可靠，且不同研究之結論並不一致」，因此呼籲支持續經者應有更審愼的態度，並對兒童讀經實際達成之成效抱持開放與批判的態度，以避免自我欺騙與自我應驗預言現象的產生。

詹志禹（2016）以中國大陸《新京報》一篇〈讀經少年：背了十年書，識字卻成了問題〉的報導談起，說王財貴主張教育簡單論：1. 教材選擇很簡單，因傳統文化當中最有價值的經典只有「那幾部」。2. 學習

順序很簡單，就是依照經典書籍的內容順序。3. 教學原理很簡單，就是「多唸多背」。4. 教師選聘很簡單，因爲幾乎任何人都可教讀經。

他說「如果這些觀點爲眞，則教育領域中的課程理論、發展心理學、教育心理學和師資培育制度幾乎可完全取消」、「王財貴……心目中的兒童圖像的確很像一臺記憶機器，……他極端低估兒童的理解力，……如果給兒童適當難度的材料，配合其心理發展順序，提供他適當的例子和經驗連結，他的理解力就會大幅提升」。他認爲大部分經典都適合探求義理卻不值得背誦，「鼓勵兒童背誦而不求理解，是弱化兒童思考力；若要求兒童終日背誦經典而不學習其他領域，則違反均衡發展」。

（三）相關實徵研究

至於實際的成效如何呢？張徐庭芝（2014）探討國小學生接受不同量値的讀經教育後，對學習力以及品德表現的差異情形。學習力以閱讀力、記憶力、專注力爲研究目標，品德表現則以教師和家長平日觀察學童在禮貌、態度、責任、値得信任、尊重、關懷等行爲改變。她以「兒童讀經教學計劃」、「PAIR 識字量測驗」、「聽覺記憶測驗」、「多向度注意力測驗」、「學生人格行爲成長問卷表」，研究南投縣弘明實驗高級中學附設中小學的小學部三～六年級讀經實驗班及普通班學童、教師及家長。結果大要如下：

（一）讀經實驗班在校課程皆以讀經爲主，九年一貫課程由父母在家自行教授，屬半自學；普通班在校課程爲九年一貫課程中，但每天融入一節讀經課；因此，讀經實驗班學生的讀經量遠勝普通班的學生。

（二）「讀經」爲該校的本位課程，所有導師都是推動讀經教育的主要人力資源，家長爲次要資源；不管實驗班或普通班，讀經課程都是有計畫性與一貫性，主要的教學方式爲「只背誦，不解經」，並定期舉辦校內讀經觀摩與讀經比賽。

（三）讀經教育對學童品德表現及學習成效皆有顯著的正相關及顯著預測力。

（四）不論實驗班或普通班，學童整體品德表現皆良好，大量讀經的實驗班學童的品德表現與記憶力顯著優於普通班的學童；但專注力與閱讀力方面，實驗班與普通班並無差異。

三、兒童讀經教育中記憶背誦法的爭辯

從文獻上看，對讀經的背誦記憶教學法的批評，遠比對經文內容的批評來得激烈，相關論辯材料也較多，值得另予討論。

（一）贊成者的「左右腦共用說」

關於記憶背誦教學法是否有效，支持讀經教育者從當代學習科學研究中找支持點。被支持讀經者廣為運用的林助雄醫師從腦科學角度論讀經：

兒童讀經的方式，不求理解，只是背，表面上看來，還是左腦的訓練而已，然而，就因為在背經的過程當中，完全鬆懈、有趣，使腦波從 β 波轉換至 α 波，也就是就，讀經背經的小孩一而再、再而三地有機會舒解身心壓力，並能在 α 波的腦與潛意識互動過程中加強了創造力、靈感、注意力、判斷力及記憶力。

兒童讀經背經的過程類似唸唱，眼睛看經典文字為透過視覺作用刺激右腦，而唸唱的律動也啟動了右腦，至於仔細整理辨字以便記憶則是左腦的工作，所以，整個讀經過程恰恰動用了左右腦功能，使左右腦運作得以同步，根據研究，左右腦能有同步效用時，學習能力可增加2至5倍。

……一再重複唸唱，即使沒有刻意去理解，所讀唱之內容不只是會存入大腦記憶，它更會烙印在潛意識裡，而潛意識的妙用就是無需經過

意志的運作，能直接地、默默地、自然地影響了人類的思維與行為，所以兒童讀經，選擇古聖賢的智慧精華是正確的，因為假以時日，有讀經的人多少會受到經典的潛移默化、陶冶性情。（2018/9/27摘自華山書院官網）

翟本瑞（2000）認為該文是到目前為止，最直接地討論讀經活動在神經語言學上的理論意義，認為背誦也可以不依填鴨方式開展，是值得以神經醫學實驗來進一步證實的論點。

楊定一（2011）在天下雜誌420期〈讀經 讓孩子和智者心靈溝通〉訪文裏指出，讓孩子在快樂的氣氛下自然誦讀經典的教學方式，「能幫助孩子專注沉穩。當兒童醒著的腦波是介於12～30赫茲的 β 波，讀經時腦電波（EEG）變化則類似靜坐的反應，腦波會減緩成介於8～12赫茲的 α 波，甚至可以達到全身頻率完全同步的「合一性」（Coherence）。」他說這是多年靜坐工夫才能帶來的腦波轉變，並認為讀經可以如同是動態的靜坐（moving meditation）。

（二）反對者的「忽略當代教育研究理論說」

周育如（2017）批評：「若孩子只需背誦，不需理解，那全世界的老師都可以退休了，只要放錄音帶讓孩子跟著唸就好了」，並說：

……在腦袋裡塞入大量對當事人沒有意義的東西，是浪費孩子的時光，也剝奪他學習其他東西的機會。但我上網查了讀經教育的資料後，發現勢力之大，支持者之多，完全讓我跌破眼鏡。我真的很驚訝，中國幾千年來無數士子搖頭晃腦背讀經書的教育方式又光榮復辟了嗎？那我們幾十年來在臺灣教育上的努力：讓孩子學的知識更貼近生活的需要、讓學習的方式更活潑多元、更多心智涉入，讓孩子理解、探索、當學習的主角……這些努力都是在做什麼呢？品格教育要有充足的思辨、要同

理涉入、要將心比心，這些研究上重要的發現，又要置於何地呢？

　　周文提到去幼兒園觀察「讀經教育的幼兒園」和「讀繪本進行討論、做方案教學的幼兒園」，孩子在語言能力和人際問題解決能力上有何異同。初步看到是，「讀經的幼兒園孩子較早識字，行為較順從有禮，遇到人際問題會依老師教的規矩而行；方案幼兒園的孩子口語溝通、表達、討論的能力較佳，遇到人際問題，不太採取禮貌的策略，而是試圖進行雙方協商討論，共同找出解決之道，社會互動的層次較複雜」。她結論說「前者強調背誦和規矩，後者重視啟發和引導。而很顯然的，我欣賞且支持後者」。

　　詹志禹（2017）在同一份雜誌發表《再思讀經教育——填牛與填鴨一樣無解》，批評王財貴發明「填牛論」來改進傳統廣受責備的「填鴨論」。王認為兒童大量背誦經典，將來長大後遇到經書所談的人、事、物，就會「反芻」，自然就懂。但詹說「從科學哲學與認知心理學的觀點來分析，將會發現：兒童在不懂的情況下被迫硬背無意義的長篇大論，是一件非常困難而痛苦的事情；即使硬背下來，遺忘的速度也會很快，將來長大後能遺留下來被『反芻』的數量極少」。

　　詹說有些團體推動讀經教育時，「比較重視經義理解、學習心理與均衡發展，值得肯定」，但認為王財貴許多觀念過時，如上述填牛論以及對記憶訓練的古代官能心理學（faculty psychology）；並批評王的系統有許多內在矛盾，包括一方面反對實用主義的「興趣原則」，一方面又建議讀經教師要提高兒童的學習興趣。

　　詹文似不全然反對閱讀部分經典，只是反對沒有理解的背誦。然而詹所質疑的記憶訓練的古代官能心理學，恰恰有人以其為一種更深刻的學習來為讀經教育辯護。

（三）中西方學者對記憶教學法的積極觀點

法國社會學者杜傑庸（2013），提供華人世界之外的觀察。他指出今天法國的官方教育，也幾乎不再要求學生背誦了；只有在法語課上，學生才學習爲數有限的幾首詩。他說：「這種做法是相當有害的。因爲對於那些有價值的美文，如果能夠默記成誦，那將是生活中一個取之不盡、用之不竭的快樂源泉。以精神獨立爲藉口剝奪了這種快樂是極其令人遺憾的。所幸的是，在西方學校學程之外的教育中，比如說音樂和各種藝術類的教育中，背誦仍然佔有重要地位，而藝術教育在西方是相當普及的」。杜傑庸在特別引述 George STEINER 對于記憶力持有的積極觀點：

用心背誦，可以使文本……的內容變得清晰明確，進而產生一種持久而與之親近的力量。……我們能夠默記成誦的東西會變成我們意識中的一股鮮活的力量，刺激我們成長、使我們的自我變得更爲豐富。……記憶下來的內容不僅能夠深化我們對文本的領會，而且能夠讓我們自身與所記誦的內容形成互動。同樣，如果我們自身發生了變化，我們記誦的本文所傳達的信息也會隨之發生變化。

莊勝涵（2016）在其《背誦的身體哲學：從「讀經教育」的爭議談起》中的觀點，和 George STEINER 的看法很接近：

真正的學習，應當使文本在心中生根，同時又成爲一種身體的記憶，從而改變我們四肢五官等行住坐臥的活動。換句話說，真正的經典學習，應當是一種兼含「血氣心知」的「身心之學」，而這一點，正與「背誦」息息相關。

……在語言與意義之間，以及心靈理性與身體感性之間，可能有著更爲複雜的關係。所謂的意義是否能被語言的窮盡？或者說，語言所能

表達的是否全都能以邏輯分析為清晰的命題？另一方面，語言是否單純屬於理性思維的管轄？或者，在語言的世界中還有一種「語感」，能夠呈現身心共融的生存感受？

排斥理解的背誦固不可取，但在作出更細緻的討論之前，簡單地取消古典文本在語言上的不可替代性，並否定背誦作為學習方法的意義，就算不是弊大於利，也很可能形成另外一種偏見。

在背誦的問題上，我們的看法是：以理解為目標的背誦，是一種結合心靈與身體、理性與感性的學習方式。

（四）相關實徵研究

實證研究中，希望增加讀經教育的理解成份，確實是存在的。王怡方（民88）的研究指出老師和親子對讀經教法的期望有明顯不同，教師最常採用的方法是「不講解，直接背誦」，但家長和學生較傾向期望老師「先講故事，引起興趣，再背誦」，其次為「先講解，再背誦」。崔德鄰（2010）的研究也呈現家長希望老師在低年級課堂中能使用音樂、圖卡或其他輔助教學方式，吸引小朋友的注意力；對中高年級學生，則希望增加簡單的文義解釋，讓小朋友對經典的內容主旨有所瞭解。可以看出，多點理解和多些活潑的教學方式一直出現在對讀經教育的批評或期待中。

而對古典朗誦記憶教學法、或以理解為基礎的背訟教學法，所共同期待的身心靈結合、及理性與感性融合的深度學習效果，尚有待更週密的腦科學研究以及長期追綜研究（longitudinal study）來證實。

肆、一場復興傳統文化的另類社會運動

一、讀經教育論辯與兒童讀經運動——茶壺裡的風暴？

清末民初傳統兒少讀經教育逐漸退場，主要遭到兩方面的質疑：一是經文內容是否符合當代社會的需求？二是不求理解強迫背誦的填鴨式的教學法是否有學習效果？今天由社會草根力量發展出來的兒少讀經教育，雖蓬勃發展於海內外華人地區，但遭受的批評與質疑仍和一百年前反對讀經的論點類似。

首先是經典內容是否符合當代社會需求的論辯。支持讀經教育者認為經典內容是前人數千年的智慧結晶，對當今社會具跨時代的倫理價值。批評者對這一點的看法並不全然反對，只是有學者認為經典的選用應更嚴謹，避免通俗讀物被操作成「典律化」；有學者雖認為「古代經典之內涵未必為永恆不朽之常理常道」，但認為白話文較可以傳播經典背後的文化價值之說，也可見其並不全然否定古典經文的文化倫理價值。

其次看真正論辯較多的讀經教學方法。支持讀經者強調記憶背誦，雖不反對理解，但認為理解與否不急；反對者認為不求理解的填鴨會適得其反。根據筆者文獻耙梳，反對記憶背誦教法的大多是受西方教育理論訓練的家長和教育學者，他們基本上從西方學界的教育原理來批評讀經教育。但有更多的博碩士論文研究讀經教育，而且大部分支持續經（其嚴謹程度暫且不論）[1]。支持者除從當代學術實證研究成果找支持外，也試圖從西方學習理論找到支持，如李美昭（2003）檢視西方各種學習理論的觀點後指出，兒童讀經的理念可從中得到支持的有蒙特梭利（M. Montessori）的認知理論、資訊處理理論、幼兒腦的發展觀點、腦的科學觀點、閱讀動機的觀點及記憶的部分觀點；與其論點相違者有皮亞傑（J. Piaget）的階段論、試驗主義的觀點及記憶的部分觀點。她

總結：在相關的理論上，兒童讀經可獲得理論基礎的支持，但也與部分理論有所抵觸。

會形成讀經方法上的激辯，筆者認為主要原因在於信念不同而對於看到成果的時間幅度（time span）的期待不同。讀經支持者一般有強烈信念，也認知到讀經效果必須要好幾年甚至十年後才會逐漸呈現，所以不急著看到成果，較不會產生不滿意。反對的學者大都受實用主義學習理論影響，希望看到立即「實際效益」，較不能忍受讀經過程的「漫長又不確定的效果」。但讀經教育的推動似乎不受批評者的影響；因為讀經的批評者並不是讀經教育的推動者，無法對讀經教育有直接的影響。

跳開對讀經的「文字論辯」，近三十年來兒童讀經活動仍持續在臺灣社會進行中，並未因外界的批評而停止或衰退。筆者認為，是由於社會和經濟條件的不同，造就了當前兒童讀經教育的持續發展。就社會條件來看，解嚴後臺灣社會公民自主力量的形成，使推動教育的力量不是只有官方制式教育，各類社會團體，如宗教社團、文教基金會、社區協會、甚至補習班、個別家庭等，均可以在正式官方教育體制外進行補充的教育活動；而這波從臺灣社會發展出來的兒童讀經教育，正是跳開「教育當局」而由民間發起及推動的復古教育（事實上，在現代「民族國家（nation state）形成之前的中國社會，幾千年來大部分的時間都是民間社會辦學和官方辦學同時存在）。

就經濟條件來看，當代華人對中華傳統經典的逐漸接受，和經濟發展所喚回的民族自信心有關係。臺灣早年亞洲四小龍的經濟發展成果，常被歸因為傳統儒家文化提供了強烈成就動機和累積資本的文化因素。但經濟發展、民族自信和民族文化的保存和發揚互為因果、息息相關。孫中山於 1914 年演講民族主義最後第六講時，主張要恢復中國固有道德和固有智能，但他同時大力提倡經濟開發及均富理想的「民生主義」；猜想他一定理解，大部分人受制於經濟社會條件，需待「倉廩實而知禮節，衣食足而知榮辱」。因此，只要華人地區繼續保持經濟發展

及社會穩定，這股因民族自信逐漸恢復而形成的民族文化復興運動，理會繼續發展。中國大陸在改革開放後經濟建設高度成長，民間和政府開始重新擁抱傳統文化，是另外一個例子。

二、兒童讀經運動與傳統文化的復興

杜維明在論儒家傳統的現代轉化時，提出多層次來看儒家傳統，即民間傳統、知識份子儒家傳統、和政治上的儒家傳統。他認為雖然中國的民間傳統融合了儒家、佛教和道家，「儒家的價值在民間始終起著非常大的作用」（杜維明，2005；頁127-128）。余英時提出的「儒家文化遊魂說」，認為近代革命以來，儒學作為中國傳統社會主導文化模式已經「死」去，成為一個找不到也不可能找到附體的「遊魂」。余英時指出儒學的出路：既不在於重新尋求建制化的「上行路線」（如康有為的「孔教」論述），也不是現代新儒家將儒學「哲學化」的努力，而在於「下行路線」，即日常人生化。

觀察這幾十年的民間讀經運動，有杜維明所謂的民間傳統呼應知識份子儒家傳統而形成的樣貌。兒童讀經教育主要推動者王財貴，是提倡新儒學的知識份子，是「鵝湖月刊社」成員並曾任社長，而鵝湖月刊是近四十餘年來極力推動新儒學的知識份子團體。讀經推動者對外界批評採柔性回應，並作部分教材的擴充和教法的彈性化，有孔子溫、良、恭、儉、讓的味道：對內的實踐態度，有曾子的「士不可以不弘毅，任重而道遠」的堅持。實際的兒童讀經活動，既不屬於建制化的官方教育體系，也不著重析論「哲學」議題，只紮紮實實的召喚學童一起吟誦古籍，有大量的家長與志工教師的參與，訴求的是學童日常的倫理道德行為及勤學習慣的養成，也頗符合余英時的「日常人生化」。龔鵬程（2016）論中國傳統文化的流動與再生時，也觀察到，不像學院派的知識人社群對傳統經典文化「失傳」及「失語」得那般嚴重，臺灣民間充

滿著對儒、釋、道傳統經典的閱讀和討論的風氣。

這波的兒童讀經運動，從讀經的內容、推動形式、和推動的精神來看，都是非常傳統文化的；可以說是一場沉默的民間傳統文化復興運動。支持讀經的文化團體、宗教團體、家長團體遍布在各社會各個角落，代表社會有一股想回復傳統文化的力量；這股力量吸引部分體制內教師的參與，也促使官方提供某種程度的支持（如合辦經典會考及允許學校自行決定採用讀經教育與否）。而且實證研究顯示，有些教師因為參與讀經教學而在信念上有所轉變，如對記憶為主的學習轉為正面，及轉而更為接納儒家傳統文化等（參見楊旻芳、洪志成，2005）。

三、兒童讀經運動是社會運動嗎？

學術界將教育改革視為臺灣社會運動的重要項目之一（參見蕭新煌、顧忠雄，2010），但筆者檢視相關學術文獻及評論討論教改的論述皆未把讀經運動置於教改及社會運動之中。如果「社會運動」，是指一群人採取有組織、有目標、有計畫的方式，來推動或阻止社會產生某種改變的過程，而且是一種「由下而上」的集體行動（臺灣高中公民課本的定義）；那讀經運動如前所述，確是一場社會運動。

那為何兒童讀經運動不在學界及輿論討論的社會運動範圍內，也甚少在教育改革的論述中提及呢？筆者試從一篇以教改運動為例來討論臺灣社會運動與公民社會的博士論文談起。

吳維寧（2000）論及民間教改運動的議題及論述皆走在國家之前，具有「攻勢目標」能適時的將新的議題帶進公共領域討論；並促成公民集會、結社及表達意見的自由：民間教改運動是最多中產階級介入且長期努力的社會運動，喚起及集結了社會上不同的人群；在政治社會中產生影響力，使得相關法案能通過，在日常生活制度化其收益。吳文所述的教改運動是對現有體制的挑戰，並以集會、抗議及立法遊說等方式提出體制變改的要求。然而，符合社會運動定義的民間讀經運動，卻採取

了和吳文所敘述的教改運動不一樣的方法，呈現出不同的運動風貌。

讀經運動沒有集會、遊行的群眾活動，沒有針對體制修改的立法訴求，沒有要求政府增加預算，而是一場從民間發起而且基本上在民間自我實踐的另類教育改革。它沒有要求體制內教育課程增加古典經文的教學時數，也未針對體制內的教育課綱進行系統性的批評，唯一感慨是倫理道德教育的從正式課程中消失了名稱。兒童讀經運動是一場找回傳統文化的教育矯正運動。

為何讀經運動可以不走上街頭、沒有立法訴求、不和政治力結合的情況下，仍可達到運動的目的呢？第一，讀經運動的民間潛在需求廣大，社會基層原本就到處存在著希望小孩多讀點古書的想法；第二，它的推動的方式簡單易行，有書籍、有簡易的空間、有志工教師，就可著手進行。

或許，正因為社會需求力量足夠、以及推動方式簡約的雙重「優勢」條件，使讀經運動不像其他社會運動及教改運動一樣，需要大張旗鼓走上街頭要求體制變革或增加資源，以達其「攻勢目標」；這種隱性的社會運動性質，讓讀經運動落在那些偏向於討論張力事件的社會運動論著的雷達之外。

簡言之，兒童讀經運動在臺灣，確是一場由下而上、有組織、有目標、有計畫的方式來推動社會變革的社會運動，但由於其特質使然，不被社會運動學界所注意。然而，卻也提供另一種視野來檢視臺灣社會的發展。

伍、結語——讀經運動提供另一種視野看臺灣社會發展

讀經運動的推動哲學不同於其他社會運動的「有破有立」或「破而後立」，讀經運動基本上「只立不破」，因此不需耗費高昂的社會成

本去做諸如號召、動員、衝撞現存體制的事情。為何讀經運動「只立不破」的來實踐自己的信念呢？筆者尚無機會訪談讀經運動推動者，但從相關文獻看出，讀經推動者為深受傳統中華文化薰陶的人士，讀經運動參與者（如家長、教師、志工、宗教社團等）也是生活上較受傳統文化影響的社會大眾，不像其他社會運動及教改的推動者，基本上是以西方民主社會的理念（及政治哲學），如二元對立、制衡、衝撞體制、爭取權益等，來達到其攻勢目標。簡言之，臺灣讀經運動不但其推動內容是傳統中華文化的，其推動方式和哲學也是極其中國文化的，這和臺灣解嚴後大部分的社會運動及教改運動很不一樣。批評讀經運動者大部分都是從西方教育研究理論來批判，讀經推動者做了些溫和回應和局部調整教學方法，然後不改初衷的繼續實踐原本的理念。就像打太極拳的人和打西洋拳的人，是立基於不同的人體哲學和運動哲學；打太極拳的人不會因為打西洋拳的人的批評，就不打太極拳，因為理念不同、信念不同、實踐哲學不同。

翟本瑞（2000）從教育社會學的角度指出，讀經無論是在師資、教材、課程設計上，都相對簡單又不花錢，容易實行且其成效明顯；對於資源不足的兒童而言，是最佳學習模式，可某種程度彌補因社會不平等性所造成的教育不平等。筆者手邊尚無相關調查數據，但從各方資料綜合來看，送小孩到讀經班的家庭，大部分應屬付不起坊間補習班費用、父母沒高級知識份子的社會批判習性、對傳統教學方式也沒太多意見的中層及中層偏下的家庭。從教育改革的角度來看，兒童讀經是最不起眼、卻也最實在的改革；只要觀念上轉變，也很容易被納入到正式教育的環節。如此看來，臺灣讀經教育除了是一場沉默的民間文化復興運動，一場隱性的社會運動，更是一場教育均等運動。

社會運動的正面作用，包括喚起公民對社會問題的關心、彌補正常體制的不足、使議題的結論更符合社會的公平正義等，但社會運動也會產生負面效應，如過度抗爭的語言及動作（包含暴力行為）所傳遞給

成長中學童的不良示範，如操之過及的立法訴求所衍生的無配套改革法案，如政治團體投機式的推波助瀾而形形成民粹式社運。客觀檢視讀經運動的發展，它和其他社會運動一樣，都是因為對現狀的不滿意，而由民間自發推動的社會動員；它的正面作用如同其他社會運動，但卻未像有些社會運動帶來的負面作用。表面原因，第一是讀經運動沒有走上街頭抗爭（而是走進教室讀經），第二是讀經運動沒有訴求官方體制的變革（而是反求諸己）。筆者認為，是讀經推動者的行動哲學，融合了儒家中庸之道、道家順天應人、佛家眾生皆平等理念的綜合中華文化精神，才是讓讀經運動不同於其他社會運動的根本原因。

總之，臺灣的兒童讀經運動，提供臺灣的社會運動者另一種行動哲學和行動模式的參照；也迫使學術界再次思考「人文及社會科學中國化（或本土化）」的問題；從中，我們也觀察到臺灣社會發展的多元及複雜，促使我們以更開闊的心胸及眼界來面對及處理臺灣社會的發展及轉變。

 ## 註 釋

* 國立臺北教育大學兼任教授，曾任臺東大學教授、駐波士頓文化
組長、臺灣史前文化博物館館長。

1 兒童讀經運動所引發學術研究及發表的數量，根據中國大陸崑
侖書院官網，截至2010年12月的讀經教育研究學位論文有51篇，
如果再加上2011年後的論文及學術期刊的著作，及數量應至少達
一百篇以上（參見高瑋謙、張淑玲，2011；黃昱凱、林宗賜，
2016）。

 **參考文獻**

1. 王財貴，1996，《兒童讀經教育說明手冊》。臺中師院語文教育中心、宗教哲學研究社華山講堂。

2. 王財貴，1999，《臺灣兒童讀經教育實施現況及其效益之相關研究》。國科會研究計劃簡要成果報告，NSC89-2411-H-142-001。

3. 王怡方，1999，《兒童讀經之態度、實施過程與成效之研究——以臺中縣三所小學為例》。花蓮師院國民教育所碩士論文。

4. 中華文化復興運動總會臺灣省分會編，《全國兒童讀經教師研習會手冊》，（中華文化復興運動總會臺灣省分會，1999）

5. 杜維明，2005，對話與創新。桂林，廣西師範大學出版社。

6. 杜傑庸，2013，〈從教育的三大宗旨考察兒童讀經——一個法國社會學的視角〉。國立臺中教育大學語文教育學報第一期，頁203-210。

7. 李威熊，1983，〈經學精神的重振〉，《孔孟月刊》，21（6），62-89。

8. 李美昭，2003，《兒童讀經對國小低年級兒童認字能力及國語成績影響之研究》。臺中師範學院語文教育學系碩士論文。

9. 林助雄，2010，〈兒童讀經與潛能開發〉。2018/9/27摘自華山書院官網http://www.chinese-classics.com.tw/mainpage.aspx?SysMainID=children&SysMainID2=091007005

10. 林欣怡，2014，《讀經教育對偏遠地區小學教學成效之分析——以花蓮縣學田國小為例》。高雄師範大學碩士論文。

11. 吳維寧，2000，《社會運動與公民社會——以解嚴後民間教改運動為例》。國立臺灣大學三民主義研究所碩士論文。

12. 周育如，2017，〈幼兒讀經學品德的迷思〉。親子天下，2017-01-05。

13. 高瑋謙、張淑玲，2011，〈1986-2010年海峽兩岸讀經教育碩博士論文

綜合研究分析（上）〉。鵝湖月刊37（4），36-46。

14. 高瑋謙、張淑玲，2011，〈1986-2010年海峽兩岸讀經教育碩博士論文綜合研究分析（下）〉。鵝湖月刊37（6），30-49。

15. 陳億穎，2017，《國小學童讀經教育課程推動現況之個案研究》。國立臺北教育大學教育學系碩士論文。

16. 陳巍仁，2016，〈家長對讀經班的錯誤期待：讀經不等於品格教育，弟子規也不是聖人之書〉，報橘buzzorange。（瀏覽日期：2016/8/30）取自https://buzzorange.com/2016/09/06/confucius-so-angry/

17. 張徐庭芝，2014，《兒童讀經教育對學習力與品德教育之研究-探討小學兒童讀經教學成效》。中華大學工業管理學系碩士論文。

18. 莊勝涵，2016，〈背誦的身體哲學（二）：從「讀經教育」的爭議談起（下）〉。http://www.biosmonthly.com/weekly_news_topic/8108

19. 崔德鄰，2010，《兒童讀經班對國小學生品格發展之影響》。臺灣師範大學社會教育學系碩士論文。

20. 黃昱凱、林宗賜，2016，〈中華文化涵養教育在臺發展現況——以臺灣讀經班為例〉，刊載於《文化事業與管理研究》16（1），頁1-16。

21. 楊定一，2011，〈讀經 讓孩子和智者心靈溝通〉。天下雜誌，420期，2011/04/13。

22. 楊旻芳、洪志成，2005，〈兒童讀經教師之教學信念——多元與分歧〉。國立臺北教育大學學報，18卷第2期，175～196。

23. 教育年鑑編纂委員會，1986，《第二次中國教育年鑑》，近代中國教育史料叢刊三編第十一輯。臺北：文海出版社有限公司。

24. 詹志禹，2016，〈讀經教育符合教育原理嗎？〉，親子天下。（瀏覽日期：2016/11/29）取自https://flipedu.parenting.com.tw/article/2963

25. 詹志禹，2017，〈再思讀經教育——填牛與填鴨一樣無解〉，親子教育。（瀏覽日期：2017/01/04）取自https://flipedu.parenting.com.tw/article/3065

26. 潘世尊，2008，〈王財貴的兒童讀經教育理論之析評〉。弘光人文社會學報第9期55。

27. 翟本瑞，1999，《兒童讀經運動的教育學反省意義（Ⅰ）》。國科會研究計畫，NSC88-2413-H-343-001。

28. 翟本瑞，2000，《兒童讀經運動的教育學反省意義（Ⅱ）》，國科會研究計畫，NSC89-2413-H-343-001。

29. 蕭新煌、顧忠華／主編，2010，《臺灣社會運動再出發》。臺北，巨流圖書公司。

30. 龔鵬程，2016，《中國傳統文化十五講》。香港，香港中和出版有限公司。

31. 華山書院http://www.chinese-classics.com.tw

32. 財團法人臺北市全球讀經教育基金會http://www.gsr.org.tw/contents

Chapter *12*

臺灣公民社會的形塑：促進社會企業發展的政策議題

曾冠球[*]
江明修[**]

* 國立臺灣師範大學公民教育與活動領導學系副教授
** 國立政治大學公共行政學系特聘教授兼社會科學學院院長

臺灣公民社會的型塑：促進社會企業發展的政策議題

摘要

　　研究政府與市場之外第三部門的發展能力，對於瞭解公民社會的型塑十分有助益。臺灣社會企業的發展，源起於政治、經濟及社會快速變遷的 1990 年代，儘管其方興未艾地存在於我國的非營利與社區組織中，但國內迄今仍無一普遍性定義，當然也欠約一套完善的法律或官方的管理規範。歐盟委員會曾在 2011 年通過了「社會企業倡議」（Social Business Initiative），致力於建立一個有利於發展社會企業和便利獲得資金的生態系統，包含建立支持性的法律、管制和財政架構、提供可持續的金融等。是以，未來如何強化臺灣的政經環境因素，確保社會企業能夠產生更大的社會與經濟效益，是值得深入思考的議題。換言之，現階段國內社會企業發展的重要政策議題，是本文論述的焦點。

關鍵詞：公民社會型塑、社會企業、政策議題。

壹、前言

　　研究政府與市場之外第三部門的發展能力，對於瞭解公民社會的型塑十分有助益。事實上，臺灣目前處於非營利組織（Non-Profit Organization, NPO）與社區逐漸緊密結合，和政府互動關係頻繁，從過往垂直關係轉變為水平關係，此一現象有利於公民社會的成長。公民社會是指人民在憲法保障之下，自由結社所形成的各種團體。透過人民自由結社的結果，多元的民間組織應運而生，非營利組織遂被視為當代公民社會中的自發性機構。論者指出，倘若二十世紀只關注市場和國家的互補性和對立性，二十一世紀面對的則是第三部門之崛起，特別是「社會企

業」（social enterprise）的出現。公民社會組織的概念涵蓋了這種多樣性，並處理這種新的複雜性（Laville, Young & Eynaud, 2015）。

　　就全球大環境而言，經濟、社會環境問題的變遷及挑戰日趨繁雜，政府、企業及第三部門相繼尋求解決之道。相對於政府及企業，第三部門常扮演互補性的角色，一方面與政府之間建立合作關係，形成公私夥伴關係，協助公共服務的提供。另一方面，爲維持作爲社會價值缺口的支持性部門及自主性運作，第三部門與企業部門的營運模式逐漸結合，這類「混合型組織」（hybrids organization）通稱爲社會企業。社會企業是以各種商業模式來解決社會、環境、社福等問題的組織型態，其盈餘主要投入社會企業本身，持續解決該社會的相關問題，而非爲出資人或所有者謀取最大的經濟利益而已。若與其他解決社會需求的方法相較，政府與社會企業合作並促進其發展，透過減少公共支出和增加稅收，將可使得政府預算短期和長期受益。在實現公共目標方面，社會企業往往比純粹的私部門或純粹的公部門行動者更有成效，因爲它們更能接地氣及擁有明確的社會使命。社會企業不僅可以創造公共就業機會，同時在打擊社會排他、提高地方社會資本、支援民主參與、提供優質的公共服務，確保經濟發展更富包容性方面，扮演重要參與者之角色（OECD, 2013: 3, 12）[1]。簡言之，社會企業在協助政府落實公共利益方面，貢獻卓著。

　　學理上，Dees（1998:60）提出「光譜」概念，將社會企業放在「純慈善」與「純商業」兩個極端之間，如純慈善機構的受益人是免付費，純商業則是依市價收費；純慈善靠捐款與補助金、純商業則是依照市場價格；純慈善是用義工、純商業依照市場行情給薪；純慈善供應商是捐贈物品、純商業則是靠市價收費。透過光譜分析，Dees針對受益人、資金來源、員工與供應商等四類利害關係人，區隔其行動差異，藉此說明社會事業的多元發展形態。換言之，社會企業的範圍可能有很大的差異。實務上，經濟合作暨發展組織（Organization for Economic Co-operation and Development, OECD）對社會企業的界定是：任何可產生公共利益的私人活動，運用企業精神的策略（entrepreneurial strategy），不以利潤極大化爲主要目標，致力於達成特定經濟或社會目標，且有助於解決社會疏離及失業問題的組織（OECD, 1999:11）。目前在全世界，英國普遍被認爲是社會企業較發達國家，而英國政府則是把社會企業界定爲「以履行社會目標爲主的機構，其將利潤或盈餘再投入於業務或社區上，而非爲股東和所有者賺取最大利潤」（DTI, 2002:13）。

社會企業在國際上已發展出多樣形貌。臺灣社會企業的發展，則緣起於政治、經濟及社會快速變遷的 1990 年代，儘管其方興未艾地存在於我國的非營利與社區組織中，但國內迄今仍無一普遍性定義，當然也欠缺一套完善的法律或官方的管理規範。當前臺灣社會企業本質上仍不是以一個法律實體的地位存在，但社會企業卻已在社會公共領域中引發廣泛討論。臺灣的社會企業對於所服務的弱勢群體帶來社會與經濟效益十分顯著，但在組織經營能力建立上的表現並不突出（官有垣、王仕圖，2013）。臺灣非營利組織向來扮演解決社會、經濟與環境問題的要角，而一般營利事業履行企業社會責任（corporation social responsibility），亦已行之有年，如何調和營利和非營利組織的經營模式，多年來爲社會普遍重視之課題。

社會企業是利用商業模式來緩解一系列的社會、經濟與環境挑戰。弔詭的是，當我國尚未到達福利國家的稅收標準，在相對有限的稅收前提下，政府和集體社會如何回應社會結構快速變化所衍生的社會風險，以及許多棘手的社會問題？鼓勵社會企業參與並解決社會問題時，宜從「生態系統」做全面性的建構思考。由於認識到歐洲社會企業面臨諸多障礙，歐盟委員會曾在 2011 年通過了「社會企業倡議」（Social Business Initiative），致力於建立一個有利於發展社會企業和便利獲得資金的生態系統，包含建立支持性的法律、管制和財政架構、提供可持續的金融等。因此，未來如何強化臺灣的政經環境因素，確保社會企

業能夠產生更大的社會與經濟效益，是值得深入思考的議題。換言之，現階段國內社會企業發展的重要議題，是本文資料整理與初步論述的焦點。

貳、臺灣社會企業的緣起與現況

臺灣社會企業的發展，緣起於 1990 年代政治、經濟及社會快速變遷的時代。近年來隨著財政資助的下降，臺灣的非營利組織體認到依賴政府補助並不牢靠，應設法擁有自己獨立的財源；為了尋求可持續性發展，遂開始從事較多的商業化行為，這意味著國內非營利組織的文化逐漸有向企業文化趨同的現象（孫煒，2007）；而企業部門面對激烈競爭的環境及市場的挑戰下，如何建立良好的企業形象，以符合社會大眾的期待，業已成為企業所需面對的新興課題。總的來說，不僅社福團體快速發展社會企業方案，企業界也積極透過企業社會責任、善因行銷或培植社會企業等方式投入此新興場域。

社會企業在臺灣萌芽，至少有十年左右的歷史。根據我國社會企業的運作現況，國內學者官有垣（2012：75-83）將其區分為五種類型。（一）積極性就業促進型：此類型的社會企業積極關切被社會排除的弱勢團體，特別是身心障礙者，希望藉由提供工作機會，將這些長期失業與弱勢者整合至勞動力市場，如喜憨兒社會福利基金會；（二）地方社區發展型：此類型的社會企業多由社區草根性非營利組織經營，如南投縣埔里鎮桃米社區——紙教堂、生態村；（三）服務提供與產品銷售型：指非營利組織提供付費服務，或是販售組織所生產或代售的產品，如社企流；（四）公益創投的獨立企業型：是指由一家或數家企業組織，甚至是非營利組織，投資設立具有發展潛力的公司，如光原社會企業；（五）社會合作社：主要強調組織內部的利益關係人透過組織共同追求集體利益，利益關係人被鼓勵積極參與組織事務，因而從中可以獲得利

益，如主婦聯盟生活消費合作社。

　　爲瞭解臺灣社會企業的現況，聯合報系願景工程曾於 2017 年舉辦「社企大調查」，從「大眾對社會企業的認知度」以及「臺灣社會企業的現況」兩大層面進行探究（聯合報系民意調查中心，2017）。[2] 此外，由黃春長、高明瑞（2016）主持的「社會企業特性分析研究」，相關數據也提供本文不錯的描述依據，[3] 有助於讀者適度掌握當前臺灣社會企業發展的梗概，茲摘取上述重要資料說明如下。

　　社會大眾對於社會企業的認知，會影響社會企業的永續發展。遺憾的是，一般民眾對社會企業的認知度進展相當緩慢。臺灣民眾對社會企業的認知度大約只有兩成，若與 2015 年的調查結果相比，僅微幅成長 1 個百分點，成爲 19.9%；但有七成多民眾認同社會企業兼顧公共利益和商業利益的經營模式，並從 2015 年的 77.9% 些微上升至 78.6%；另有超過六成民眾願意付出較高價格購買社會企業的產品或服務，比起兩年前成長了 1.6 個百分點，且青壯世代（20 到 49 歲）是社企的主力支持者與行動者（聯合報系民意調查中心，2017），足見「社會企業」理念在臺灣似乎並不普及，未來仍有相當成長空間。

　　臺灣的社會企業有不同發展軌跡，有些由傳統非政府組織轉型、或成立公司、合作社等。前述聯合報系調查發現，受訪的社會企業中，近七成登記爲公司或商號，近三成爲非營利組織，如合作社、基金會、協會、學術單位等（聯合報系民意調查中心，2017）。對於此一數據，類似的調查結果也顯示，臺灣的社會企業現在有偏向公司型態發展的趨勢，或非營利組織逐漸轉型爲混合型態（黃春長、高明瑞，2016：51）。若從成立時間來看，國內社會企業多屬年輕產業，近六成受訪社會企業成立不到 5 年，成立 6～10 年占兩成多，成立逾 10 年者也僅占兩成（聯合報系民意調查中心，2017）。類似的調查也呼應這樣的看法，顯示多數社會企業的成立時間並不長，5 年以內占了絕大多數（黃春長、高明瑞，2016：23）。

社會企業宜有相當比例的收入（如 50%）來自一般商業營運所得，以體現其自給自足的能力。聯合報系調查發現，在可複選的情形下，近九成受訪社會企業主要收入來源是產品及服務銷售，三成有獲得政府或機構資助，僅一成多是以捐款作爲收入來源，符合社會企業自給自足的經營模式。事實上，社會企業要通過嚴苛的市場考驗並向主流市場前進並不容易，而上述調查顯示，三成以上受訪社會企業去年度（2016）營業收入低於 300 萬元，兩成多全年營收在 300～2,000 萬元之間，年營收超過 2,000 萬元者近一成，顯示社會企業營運規模大小有相當差異；然而，僅六成社會企業目前損益打平或有盈餘，這意味著社會企業的收入狀況仍有不少改善空間（聯合報系民意調查中心，2017）。對於上述說明，有研究進一步指出，社會企業組織能否自負盈虧，仍要看不同類型而定，例如，NPO 型的社會企業大多仰賴補助或捐贈，事業收入比例明顯偏低（黃春長、高明瑞，2016：26）。

　　臺灣現有社會企業十分多元，諸如弱勢就業、農村旅遊、公平貿易、醫療、女性等，惟有調查結果顯示，其關注焦點多將「弱勢就業」視爲重要議題，其次是「環境保護」、「農業發展」相關問題。此外，相較於國外經驗，以農爲本的臺灣更關注「農業發展」議題（黃春長、高明瑞，2016：45、51）。此外，聯合報系調查發現，受訪社會企業認爲其面臨的困難以「人力不足」和「缺乏行銷通路」居多，其次爲「經營或營運成本太高」、「缺乏消費市場」、「缺乏經營管理人才」、「公眾對社會企業認識不足」和「品牌知名度低」等。相對地，在政府支持方面，受訪社會企業多認爲，政府應加強民眾對社會企業的認識及宣導，其次爲增加育成輔導補助資金、放寬補助條件和推動社會採購；其他如增加融資管道、社會企業相關法規建立與鬆綁、提供社會企業減稅優惠等，比率都低於一成（聯合報系民意調查中心，2017）。

　　至於社會性效應方面，過去研究指出，這類組織主要著重在以服務對象爲主的社會性效應，其次才是以組織爲主的社會性效應。在經濟性

效應方面，則是反映組織的自給自足能力爲優先，其次才是服務對象的經濟面效應（官有垣、王仕圖，2013）。

綜合上述，國內社會企業仍處於脫離萌芽階段的發展期，加上國內社會企業的定義與定位未明，社會大眾普遍對社會企業的認知度不足，相關概念常與企業社會責任或非營利組織混淆，社會企業也因此不容易受到外界的支持，這意味著臺灣民眾對社會企業的認知度仍有相當成長空間。臺灣的社會企業有偏向公司型態發展之態勢，而多數社會企業的組織史並不長，未來的成長空間與挑戰都很大。不少社會企業（特別是 NPO 型）仍須朝自給自足的目標努力，政府支持是協助社會企業克服挑戰的重要途徑。因此，有關促進社會企業發展的政策議題，本文進一步分析如下。

參、臺灣社會企業的議題分析

一、法制面

若想擴大社會影響力，各界就必須協助社會企業穩定成長。過去很長一段時間，政府對於私人創辦的社會企業所給予的支持十分有限。不過，近年來這個現象開始改觀，這類議題開始受到產官學界的重視。舉例來說，2017 年政務委員唐鳳分別在中部、南部及東部試辦了三場「社會企業交流座談會」，與會者主要關心的議題包括：社會企業定義與民眾認知的強化、單一協助窗口的建置、政府計畫調適、法規沙盒進度等（黃秀玲，2018）。其中社會企業定義、民眾認知與政府計畫調適等，都與社會企業立法議題相關。

歐美國家偏向於爲社會企業立法，而亞洲國家明確立法者僅有韓國。以英國爲例，其除立法外，尚有相關配套策施，強化社會企業投資與公益創投，如設立 Big Society Capital 這樣的社會投資機構（黃春

長、高明瑞，2016：51）。不過，英國政府並沒有提出社會企業的明確定義，任何以社會目的為驅動力的事業，都可以自稱其為社會企業，並視其運作的需要，選擇適合自己的組織型態，如有限公司、股份有限公司、社區利益公司、慈善團體、合作社等，向其主管機關申請登記（孫智麗、周孟嫻，2016：20）。南韓以由上至下的推動方式，致力於奠定社會企業政策支持正當性。2007 年南韓頒布實施《社會企業促進法》（Social Enterprise Promotion Act），是亞洲少數訂有社會企業專法的國家。南韓透過認證方式確立社會企業法律地位與保障，社會企業在許多產業大量成長，係來自政府財務支持，卻也因此弱化社會企業生存及可持續的能力（黃春長、高明瑞，2016：10-12）。例如，許多為補助而新創立的社會企業，往往都有經營瓶頸，尤其是提供社會服務的社會企業，往往補助結束就停止運作，且因認證過程伴隨著管制與稽核，不免干預社會企業的發展，或衍生出經費補助的道德風險（施淑惠，2013：10-11）。換言之，南韓政府限縮社會企業之類型，並不利於多元社會企業發展與社會創新之機會，其過度主導社會企業之發展環境，致使社會企業傾向依賴政府補助，侷限社會企業發展空間（孫智麗、周孟嫻，2016：26）。

　　對於我國社會企業是否應該立法，國內專家學者有不同見解。[4] 基本上，贊成派的論點大致認為，十多年前社會企業的概念剛引入臺灣，民間需要一些時間發展，但迄今臺灣已建立多元組織發展特色，政府應逐步建立規範，明訂管理架構，並以開放態度接納各型態的社會企業。由於臺灣的社會企業發展已有些時日，眼前應集中力量，輔導社會企業發展，尋求比較清楚的定位。[5] 是以，社會企業如能立法，將可明確讓有意成立社會企業之法人瞭解，設立社會企業須承擔多少社會責任、提撥多少社會成本及創設多少社會價值；且藉由立法亦可讓政府監督、管理及創利等層面更加透明化，降低企業或投資者的道德風險，並排除社會企業發展的障礙。[6]

　　近年來臺灣社會企業蓬勃發展，但社會企業應如何定義？是否應有一般性的組織法律，讓社會企業可以藉由所謂的公司概念或公司的組織來實現其目的？社會企業的永續發展，取決於這類組織的社會使命和商業績效之同步提升（Battilana & Lee, 2014: 408），這意味著經營者倘若偏廢其一，則與傳統的非營利組織或企業組織恐無太大差異。傳統上公司係以營利為目的，但公司可以實踐的目的則是更為廣泛，亦即可利用公司組織這樣彈性及充滿企業家精神的方式，來實現各種社會所要求的營利、公益目的。然而，現行《公司法》公司是以營利為目的，營利的概念在法律上被解釋為不只是獲取利潤，且必須把利潤分配給股東。從這樣的觀念出發的話，未來社會企業就有必要對利益分派做一定的限制。蓋營利目的可能被解釋為必須顧及股東的利益，其他利害關係人的利益並不是主要考量的重點，但很顯然的是，社會企業所顧及的利益並不單單是股東的利益，而是一般社會大眾，甚至服務對象的一般公共利益都是合理的。

　　社會企業分紅程度大多不高，在南韓、英國至多是三成。若依最早倡議社會企業的尤努斯而言，則是主張百分之百不分配。儘管是程度問題，但此舉多少在避免陷入「掛羊頭、賣狗肉」的爭議。另一種觀點卻認為，如果試圖鼓勵更多的人、資源及組織，投入所謂的社會創新工作，可能主張應盡量放鬆管制，多以鼓勵方式進行。[7] 為了吸引雙重投資人，如果可以分配利潤的話，政府就可以不用補助，等於建構了一套市場機制，讓市場驗證社會企業是否可被接受。因為有一透明的標準，處於社會和投資可能性的交接口，藉此可吸引雙重目的之投資人。[8]

　　實踐公益理想不見得一定要成立社會企業，協會形式的非營利組織（NPO）是另一種可能，兩者可以並行。儘管如此，透過修正公司法第1條，[9] 新創的這群社企創業家，未必要創立一個基金會或協會，而是可以鼓勵社區產業協會註冊公司。蓋社區產業是發展社會企業的一環，產品、服務已夠成熟，如果繼續沿用社團法人的協會型態，很可能會造

成一些問題。蓋社團法人至多兩屆便要改選，有了利益，組織內部的合作、社會資本可能會被破壞掉，因而失去所謂的社會價值、公共價值與共同利益。[10]

倘若欠缺清楚定義，臺灣社會企業發展將無法有一清楚的政策方向。由於立法本身具有一些引導作用，若《公司法》中訂定一專章，將具有引導社會企業發展的效果。事實上，如果公益本身沒有很清楚的定義，只定義結構化，對於新創事業的影響理應十分有限。因此，論者主張加入專章才是較為完整的立法。[11] 換言之，在思考社會企業立法時，並非是在設立「作用法」—政府介入社會企業應如何發展（如補助），而是一個「組織法」（如基本架構）而已。

事實上，國內社會企業的定義與定位未明，民眾普遍對社會企業的瞭解與熟悉程度不足，相關概念常與企業社會責任或非營利組織混淆。在缺乏認同的情況下，社會企業不容易受到外界的支持與協助（經濟部，2014）。以「臺灣大誌文創」為例，其設立用意是協助遊民透過販售雜誌獲得收入，藉以改善其被動的生活模式，同時也解決社會問題。然因知名度不高，社會大眾對該公司的認識不足，很可能會引發一些誤解，如「大誌」究竟是一間提供街友賺取收入機會的社會企業，抑或是藉公益之名而行斂財之實的惡質組織呢？換言之，如何讓大眾瞭解此類型社會企業的經營理念與使命，亦即社會公益是目的，但商業手段是工具，並爭取民眾的認同，進而願意支持這類社會企業，在組織定位與經營理念的推廣上就顯得十分重要（林淑馨，2013）。

若只修訂《公司法》第 1 條和第 23 條，政策目的並不強烈；若非如此，欲以既有的公司型態來從事社會企業，將有其困難。修訂《公司法》第 1 條具有政策宣示性，鼓勵目前新創事業可以考慮走社會企業的方向，超越傳統營利思維。[12] 臺灣社會企業是一滾動式企業，樣貌經常創新，在現階段發展並非十分成熟，因此如果以政策宣示來說，先從第 1 條賦予其「社會」的字樣性是有其意義的，至少社會企業良善的進步

樣貌可以變成一種引導指標。[13] 再者，若只涉及《組織法》，由於動得不多，象徵性意義成分居多。換言之，如果只修訂《公司法》第 1 條跟第 23 條，而沒有任何政策的配搭，對於現況並無實質上改變，但政策上仍具有某種象徵性意義，即開放公司並非單純侷限於營利目的。[14] 易言之，若要進一步討論整個臺灣社會企業發展上的想法與需求，則不應侷限於修法一途。[15]

至於質疑派的意見呢？他們反對立法的原因，不外乎法令本身的定義問題就可能爭議不休，如此可能造成內耗的問題。[16] 舉例來說，若說社會企業是解決社會問題的商業模式，可能沒有多大意義。除非將社會企業所宣稱的社會問題解決，聚焦在這類問題的深層結構因素。貿然立法有可能無法防杜「掛羊頭、賣狗肉」、「漂綠」（green-washing）之業者存在，此將影響社會觀感，或對小型社會企業造成衝擊。蓋新增的法律內容允許「兼益公司」追求營利並兼顧社會或公共利益，但卻可能導致「兼益公司」對於營利之追求凌駕於社會公益，以至於不肖人士濫用此類公司販售商品及服務，損及股東及社會大眾權益。[17]

反對立法、專章的觀點主張，政策比較重要，環境土壤比立法、專章有用許多。蓋立法第 1 條必須要界定何謂「社會企業」，對於 NPO 型或合作社型、儲蓄互助社型的社會企業，可能會面臨不當處理的問題，此舉恐不符合國際社企多元化發展之過程。換言之，若規定臺灣的社會企業都要符合公司型，並不符合臺灣的文化與發展的土壤。[18] 由此可見，質疑派十分強調保留多元組織發展空間（包括公司、合作社及地區協會等），亦即除了以有限分紅、資產鎖定及資訊揭露等原則來定義社會企業外，尚應廣納各種組織型態。某種角度而言，臺灣非營利組織未必需要社會企業化，因為目前透過 NPO 的身分便可執行其使命與任務。[19] 要從事各種不同型態社會服務目的，法律上應允許可以自行選擇，如以 NPO 的方式來進行，抑或是開設公司履行社會企業的責任。如果真的是要以社會企業的方式進行，論者認為其實是背負著某種十字

架。[20]

　　社會企業一詞猶如一把大傘，底下有各式型態的社會企業。若朝社會企業立法方向努力的話，依照韓國經驗，不無可能產出一個認證型的立法，其在第 1 條揭櫫社會企業旨在降低勞工失業率，果為如此，社會企業就侷限於單一類型。[21]論者指出，韓國社企的成功率只有 3%，而英國卻有 40%，原因在於韓國政府採用立法加補貼、「由上而下」地推動，結果是扼殺了社會企業的自主性；而英國則是「由下而上」，讓民間自行孕育社會創新精神，政府從旁扮演政策輔助角色。換言之，質疑的觀點傾向認為，立專法未必是社會企業立即的需求，太早立法可能抑制社會企業多元發展的空間，在此情形下，宜先著重政策輔導，待社會企業發展出一些典範或路線，再從中架構出適合臺灣社會企業生長的法規。[22]

二、政策面

　　國家既應支持公民社會的獨立性和自主性，對其進行低度的干預，也應積極參與公民社會，為其提供完善的制度環境，亦即建立社會創新的生態系統。透過這樣的治理模式，雙方較能抑制各自的內在弊病。因此，除了前述立法議題外，更重要的是，相關部會如何提供政策支持與輔導，而這一塊具有多元施展的空間。[23]促進社會企業發展有很多模式，而稅法是一個最基本的門檻，但未必一定要免稅。[24]與此相關者，過去不管是商業司或經濟部在推動各種產業發展時，多半會端出租稅優惠的政策措施。也就是說，將其設計成在研發、人力聘僱、創新或社會影響力上達到某種成果，在應繳所得稅、企業營所稅方面予以減免，這是鼓勵企業持續成長的良方。[25]

　　國外政府公共採購的一個重要趨勢是，給予社會企業更多參與的機會。由於社會企業規模普遍較小，如果政府在公共採購中對資金和條件的要求過高，社會企業恐將難以和商業企業競爭。因此，政府可從公共

服務優先採購著手支持社會企業。受內政部頒布的《優先採購身心障礙福利機構或團體生產物品及服務辦法》之保護，各級機關及公私立學校等全年採購身心障礙團體所生產之物品及服務，其金額應達到年度預算的 5%，否則將會受罰。儘管如此，公益創投型的社會企業，其組織本身不是非營利組織或庇護工場性質，並不適用該法（林淑馨，2013）。也有論者表示，優先採購法需要調整。社會企業或可納入優先採購，但優先採購的真實性，似乎沒有想像中的美好。[26] 另一值得反思的課題，乃目前臺灣政府的補助案或委託案多以政府採購的方式進行，政府和受補助方或受委託方之間是一種僱傭或委託之代理關係，衍生出上對下的位階落差，以至於受補助方或受委託方都得配合政府目標或邏輯行事，也限制了組織本身的創新和自主性，這樣的合作多是各取所需而非真正的協力關係（周睦怡、陳東升，2018）。

　　究實而論，社會企業結合社會價值與企業獲利力量，致力於解決企業治理與社會環境的問題，既要承受兩邊拉扯的壓力，又要確保彼此的聯繫不能斷裂，可說是一項深具挑戰性的工作（唐鳳，2018）。理論指出，組織類型所鑲嵌的不同「制度邏輯」（institutional logic），可能會彼此衝突，最顯而易見的莫過於「庇護工場」的課題。庇護工場具有政府、非營利，與商業之交集，可說是最為複雜的類型，也帶有相互衝突的邏輯。從 2005 年開始，庇護工場不再依障礙者組織理念進行建制，而是由勞政機關定調為持續獲利且提供障礙者就業的社會企業。庇護工場的多重功能因而陷入了多元制度，也就是說，一方面工場的補助經費多來自於政府行政科層，實務上也確實從事像企業一樣的營業活動；另一方面，即便經費補助同是來自政府機關，各專業領域的行政機關對庇護工場的要求也不同，因此它必須遵守不只一種的遊戲規則（蔡依倫、高明瑞，2013）。由於混合型組織至少面臨到兩種制度邏輯，其績效表現也就會被期待要能對應到個別的制度邏輯，這將造成外界解讀上之困擾。社會企業很容易陷入在衝突的制度邏輯中，即一方面是採商業的運

作，另一方面則是強調社會目的和民主參與，而且有時候還會受到政府部門的牽制，在難以取得平衡的情況下，可能導致偏離組織原先的社會理想（高永興，2015：203-204），也就是所謂的「使命飄移」（mission drift）現象。

　　國家補助仰賴政府財政的支出，不免具有課責要求，故有相應的期程和成果要求，但政府部門的績效指標與社會經濟組織的工作目標未必相符。政府補助也多以短期為主，對於社會經濟事業的長期發展成效，恐將十分有限（周睦怡、陳東升，2018）。不僅如此，現行政府補助案對於社會企業發展也產生不少負面影響，蓋許多社會創新企業忙於繁瑣的行政作業、經費核銷、盲目追求補助案所綁定的量化 KPI，反而無暇實踐社會使命（黃秀玲，2018）。基此，國家提供資助固然重要，但更應澄清的是，國家補助的目的為何？如何創造可持續的社會經濟資金制度體系？

　　在此背景下，資金、市場與社會風氣（消費者觀念）是現階段臺灣社會企業迫切需求。其所關心的資金面問題，是如何讓私人資本進入社會企業、如何暢通社會企業的融資管道，而非前述的政府補助或政府採購（楊子申、江明修，2018）。舉例來說，NPO 原可透過政府補助支持營運，然轉型為社會企業後，即失去原有相關政府補助資源，故建立一套社會企業永續經營支持系統乃屬必要。社會企業創業與一般新創事業在籌資環境上面臨相同問題，即新創公司由於存在高度風險，致使不易取得發展所需之基金。由於目前投資人與社會企業資金媒合管道仍不足，難於市場中取得適當的財務與金融奧援（經濟部，2014）。換言之，多數社會創新組織與小微型企業面臨相同之融資問題，在營運規模及擔保品不足的限制下不易取得資金；且國內社會投資市場處於萌芽階段，因此相關挹注資金有限（行政院，2018）。要解決社企資金需求問題，重點在於健全社會企業發展過程的融資籌資管道與工具。歐盟的社會企業白皮書，便詳細地盤點了社會企業發展所需的資金，規劃了不同

的金融工具，像是種子期的社會創新基金、用於擴大規模的社會影響力基金、幫助非營利組織發展商業機制的能力建構基金、私部門的公益創投，以及擴大社會參與的社會影響力債券。[27] 至於微型信貸方面，其已成社會企業的熱門議題，我國或可參照新加坡經驗拓展融資管道，擴大平民銀行服務範圍，提供社會企業家更多的金融服務，助其順利獲取創業基金，穩定營運所需現金流量，減少因周轉不靈而倒閉風險（鄭勝分、劉育欣，2013）。

三、管理面

對於社會企業許多財報以外的價值，政府是否有發展出合適的評估機制？若能發展出來，也有助於社會大眾更認可社會經濟的組織（周睦怡、陳東升，2018）。儘管如此，社會企業影響力報告書或許應依據組織規模大小去訂定範圍。小型組織要寫一個萬字報告書，有時十分辛苦，除非有一些公益組織或者是平臺組織願意協助完成這類報告。[28] 總而言之，這方面未來宜依據組織規模大小的發展階段來訂定，[29] 如區分為「初階」和「進階」而有不同。[30]

最後，目前我國社會企業發展政策處於草創階段，特別是行政院於 2014 年推出了「社會企業行動方案（2014～2016 年）」計畫，希望營造有利於社會企業創新成長的發展環境，但現階段仍屬於包裹式的政策，採跨部會平臺的合作模式，對於我國社會企業的實質與長期推動效益仍待觀察（楊子申、江明修，2018）。申言之，儘管過去有行政院推出社會企業行動方案推動，然而在沒有明定主管機關協調相關政府機關資源下，如同多頭馬車，政府資源難以有效協助社會企業發展，未來宜藉由「社會企業發展條例」明定主管機關，讓社會企業不用面對政府的多頭馬車。現行社會企業支持政策雖逐漸豐富，卻分散於各政府系統中，缺乏專責主管機關主導發展，不僅易造成政策資源分散情況，也難建立具整合性政策支持系統。我國可效法英國或新加坡，設立行政院層

級主管機關或矩陣式推動小組，規劃整合性社會企業支持政策，期望能藉此整合相關部會，避免各部會本位主義，以提升政策資源效益（鄭勝分、劉育欣，2013）。

▌肆、結論與建議

各國社會企業受當地政經結構影響甚大，單純的移植他國經驗未必有助於我國社會企業之發展。面對社會企業在國際上蓬勃發展與國內需求日漸彰顯，政府如何營造合適之制度環境，協助社會企業對公民社會及市場經濟產生良性的影響，深入瞭解當前社會企業政策發展之政策環境，乃一相當重要課題（楊子申、江明修，2018）。吸取他國經驗的同時，也深入考量其社會企業的本質與發展脈絡，方能成為臺灣社會企業政策推動之方針。

「先政策後立法」的主要論點，來自於韓國政府一開始就透過立法定義社會企業，導致後來壓抑了創新。但從另一角度而言，正是韓國早期就針對狹義社會企業投入資源，其方能在極短時間內成為亞洲社會企業蓬勃發展的國家。有關立法定義「社會企業」，質疑者多認為，社會企業應隨市場機制發展，擔心政府介入太多，恐將排擠具有發展潛能之組織；支持者則認為，當社會企業定位過於模糊，缺乏明確定義，政策作為恐將無法有效施展。本文認為倘若立法目標是建立社會企業健全的生態系，而非著眼於管制，則寬鬆的定義較符合社會企業的發展需求，立法之衝擊自然也較小。為建立完善的社會企業發展生態系，應容納不同型態的營利與非營利法人組織，維持不同組織引領創新經營模式的能量，帶動社會創新趨勢。此外，社會企業立法對於社會企業帶來之衝擊應審慎評估，尤其對於不同階段（如創立期、成熟期）的社會企業應設定不同盈餘分配之要求，並以壯大社會企業作為優先考量（黃春長、高明瑞，2016：53）。

政府當局宜就現行相關法規進行調適。當法制環境沒有被積極處理，恐將嚴重阻礙社會創新，這也是若干社會企業調查或座談會中與會者共同反映的問題。基此，政府須全面檢視現行法規或行政流程是否限制了他們發展，並透過公司法修法等法規調適作業，健全社會企業法制環境（唐鳳，2018）。許多社會創新組織參與之議題、產業常涉及跨部會法令，或者無前例可循，在現行法規調適速度未能跟上產業創新的情況下，嚴重影響相關業者穩健發展（行政院，2018）。

目前國內社會企業可能選擇的組織結構，包括公司（有限公司、股份有限公司）、財團法人（基金會等）、社團法人（公協會等）、合作社、農漁會等。不同組織據以成立之法律，其各有不同的管理、稅賦、資本、融資及利潤分配等差異。對照於制度邏輯的學理，上述不同組織型態實踐其組織目標，在過往單純經營環境下或可運行無礙，然於社會企業這類混合型態的組織出現時，恐將浮現出追求多元組織目標之弔詭。舉例來說，經濟部（2014）曾彙整出社會企業主的反映事項，諸如：未分配盈餘係用於公益目的之主要資金，然依法須課徵營利事業所得稅，此舉將影響其未來各項資金規劃。目前僅 NPO 依法擁有政府優先採購之條件，若為公司型態之社會企業，則無法享有相關輔助措施。現行法令雖未限制 NPO 擔任公司發起人，然多數目的事業主管機關擔憂其創設目的可能偏離原社會使命，故不敢貿然通過，致使 NPO 在既有資金挹注於社會企業型公司時面臨阻礙。事實上，在面對市場壓力和資源依賴時，欲維繫社會企業的使命，一種方式是透過該組織的治理機制，確保組織不會偏離使命的措施，包括法律規範、監督機制、外部的認可，以及董事會之組成。此外，為管理社會企業從事商業活動的財務風險，和使命漂移的風險，亦可透過「部門化」或將組織內的各種活動「分離」。這種區隔可透過法律規範而獲得強化，如將組織的商業活動與非商業部分進行區隔作為法定的要求（高永興，2015：203-204），這是試圖保護此等組織的社會使命，同時也能從交易活動中獲益的重要

臺灣公民社會的型塑：促進社會企業發展的政策議題

途徑。

　　換言之，如何依據議題發展需求進行法規鬆綁及修正討論，排除社會創新推動相關障礙十分重要。我國如欲推展社會企業，首先宜賦予社會企業適當之定義，整理出各類型之特質，同時針對其差異討論並著手建構適合社會企業發展之相關法制環境（林淑馨，2013）。從相關文獻或座談會中可以發現，社會企業和其他新興議題一樣，政府部門始終存在多頭馬車的現象，特別是眾多法令散見在跨部會中，部會之間互踢皮球，無法解決社會企業面臨的法規限制，或因害怕觸法而無法轉化為具體行動。為讓更多創新落實，並排除法規對創新的阻礙，未來宜以「法規沙盒」模式，實驗調適相關法規（唐鳳，2018），亦即事前先就某個處於法規灰色地帶的社會創新概念或做法，確認其若無違法之虞，即可立即執行，若研究後發現現行法令無法執行，事後透過跨部會協調來檢視相關法規是否有調整必要，以回應社會創新。

臺灣公民社會的型塑：促進社會企業發展的政策議題

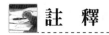
註　釋

* 曾冠球，國立臺灣師範大學公民教育與活動領導學系副教授，研究專長為公私協力。

** 江明修，國立政治大學公共行政學系特聘教授兼社會科學學院院長，研究專長為跨部門治理、社會企業、非營利組織等。

1 OECD (2013). Policy Brief on Social Entrepreneurship website: https://www.oecd.org/cfe/leed/Social%20entrepreneurship%20policy%20brief%20EN_FINAL.pdf

2 2017年一般民眾調查採用全國住宅及手機雙電話底冊為母體做尾數隨機抽樣，共計完成訪問1,077位有效樣本。在95%的信心水準下，全體受訪樣本的抽樣誤差在正負3.0個百分點以內。在社會企業認知度之外，亦針對臺灣的社會企業單位進行調查，共訪問完成245家社會企業單位。

3 該研究初期獲取樣本的管道，如經濟部全國商業司之公司登記資料查詢、勞動部勞動力發展署各分署之多元就業開發個案，及臺灣公益資訊中心與社會企業流等相關網站搜尋非營利組織與社會企業，並廣泛蒐集社會企業網路之相關資訊，與平面媒體、報章雜誌等書面資料，從中篩選相對具規模且活絡之社會企業。以上蒐集之樣本為313家，經篩選後，研究對象為162家。

4 以下有關社會企業立法的討論，特別是贊成與反對意見的彙整，研究資料主要取自於一場名為「公司法修法社會企業篇」的焦點團體座談（2016年12月2日，座談地點為：社會企業聚落），這場座談會的參與者，包括：中華組織發展協會常務理事王秉鈞教授、中華組織發展協會祕書長吳佳霖、喜憨兒基金會副執行長楊琇雁、臺灣公益團體自律聯盟祕書長陳琬惠、眾社會企業的創辦人林崇偉等人。取自https://yuwanju.cc/%E5%85%AC%E5%8F%B

8%E6%B3%95%E4%BF%AE%E6%B3%95%E7%A4%BE%E4%BC
%81%E7%AF%87%E7%84%A6%E9%BB%9E%E5%BA%A7%E8%
AB%87%E9%80%90%E5%AD%97%E7%A8%BF/

5 同註5，王秉鈞發言紀錄。

6 趙俊人，2015，社會企業立法導向之研究。取自https://www.
ly.gov.tw/Pages/Detail.aspx?nodeid=6586&pid=84970

7 同註5，林崇偉發言紀錄。

8 同註5，江永楨發言紀錄。

9 維持《公司法》第1條為公司是以營利為目的之組織登記成立之法
人，但是在這一條增加第2項，即「除前項之營利義務外，公司得
同時追求社會及公共利益」。換言之，公司負責人並不會因為考
量股東以外利害關係人的利益，或促進股東以外的利害關係人的
利益，而被認為他就是違反對公司應盡的終止與注意義務。

10 同註5，吳佳霖發言紀錄。

11 同註5，王秉鈞發言紀錄。

12 同註5，吳佳霖發言紀錄。

13 同註5，陳琬惠發言紀錄。

14 同註5，楊琇雁發言紀錄。

15 同註5，吳佳霖發言紀錄。

16 同註5，吳佳霖發言紀錄。

17 余宛如，2017，完善社會企業生態體系比倉促立法更重要。取自
https://yuwanju.cc/%E5%AE%8C%E5%96%84%E7%A4%BE%E6%
9C%83%E4%BC%81%E6%A5%AD%E7%94%9F%E6%85%8B
E9%AB%94%E7%B3%BB%E6%AF%94%E5%80%89%E4%BF
83%E7%AB%8B%E6%B3%95%E6%9B%B4%E9%87%8D%E8%
A6%81/

18 同註5，吳佳霖發言紀錄。

19 同註5，王秉鈞發言紀錄。

20 同註5，林崇偉發言紀錄。

21 同註5，江永楨發言紀錄。

22 同註18。

23 同註5，楊琇雁發言紀錄。

24 同註5，吳佳霖發言紀錄。

25 同註5，林崇偉發言紀錄。

26 同註5，吳佳霖發言紀錄。

27 同註18。

28 同註5，吳佳霖發言紀錄。

29 同註5，江永楨發言紀錄。

30 同註5，陳琬惠發言紀錄。

參考文獻

1. 行政院，2018，「社會創新行動方案（107-111年）」。

2. 江明修，2016，〈公民社會發展與心靈環保〉，載《心靈環保講座選輯》，頁197-218。新北市：法鼓文理學院。

3. 周睦怡、陳東升，2018，載《國土及公共治理季刊》，6卷1期，頁46-53。

4. 林淑馨，2013，〈臺灣社會企業的現況與困境：以公益創投型社會企業為例〉，載《社區發展季刊》，143期，頁68-77。

5. 官有垣、王仕圖，2013，〈臺灣社會企業的能力建構與社會影響初探〉，載《社區發展季刊》，143期，頁51-67。

6. 官有垣，2012，〈社會企業在臺灣的發展——概念、特質與類型〉，載於官有垣、陳錦堂、陸宛蘋、王仕圖編著，《社會企業》，（臺北：巨流），頁61-94。

7. 高永興，2015，〈社會企業之制度選擇與價值呈現〉，國立暨南國際大學社會政策與社會工作學系博士論文，未出版。

8. 孫煒，2007，《第三部門的治理研究》，臺北：翰蘆圖書。

9. 孫智麗、周孟嫻，2016，〈全球社會企業之發展現況與各國相關政策分析〉，載《臺灣經濟研究月刊》，39卷3期，頁16-28。

10. 唐鳳，2018，〈從社會企業到社會創新〉，載《國土及公共治理季刊》，6卷1期，頁2-7。

11. 黃秀玲，2018，〈社會企業踹共：社會創新行動巡迴座談〉，載《國土及公共治理季刊》，6卷1期，頁94-100。

12. 黃春長、高明瑞，2016，「社會企業特性分析研究，勞動部勞動及職業安全衛生研究所委託研究計畫」。新北市：勞動部勞動及職業安全衛生研究所。

13. 楊子申、江明修，2018，〈臺灣地區社會企業發展之政策環境檢視：一個跨部門治理的視角〉，載《中國非營利評論》，21卷，頁116-141。

14. 施淑惠，2013，〈當前政府推動社會企業的規劃與做法〉，載《社區發展季刊》，143期，頁7-18。

15. 經濟部，2014，「社會企業行動方案（103-105年）」。

16. 蔡依倫、高明瑞，2013，〈制度變遷與組織型態創設：身心障礙者社會企業的浮現歷程研究〉，載《中山管理評論》，21卷2期，頁339-368。

17. 鄭勝分、劉育欣，2013，〈社會企業政策支持系統之初探〉，載《社區發展季刊》，143期，頁28-38。

18. 聯合報系民意調查中心，2017，「2017社會企業大調查：社會企業產業調查」。

19. Battilana, J., Lee, M. (2014). "Advancing Research on Hybrid Organizing: Insights from the Study of Social Enterprises", In *The Academy of Management Annals*, Vol.8. No.1. PP. 397-441.

20. Dees, J. G. (1998). "Enterprising Nonprofit", In *Harvard Business Review*, Vol.76, No.1, PP. 55-67.

21. DTI (2002). *Social Enterprise: A Strategy for Success*。取自 https://www.faf-gmbh.de/www/media/socialenterpriseastrategyforsucess.pdf.

22. Laville, J. L., Young, D. R. , Eynaud, P. (eds.) (2015). *Civil Society, the Third Sector and Social Enterprise*. New York, NY: Routledge.

23. OECD (1999). *Social Enterprises*. OECD.

臺灣公民社會的型塑：促進社會企業發展的政策議題

Chapter *13*

臺灣教育新南向的迷霧與曙光：以泰北教育的側身觀察爲例

吳建忠[*]

[*] 臺北海洋科技大學通識教育中心助理教授兼人事室主任

摘要

　　當臺灣極力推動新南向政策，企圖以經濟換取政治，以經貿拓展外交，再以社會文化交流增強雙邊政交經貿關係之同時，中共也企圖從政治經貿與社會文化之全方位策略與東南亞國家接觸，來對抗臺灣的新南向政策，東南亞儼然成為臺海兩岸較勁的新競技場。本文透過泰北地區田野調查，描述我國教育產業透過新南向政策促進國際化，其中缺乏協調與溝通的難處，以及補助許多學生前進東南亞實習計畫，造成資源稀釋與浪費，無法達到當初預期的效果。

　　本文的聚焦有四：一是探討臺灣與對東南亞國家的經貿外交發展與策略；二是分析中共對東南亞國家的經貿外交發展與策略；三是解析東南亞國家對臺海兩岸之外交關係與因應之道；四是對如何創造三贏的三角關係，提出一些建議。

關鍵詞：新南向政策、東南亞國家協會、中國因素、一帶一路。

臺灣教育新南向的迷霧與曙光：以泰北教育的側身觀察為例

Mist and dawn of New Southbound Policy for Taiwan Education: the example of the Field Research in Northern Thailand

Abstract

　　Taiwan has vigorously promoted the new southbound policy, in an attempt to exchange the economy for politics, to expand diplomacy through economics and trade, and to strengthen bilateral economic and trade relations through social and cultural exchanges. At the same time, the Chinese Com-

munist Party (CCP) has also tried to confront Taiwan's new southbound poli-
cy by engaging with the Southeast Asian countries in its all-round strategy of
politics, economy, trade and society. Southeast Asia has become a new arena
of rivalry for the two sides of the Taiwan Strait. Through the field investiga-
tions in the northern Thailand, this article describes the internationalization
of Taiwan's education industry in the new southbound policy. A lack of co-
ordination and communication, as well as subsidizing too many students in
the Southeast Asian internship programs, has caused the resource dilution and
waste, and could not achieve the expected results.

This article focuses on four main points. The first is to discuss the devel-
opment and strategy of Taiwan's economic and trade diplomacy with South-
east Asian countries. The second is to analyze the development and strategy
of the CCP's economic and trade diplomacy toward Southeast Asian coun-
tries; the third is to analyze Southeast Asian countries' responses to the rela-
tions between the two sides of the Taiwan Strait. The fourth is to make some
suggestions on how to create a win-win triangular relationship.

Keywords: New Southbound Policy, Association of Southeast Asian Na-
tions, China Factor, the Belt and Road.

壹、前言——新南向政策的變與不變

臺灣與東南亞國家儘管沒有正式外交關係，但在貿易、投資、教
育、觀光、文化、勞工等層面仍互動頻繁（徐遵慈，2014：67-111）。
蔡英文政府以新南向政策作爲施政主軸，[1] 產官學界有諸多討論有關新

南向的「新」內涵何指？主張看法更是多元歧異。即使如此，行政院各部會對於新南向政策推進甚為積極。

首先，由於南向政策被定位成「對外經濟政策」，使得經濟部執行新南向政策的重點置於對外投資、產業合作與雙邊貿易等面向，藉以強化與東南亞國家的經貿關係，推進與東協各國的投資保障協定（黃巧雯，2016）。除了經貿方案的提出，新南向政策的另一個重點在於人才的培育。為了積極培養東南亞與南亞事務的人才，教育部扮演重要角色。在策略上，教育部同時強化「走出去」與「引進來」的雙向人才培育計畫，例如「走出去」的戰略有甄選華語教師前往東南亞任教、學海飛颺與學海惜珠計畫，「引進來」則是以教育部新南向人才培育推動計畫為主，核心目標為「以人為本、雙向交流、資源共享」，計畫推動三大主軸為「提供優質教育產業、專業人才雙向培育（Market）」、「擴大雙邊人才交流（Pipeline）」、「擴展雙邊教育合作平臺（Platform）」（教育部，2018）。在這個「走出去」與「引進來」的教育戰略中，外部有中國的一帶一路競爭，內部則有少子化的隱憂。

中華民國的國家發展具有延續性，經濟政策是漸進決策，新南向政策的「新」，並非否定過去推動的政策與所獲得的成果，而是翻轉過去的舊思路。除了找尋貿易與投資機會這種傳統主張外，也理應有國家建構、經濟戰略的思維層次，特別是產業發展的戰略觀。我國政府想依靠新南向政策，降低對中國的經濟依賴，並非不可行，但在實行上還有很多思路需要翻轉之處。本文擬從泰北孤軍教育案例，面臨到跨部會協調，追求協力合作的挑戰，點出困難之處。

貳、教育新南向首選是泰國

為何是泰國？臺灣和泰國都有很多中小企業，而且泰國市場一直都很開放，雙方的發展背景和模式都很像。泰國是臺商喜歡投資的據點，

臺商有很好的基礎做連結，再加上企業南向，更和當地經濟快速成長有關，東南亞有許多臺商企業，東南亞學生來臺可以先熟悉臺灣文化，為未來返國就業做準備。因此我們可以確定經濟的基礎在教育。

一、「泰國4.0戰略」及「東部經濟走廊」的政策提出

新南向 18 國中，臺灣與泰國在貿易、投資、技術合作、觀光、教育文化等方面關係密切。經貿關係方面，目前臺灣為泰國第七大進口國、第十大出口國；另依據泰國投資促進委員會（Board of Investment of Thailand, BOI）統計，累計至 2017 年 6 月，臺灣對泰國投資達 2,330 件及 145.07 億美元，臺灣成為泰國主要投資來源國之一（葉長城、林俊甫，2018：36）。

而泰國總理帕拉育（Prayut Chan-o-cha）自 2014 年執政以來，陸續提出「泰國 4.0 戰略」及「東部經濟走廊」（Eastern Economic Corridor, EEC）等重大產業發展及優惠措施。新一波的經濟計畫，希望未來發展成 4.0 經濟模式，其中包含汽車、智慧電子、旅遊、農業生技及食品五大領域，商務部強調都是要發展高附加價值的產業。在泰國 4.0 的十個發展方向，與臺灣五加二對接產業，再加上泰國需要外面協助，而臺灣既有的產業鏈可以跟泰國對接。基於泰國發展及臺灣對外政策利基產業的互補對接需求，實有必要從泰國經濟轉型之趨勢中，重新檢視機會與挑戰，並研擬具體合作建議，以供政府及國內各界參考。

二、中華民國境外生結構的改變

臺商在泰國有15萬人，由於泰國境內有700萬人，語言為其優勢。泰國不反華排華，華人在泰國的經營環境比較安定，對臺商較具吸引力。泰國是個相對國際化的國家，各種語言、國際規範也更相對國際化。

境外生結構改變，臺灣高等教育界已嗅出少子化危機出路，期盼新南向生源填補缺額，然新南向招生須面臨語言問題。馬來西亞一直是海外招生的最大戰場，主因是臺灣大學部仍以華語教學為主，馬來西亞當地華僑社群多，華僑子弟華語能力強，來臺幾乎沒有適應的問題，來臺人數最多的馬來西亞，則一直呈現穩定成長的態勢。2018 年馬來西亞大選之後，則隱憂出現，由獲勝的馬哈迪組成的希望聯盟政見可望落實，令華人相當興奮。大馬獨立中學是民間籌辦的華文中學，過去不認可是正規體制，沒法銜接當地大學、無法考公務員，未來獨中學生統考成績將被承認（林友順，2018）。

2017 年的一封黑函也暴露臺灣高等教育的弊端（杜晉軒，2017）。隨著資訊越來越容易取得，馬國華人社會也開始認知到當前臺灣高教的弊病，也開始擔心若大學退場，外國學生的受教權能否獲得保障。此外，由於學制差異，馬國公立中學學歷僅有五年，若要升大學得入「先修班」一年，而臺灣官方的規定是學生必須要接受完整六年中等教育學歷才能報讀大學。但臺灣官方與各大學為更易於招馬國學生，而將招生門檻降低，若中等教育學歷只有五年，規定僅需在大學補修 12 學分，可見臺灣官方在招生門檻方面的「官僚怠惰」，以及在處理大學退場問題上的態度曖昧不明，使得馬國對臺灣高教陷入了品牌信心危機。加上中國也祭出誘因搶學生，可能影響馬來西亞中學生來臺讀大學意願。於是在東南亞開始找尋替代方案有必要性，泰北孤軍十萬人後代就是一個選項。

教育部預估新南向學生仍預估會持續成長，教育部訂下的 KPI（關鍵績效指標）是每年以 20% 的幅度成長，至 108 學年度成長約可達 5.8 萬人。政府加柴添火，新南向的步伐越走越快，問題也叢生。

三、一帶一路與新南向政策的競合

泰國沒有種族、宗教衝突，讓臺商經營環境相對穩定，且交通、經

貿往來，泰國位處相對核心地區。

在臺灣積極推動新南向政策的同時，中共早於 2015 年全面推展共建海上絲綢之路經濟帶和 21 世紀海上絲綢之路（簡稱一帶一路），其中海上絲綢之路沿線國家地區與新南向政策涉及國家幾乎重疊，因此外界常誤會新南向政策是在與「一帶一路」競爭。事實上，臺灣位在海上絲綢之路核心位置，且臺泰邦誼早於泰北孤軍時刻即有深刻合作，此一課題就有必要性與迫切性。

參、泰國華文教育與跨國人文網路

東南亞為華人移民的主要地區，泰國為東南亞的主要國家。

一、泰北孤軍的中華民國認同

歷經多年的國共內戰，1949 年共產黨建立中華人民共和國。1950年初，駐守雲南的國軍不敵解放軍，退出中國國境抵達緬泰邊境，由李彌擔任總指揮的「雲南省反共救國軍」與遷都至臺北的國民政府遙遙相望，蓄勢反攻大陸。1950 年 6 月韓戰爆發，儘管這批部隊得到臺灣、美國、泰國支持，卻始終未能成功反攻大陸；再加上他們與反緬甸的克倫族（Karens）及蒙族（Mons）合流，最終激怒緬甸政府。緬甸政府於 1953 年向聯合國控訴中華民國侵占領土。國民政府礙於國際壓力，分批撤回這些軍隊。

而部分由段希文領導的「抗命」部隊，卻依舊駐紮在泰緬邊境，但中華民國政府仍祕密救濟。這些「自願不撤」或「奉命不撤」部隊，輾轉從緬甸進入泰北山區，這也是柏楊筆下的異域。1970、80 年代，這些部隊因協助泰國政府消滅泰共有功，泰國政府組成入籍委員會，特許讓這些官兵及眷屬歸化為泰國公民。但因為泰國政府入籍工作行政移轉的原因，仍有多數未能及時申請入籍。

這批以前國民黨軍隊爲主體的華人，抱持著強烈的反共意識，把在臺灣的「中華民國」視爲正統祖國。數十年來，中華民國政府透過各種管道協助這些「泰北同胞」。他們無奈地在臺北落地生根，讓孩子有書可讀，能夠繼續受教育，是他們的共同的心願，基於歷史情感因素，中華民國政府對於泰北地區的華人在生活與教育方面都有相當的扶助計畫。第一個是對泰北當地中文學校的扶助，第二個是泰北學子到臺灣就學的教育政策，從一開始中華救助總會全額公費補助，並給予中華民國國籍；之後我國政府規定必須擁有泰國護照才能入境，造成許多無國籍的孤軍後裔非法購買假護照入境，衍生出一連串的問題與抗爭。目前來臺就讀的學生已經具有泰國國籍，以外籍生或僑生身分來臺，較無意願在臺居留。面對泰北金三角仍有廣大華文學生市場，臺灣高等教育如何開拓這一個市場？

未來要有希望，一定要從教育做起，這是所有泰北難民村村民的想法。無論是吃飽住好，一定要設法闢出幾塊空地、搭建茅草屋、弄幾張桌椅，開始辦起中文學校，教正體字（汪詠黛，2007：50）。國內對於泰北的研究，重點多在華語文教育，包括泰北華文教育發展、華語學校的運作、學生升學的選擇及國際志工至華文學校服務活動的研究。事實上，泰北的華語文教育這幾年變化甚大，最重要的影響變數就是中國因素。

二、突圍還是淪陷？

政治意識濃厚，幾乎是泰北學校每棟建築不可避免的現象。除了泰國國旗、泰王九世皇、九世皇后、泰王十世皇布置了所有能看見的天花板空間一半之外，因爲歷史問題，另一半掛的則是「中華民國國旗」與孫中山遺像，比例恰好各半。

隨著兩岸局勢改變，中共千辛萬苦想打進泰北地區，臺灣跟泰北的關係也產生變化。2004 年春節，泰國僑團首度前往中華人民共和國駐

清邁總領事館拜年，因此中共進一步瞭解泰北華人教育與困境。而雲南會館與隸屬雲南會館的「清邁地區華人村華文教師聯誼會」因理念與作風不同，逐步分裂為「會館」與「聯誼會」兩派，中國領事館趁此機會提供資源，廣開升學管道，也一舉解決身分問題。2005 年 9 月「聯誼會」送了第一批泰北學生前往中國華僑大學「昆明預科部」就讀，2006年 5 月中國總領事更首度踏入泰北華人村，泰北學子揮著五星旗歡迎，引起震撼。

三、認同變化：揮舞青天白日旗的泰國人

20 世紀 20 年代末，集體主義的觀點幾乎從主流社會心理學中消失，社會認同（social identity）區分了個體認同與社會認同，將社會認同定義為：「個體認識到他屬於特定的社會群體，同時也認識到作為群體成員帶給他的情感和價值意義。」根據認同的理論來說，認同與遷移之間關係密切。遷移可以影響人的自我認同、被認同。在時空環境產生變化後，認同可能隨之改變；因此，人的認同有可能是雙重或多元的。而認同變化的結果，也會影響遷移者的行為，並在他們身上展現出對原生社會和接待社會的親／疏距離。這是一種自他關係不斷協商的過程；這種過程，有時會使人做出一些與原有認同相反的行為。

本文認為，泰北孤軍後裔的認同與他們持續遷移的經歷有關。他們背負著上一代的認同（以中華文化為榮、認同中華民國），但不見容於泰國政府。他們生長在山區，被泰緬社會貼上負面標籤；為了生存，他們必須隱藏原有的認同；為了往上爬，他們必須向在地文化低頭，甚至認同。於是他們內心湧現種種的矛盾、掙扎；他們不斷地協商，思索認同，並對原生社會和接待社會產生了親／疏距離。

事隔多年，泰北地區的村落建起一間間的華校，而這些泰北孤軍的後代，為了「傳承中華文化」，紛紛到華語學校教華語。這些身分在法律層面上屬於泰國人，但心裡卻存在著中華民國的孤軍後代，是後戰爭

時期被遺忘的一群人。雖多年過後，已鮮少人關心，但傳承中華民國文化，依然是他們心中難以放下的使命。只是這些年來，華校缺乏師資的問題仍未解決。除了靠中華民國政府與民間組織，如中華救難總會、國際合作發展基金會的志工教師支援外，僑委會也重新開出教育替代役缺額，派役男到當地華校教學。

四、領域化：人為的政治技術

金三角過去一直是鴉片生產基地，農業作物轉移，不只是品種轉移，還包括知識與技術的轉移。臺灣過去已經在「泰王山地計畫」、「泰北難民村救助計畫」的支持下將泰北轉型，透過該項計畫，泰國政府可以安置、運用這批替泰守疆的異域孤軍，從軍人轉化成務農的泰國公民。這項農業計畫之所以成功，不僅僅是單純決定自經濟效用與政治意圖，相反地，這些農作物將泰北打造成多種行動的交會中心。這些農技專家、當地人的學習模仿競爭，逐步打造出穩固的產業網路，改變當地生產地景與生計情況，這不僅僅是政治層面領域化過程，而且也是經濟層面再領域化的過程。

在泰文學校的社會課本中，自由地區與大陸地區的領土歸類於同一顏色，臺灣變成中華人民共和國的一部分。學生不理解來自臺灣的志工老師們，為何總是教著中文，卻又堅持臺灣與中國是兩個不同的國家？也完全不知道，在校園空間插滿的青天白日旗，到底又代表著哪一國？

過去靜態的劃定邊界的領域觀念已經逐步再改變，政治社會學的研究焦點也從遷移、離散到置換與移動。這種轉向的過程，也從穩定的強調邊界領域，轉為動態流動人口的關係連結。所以教育部的「走出去」與「引進來」教育戰略中，也應該在走出去的基礎上，進行教育思考翻轉。

肆、教育異化——少子化視野的教育產業擴大再生產

　　近年來，臺灣校園也吹起新南向風，受到大學數量過剩及少子化危機衝擊，各校紛紛南向拓展招生市場——從東南亞及印度等國來臺灣留學的學生越來越多。不僅大專院校，目前也向下擴張到高中職。問題是，大專院校均知道須提升品質，才能加速高教國際化，更避免削價競爭態勢。許多大專院校單純只想用獎學金或變相「免學費」來搶學生，卻恐傷害了臺灣高教品質。免學費政策，大專院校哪來的利潤？在整個教育新南向策略布局，看見教育部用力派經費，只要有達成「國際化」指標，就可以獲得預算計畫的補助，卻看不見對臺灣經濟振興有何成本效益評估。

一、引進來：新南向政策的教育利潤與成本

　　頂尖大學無少子化危機，少子化危機卻改變高校經營風貌，在資本主義社會的環境下，產生了一種系統性的「教育異化」。倘若將新南向政策提供給臺灣高校的成果區分爲「外籍學生是校園國際化的媒介」與「外籍學生解決高校收入來源」兩種，我們會發現，教育同時傳遞著這兩種成果給學校經營者，但在資本主義結構與制度的限制下，前者的成果，將漸漸讓位給後者，反過來吞噬了前者的空間。

　　但是，巧妙的問題在於，資本主義社會中，高等教育經營者必須將自身化爲「勞動力商品」，成爲受僱勞工才能生存，也就是大學維持其工具性格，儼然變成隱性的國家機器。在這種情況下，儘管教育過程主要目標是提供「校園國際化的媒介」，但基於勞動力競爭的壓力，學校辦學的目的將被迫用於「工作競爭」，爲的是求取「教育部的補助」及「生存下去的競爭」，而並非「認識世界」或「滿足求知慾」。於是，「外籍學生是校園國際化的媒介」將讓位給「外籍學生解決高校收入來

源」，原本能促成個人與社會解放的教育內容，將「異化」成了滿足資本需求、用於教育部經費競逐的內容，並進一步結晶為「文憑」，失去了原本承諾的解放可能。

並且，在教育總量受控制、文憑還未貶值的時候，教育體系還能避免「少子化」帶來的壓力，有著「相對自主性」來強化傳遞第一種知識，積極探究世界、批判社會；一些「非主流的高校」、「另類的知識」，因為未來還是能取得好工作，並不至於乏人問津。但當高教擴張、文憑貶值後，競爭更加激烈與惡化，過去除了僑委會的經費挹助外，現在不僅要爭取教育部的支持，更需爭取較佳的國際評比，並以獎學金或免學費等優惠措施吸引學生，以免減招或退場危機，異化更加嚴重，將教育國際化政策轉化為挽救高等教育的救生索，只會造成教育品質的進一步惡化，那有可能帶來高等教育的新生與解放？

二、走出去：國際化

海外外交替代役制度從 2001 年實施至今，原本要在 2019 年走入歷史，目前初步確定 2019 年仍可分配到替代役男，海外外交替代役制度將因此得以延續，加上現行的海外志工，以及國合會新規劃的「大專青年海外技術協助服務計畫」，這些制度都會持續為臺灣的外交工作貢獻心力。

教育部學海築夢計畫，致力於將國際化拉進校園，鼓勵學生透過管道走出去，不同於海外留學交換，此次前往當地服務，踏入社區，他們更期許學生們在實踐的過程中，認識與學會尊重多元文化。

三、加薪添柴：新經濟移民法

面對新南向的各國幫忙培育其人才，並給予來臺就學獎助學金誘因，未來這些外國人才真的會留在臺灣發展？《新經濟移民法》草案，

臺灣教育新南向的迷霧與曙光：以泰北教育的側身觀察為例

而為吸引新南向國家僑外生來臺就學，未來畢業的僑外生只要符合一定的條件，也將可經由申請取得我國居留權。檢視賴清德這項政策性宣示，讓研擬中的《新經濟移民法》，從原初主要是希望提高吸引外國高端專業人才來臺工作、就業的誘因，擴及到適用於新南向國家學生來臺就讀後，留臺工作的畢業生。行政當局的如意算盤，或以為如此一來既可提升「新南向」政策的執行績效，同時又可填補近年來臺灣人才外流所呈現缺工、缺人的困境，形同是「一魚三吃」的高招。

總統府資政陳博志憂慮這項政策不但無法補足臺灣產業界所需的人力，還可能造成一些辦不好的學校，從原本的賣文憑變成賣居留證。《新經濟移民法》的適用對象，從原初的只適用於外國高端專業人才，以能帶動、提升臺灣朝新創經濟轉型的力道，進一步也將可適用於因執政團隊所推動新南向政策而吸納來的僑外生。這些畢業生是否為臺灣所稀缺的高端專業人才值得思考。《新經濟移民法》是否讓本地的畢業生反而更難找到工作。更深一層的隱憂，則是擔心這個「潘朵拉的盒子」一旦打開，將會引發更多的亂象。

伍、混亂中的秩序——教育點燈

一、走不出去：泰國國際學校學費高，臺灣高校物美價廉

1995 年創校招生的泰國中華國際學校，是泰國唯一堅持用正體中文教學的國際學校，中文教師都自臺灣招聘，學生畢業具有中、英、泰 3 語能力，不但是臺泰交流重要橋梁，未來學成之後，更是臺商經營事業重要的幫手。在泰國競爭激烈的國際學校中，吸引不少外商和泰國子弟就讀，畢業生都躋身國際一流大學，也是泰國華文教育的搖籃（訪談紀錄一）。問題是，泰北孤軍後裔能到泰國中華國際學校實在困難，第一是學費昂貴，無法負擔。泰北孤軍後裔生活清苦，必須外出工作謀

生，無法繼續升學；其次，由於不少華人子弟尚未持有泰國身分證，受迫於生活清苦，難免希望走出難民村打工。

　　訪談紀錄一：臺灣中部某私立大學國際長及南部某國立大學國際常至東南亞的國際學校招生，哪怕是有接受中華民國政府補助經費，共同的經驗就是這些國際學校的行政人員，對於臺灣高校來招生，很多都是以不屑的口吻提到，他們學校的畢業生是要到歐美名校就讀，吃足了排頭。或是數落臺灣高校教學方式不能與國際接軌，無法用全英文授課，教學品質有問題。泰國國際學校的學生家長都蠻有錢的，根本不需要臺灣大學給他獎學金。

　　除了經濟的問題外，泰北孤軍後裔沒有身分證，沒有國籍，可能只有難民證，連到別的省份的通行證都很難申請下來，更不要說來臺接受教育。爲推動臺泰教育交流，我國駐泰國臺北經濟文化辦事處已做下列簽證規定放寬措施：第一，研習中文簽證：泰國籍學生申請研習中文簽證取消對語言測驗之要求；第二，一般停留簽證：未滿 18 歲申請人倘擬赴臺短期研習中文，可核發短期、不可延長停留期限之簽證；第三，就學居留簽證：申請就學居留簽證者，可免驗證泰國境內指定醫院發給之健康檢查合格證明及最高學歷文憑；財力證明亦可以全額獎學金證明取代（訪談紀錄二）。

　　訪談紀錄二：我國駐泰代表童振源表示，泰國代表處 2017 年已經做了三項簽證的放寬認定，甚至於發函至臺灣各大專院校，仍有許多臺灣大專院校仍要求語言測驗。進一步來說，語言測驗不是隨時隨地都可以進行考試，考試地點多在曼谷市區，對於泰北學子相當不便，沒有身分證、沒有通行證，連要離開清邁、清萊都是問題，更不要說到曼谷的成本相當高昂。

二、走不進去：泰國簽證問題重重

雖然中華民國政府在泰北僑務工作著力甚深，但是近年中國政府以鋪天蓋地的金錢攻勢，看準泰北華校經營困難、師資和教材取得不易，挾著與泰國官方的外交關係，在此攻城掠地（訪談紀錄三）。

訪談紀錄三：滿星疊大同中學教師說，鄰近的中華中學就曾接受中國資助，而不見容於當地僑社，雪上加霜的是，中國並未依約援助，導致校舍開工後無法順利如期竣工，延宕許久。

這些未立案的泰北華文學校，由於教師待遇只有 3,000 元泰銖，甚至校長也只有 4,500 元泰銖的薪資，如此條件甚至難以留住本地人才，導致師資極度缺乏，不少學校教員都是以甫畢業的校友權充，造成國中畢業教國中的情況。即使知道有這樣廣大教育市場，我國大專院校對於深耕泰北仍舊是困難重重，分析原因如下：

（一）孔子學院的競爭

琅琅讀書聲，熟悉的正體中文，臺灣僑委會送來的教科書，還有對中華民國不移的信念。這些不是泰國體制內學校，頂多被視為補習班。這些華文學校招呼著泰北孤軍後代，邊境少數民族，以及來自緬甸尚未取得身分的難民。

中共也將泰北地區視為統戰工作的重點區域，趁著全球學習中文熱潮，山村學校霎時熱鬧起來。雖然如此，學校依舊經營慘澹，預算來自無法收齊的學費。加上中國對泰北金錢援助鋪天蓋地，透過補助經費不斷分化「會館」與「聯誼會」（訪談紀錄四）。

除了投注龐大資源，甚至中國在泰國設立的第一所孔子學院也選擇在位於清萊的皇太后大學（Mae Fah Luang University），孔子學院是中國對外擴充軟實力的根據地。美輪美奐的孔子學院，來自中國的教授群

正爲泰國編寫簡體中文教材及漢語師資培訓，中共以泰國公主爲名，喚做詩琳通文化中心，這些華校成爲捍衛中華傳統文化的烽火前線，描寫本地保存了令人驚艷的文化傳統與國家意識。

訪談紀錄四：中共大撒幣政策，中華民國政府允諾補貼每間華校 8 萬泰銖，中共加碼爲每間華校 50 萬泰銖，而且要求華校僅能二擇一。但中共統戰分化的伎倆之一，就是補助款項不到位，讓華校與中華民國政府產生嫌隙，許多華校也吃悶虧。

當然，中國與泰國具有正式的外交關係，對泰國政府有相當影響力，泰國政府 2005 年舉辦中文師資認證考試，內容係以簡體字與漢語拼音出題。而 2018 年舉辦在建華中學的正體字文化節，卻也已經熱鬧邁入第十年，實有自我療癒的苦感。

（二）簽證困難重重

1. 工作簽證

我國僑務委員會自 103 年起遴派替代役男至 10 餘所泰北僑校服勤，對華語教育非常有助益。但替代役男係由泰國已立案學校申請工作證及工作簽證，到未立案學校服務，可能因申請與實際工作地點不符，而有違反泰國法令遭受處罰之虞，僑務委員會自 106 年起，替代役男僅在申請簽證之立案學校任教（訪談紀錄五）。惟中共在清邁設立總領事館，投入大量人力、物力、師資與金援，企圖鬆動當地僑團及僑校立場，替代役男不再到未立案泰北僑校服務，可能使中國已有見縫插針之機會。

訪談紀錄五：泰北山區究竟有多少華語學校，難以曉解實際數字。據僑領對筆者透露，過去中華民國駐泰代表處代表甚少離開曼谷，更別說到清邁、清萊等泰北地區。迴龍中學的校長提到，臺泰沒有邦交，志

工簽證很困難，有的志工為了來泰北服務，志工有的時間到先去香港、寮國又回來，很多背包客進來泰國，泰國政府認定他們來打工，簽證容易被刁難。

　　由於中華民國與泰國無正式邦交，選派華語教師缺乏直接的政府奧援。這些臺灣華語教師一直被泰國工作簽證的問題所困擾，而且教育部薪資補助只匯入臺灣的銀行帳戶，無法支應教師們在泰國生活所需，再加上許多行政協調都必須由教師們以簡單英語與當地校方聯繫，導致教師們在各校的工作條件不同，臺灣政府的確應在國外派駐專人聯繫協調，以國家戰略層級思索靈活的做法，才不會錯失市場與外交的先機。在新南向政策提出後，外館角色更顯重要，要將我國政府媒介角色擴大化，協助交流影響力。

　　其次，派駐華語教師，由於初學乍練及溝通困難，除了教師工作簽證的問題外，教師們希望泰國大學能尊重他們教授正體中文的權利，意外地揭開兩岸推動海外華語教學難免短兵相接的現實。臺灣派出的華語教師究竟要教外國人簡體字呢？還是正體字？即使有心想避開兩岸政治爭議，仍有不得不面對的苦衷。由中國熱所帶動的全球學習華語熱潮，不少外國人是基於前進中國的市場需求而學習華語，因此他們希望學習北京標準口音與簡體字。無可諱言，中國掌握目前華語教學趨勢的主導權。臺灣的華語教學還有機會嗎？過去的中共批孔揚秦，此刻卻在全球廣設孔子學院。正體字與簡體字之爭，這其中除了政治認同的爭議外，還有文化詮釋權的爭奪。

　　臺灣向泰國輸出華語師資，往往受限於雙方薪資水平落差，無法吸引足夠臺灣教師前來。不過中華民國政府可以針對泰北地區現有優勢，培訓大量的本地華語師資，讓他們教授正體中文，認同中華民國。這是借力使力的槓桿策略，兼具文化與外交的目標。

2. 志工簽證

泰北華校過去幾年雖然有些擔憂中華民國政府的關懷會中斷，但來自民間的關懷卻持續不斷，讓一些位處於深山或偏遠的華人村子，即使不具臺灣或泰國的國民身分而不能離開村子太遠的華裔子弟，還是受到了外界些許的關懷。許多宗教、慈善、學術團體紛紛前往泰北支持當地華校，例如天主教臺灣明愛會。如訪談紀錄五所提到的迴龍中學的校長，她就是持退休簽證來泰北，這位退休教師賣掉她臺灣房產後，來到泰北來辦學，每年還固定回臺義賣籌措資金。

陸、代結論——自己人還是工具人？

在新南向政策提出後，外館角色更顯重要，要將我國政府媒介角色擴大化，協助交流影響力。外交部及僑務委員會應持續與泰國相關部門溝通，使泰國核准簽證等相關法令及實務，能更具彈性及務實，讓僑教役男或國內其他志工團體可至未立案僑校從事華語教育及志工服務。僑務委員會有全球華文網教育資源平臺，空中大學及各大專院校的遠距教學、數位教學所提供課程，均可作為泰北華語教學之學習輔助工具。教育部、外交部及僑務委員會應共同研議，可克服泰北地理環境不發達之困境，積極開展網路教學，提供泰北僑校所需課程。綜合以上討論，本文建議可以從以下角度進行切入。

一、提升教育熱忱

既然泰國華語文市場如此龐大，華語文老師從何而來？中國華語文老師幾乎壟斷泰國的華語文教學市場，中國每年派遣大批華語文志願者前往泰國各級學校教授華語文，並且積極幫忙培養泰國本身的華語文老師，所以泰國師範體系的華語文老師養成也是由中國主導。但是成效如

何呢？中國雖派出大批的華語文老師前往泰國各級學校教學，不過都是屬於年輕、無經驗的教學者，並且是拿一年簽證，簽證到期就換另一批接手，這些無經驗的年輕教學者在一年內，其實很難跟學生建立學習默契，也不容易跟後續接任者有很好的交接，所以，泰國學生在這方面的受益還是有限。

臺灣也是一樣，人生地不熟，志工服務時間稍縱即逝。這些華語教師或志工最大挑戰是如何具體協助村民，而不是干擾。教育部這種成果導向的志工教育無法永續。除了華文教學之外，還有許多面向可以多樣化。理論上來說，當一所華校受到其他外界關懷而有資源持續進入之後，就應該將原本補助的經費與資源，轉進更小更偏遠的華校，讓泰北資源得以分配均衡。但是，目前的志工教育、或是招生宣傳，幾乎臺灣各大專院校重複的情況十分嚴重。

二、教育戰略布局

外交部及僑務委員會應該持續與泰國移民、教育、勞工相關部門溝通，使泰國核准簽證等相關法令及實務更為合理、彈性及務實，讓僑教役男或國內其他志工團體可至未立案僑校，從事華語教育及志工服務。

我國 NGO 團體每年派員前往當地從事僑教輔助工作，並提供經費補助，僑務委員會除每年補助大學志工社團於寒暑假期間，赴泰北從事僑教志工服務外，自103年起，遴派替代役男至10餘所泰北僑校服勤，對華語教育非常有助益。為什麼這些優秀人才無法留下？是否因為教學成就感低落？簽證到期，孩子們會問：「老師，你們還會再來嗎？」孩子淚流乾了，再換一批新老師、新志工，不斷重複。因為，許多大專院校是為了國際化指標競逐教育部預算而去，日益明顯的少子化衝擊，讓學生來源變少，使得學校經營面臨內外交迫的壓力，更是為了招生績效而去。

　　如果南向新政的施政還是以瑣碎的辦理活動次數或參與人數爲評量依據，我們可以預期這將造成政策目標的片面化與政策效益的零碎化，不僅將自我受限於官僚主義的層級節制中，更無助於大戰略的具體推進（蕭新煌、楊昊，2016：11）。

三、地方創生思維

　　清佬縣長希望他們的年輕人不要只有一畢業就到普吉島當導遊，薪水非常好一個月 40,000 元泰銖，但是當地年輕人都走光，在普吉島就有將近 4,000 人，希望能跟臺灣的學校配合，培養他們年輕人一技之長，可以留在當地工作就業。

　　已立案泰北僑校所開辦之公費或自費師範班，大多數畢業生因待遇太低而不願回原推薦學校服務，多數選擇從事導遊或旅遊相關行業，導致未立案僑校師資缺乏。僑務委員會應該繼續協助立案僑校成立華語文教師師範班，培訓師資，並積極協輔當地華校聯合會，成立教師退休安養基金，以降低當地教師之流動率及離職率。

　　中共是以國家資源，進行長期的全球布局，客觀條件對臺灣的確不利，但是在蓬勃發展的全球華語市場，臺灣是否甘心缺席？相反地，臺灣適合與中國展開全面競爭嗎？華文教育這個市場實在太大，並非中國可以永遠壟斷，而國人也應對臺灣教師的素質深具信心。這幾乎是可以預見的局勢，我國教育產業必須面臨國際化的挑戰。

註 釋

* 吳建忠，臺北海洋科技大學通識教育中心助理教授兼人事室主任。學術專長是比較政治、公民參與與參與式預算、中國大陸研究與兩岸關係。

1 新南向18國包括東協十國、南亞六國、紐西蘭與澳洲。

參考文獻

1. 杜晉軒，2017，〈澆「新南向」冷水馬國留學臺灣退燒〉，《多維新聞網》。取自http://www.dwnews.com/big5/...1538874716572

2. 汪詠黛，2007，重返異域，臺北：時報文化。

3. 林友順，2018，〈大馬在野黨奇招爭取變天〉，《亞洲週刊》，第32卷第11期。取自https://www.yzzk.com/cfm/special_list3.cfm?id=1521085096544

4. 徐遵慈，2014，〈臺灣產業的新南向政策〉，《貿易政策論叢》，第22期，頁67-111。

5. 教育部全球資訊系統。（瀏覽日期：2018/5/20）取自http://www.edun-sbp.tw/

6. 黃巧雯，2016，〈經濟部推新南向，三路並進〉，《中央通訊社》。取自http://www.chinatimes.com/realtimenews/20160713003406-260410

7. 葉長城、林俊甫，2018，〈泰國經濟轉型及臺—泰經貿關係之機會與挑戰〉，《經濟前瞻》，第176期，頁36-42。

8. 蕭新煌、楊昊，2016，〈新南向政策的願景與挑戰〉，《戰略安全分析》，第136期，頁6-13。

家圖書館出版品預行編目資料

臺灣當前經濟與社會問題／洪泉湖主編. --
初版. -- 臺北市：五南，2019.10
　　面；　公分
　　ISBN 978-957-763-483-2（平裝）

1.臺灣經濟　2.臺灣社會　3.文集

552.337　　　　　　　　　　108009825

1MAC
臺灣當前經濟與社會問題

作　　者 ― 洪泉湖 主編

劉孟俊、吳佳勳、王國臣、李明軒、林祖嘉、
龐建國、李孔智、唐玉禮、林大森、蕭瑞民、
姚蘊慧、林奕辰、倪仲俊、陳芬苓、陳宜亨、
莊旻達、黃馨慧、張善楠、曾冠球、江明修、
吳建忠

發 行 人 ― 楊榮川

總 經 理 ― 楊士清

總 編 輯 ― 楊秀麗

主　　編 ― 侯家嵐

責任編輯 ― 李貞錚

文字校對 ― 石曉蓉

封面設計 ― 姚孝慈

出 版 者 ― 五南圖書出版股份有限公司

地　　址：106台北市大安區和平東路二段339號4樓

電　　話：(02)2705-5066　　傳　　真：(02)2706-6100

網　　址：http://www.wunan.com.tw

電子郵件：wunan@wunan.com.tw

劃撥帳號：01068953

戶　　名：五南圖書出版股份有限公司

法律顧問　林勝安律師事務所　林勝安律師

出版日期　2019年10月初版一刷

定　　價　新臺幣490元

※版權所有·欲利用本書內容，必須徵求本公司同意※

五 南
WU-NAN

全新官方臉書

五南讀書趣

WUNAN
Books

since1966

Facebook 按讚

1秒變文青

★ 專業實用有趣
★ 搶先書籍開箱
★ 獨家優惠好康

五南讀書趣 Wunan Books

不定期舉辦抽獎
贈書活動喔！！！

經典永恆・名著常在

五十週年的獻禮——經典名著文庫

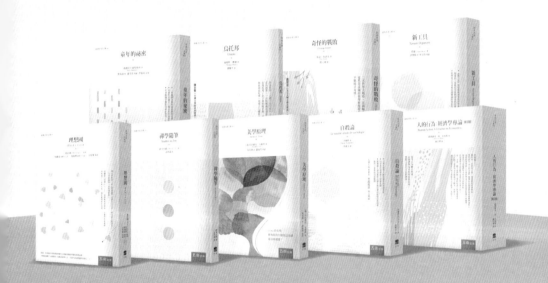

五南，五十年了，半個世紀，人生旅程的一大半，走過來了。
思索著，邁向百年的未來歷程，能為知識界、文化學術界作些什麼？
在速食文化的生態下，有什麼值得讓人雋永品味的？

歷代經典・當今名著，經過時間的洗禮，千錘百鍊，流傳至今，光芒耀人；
不僅使我們能領悟前人的智慧，同時也增深加廣我們思考的深度與視野。
我們決心投入巨資，有計畫的系統梳選，成立「經典名著文庫」，
希望收入古今中外思想性的、充滿睿智與獨見的經典、名著。
這是一項理想性的、永續性的巨大出版工程。
不在意讀者的眾寡，只考慮它的學術價值，力求完整展現先哲思想的軌跡；
為知識界開啟一片智慧之窗，營造一座百花綻放的世界文明公園，
任君遨遊、取菁吸蜜、嘉惠學子！